Sammlung
Poeschel
153

Martin Schmidt

Derivative Finanzinstrumente

2., überarbeitete und
erweiterte Auflage

2002
Schäffer-Poeschel Verlag Stuttgart

Professor Dr. Martin Schmidt, Fachhochschule Gießen-Friedberg

Die Deutsche Bibliothek – CIP-Einheitsaufnahme

Ein Titeldatensatz für diese Publikation ist bei
Der Deutschen Bibliothek erhältlich.

ISBN 3-7910-9239-1

Gedruckt auf säure- und chlorfreiem, alterungsbeständigem Papier.

© 2002 Schäffer-Poeschel Verlag für Wirtschaft · Steuern · Recht
GmbH & Co. KG
www.schaeffer-poeschel.de
info@schaeffer-poeschel.de
Einbandgestaltung: Willy Löffelhardt
Druck und Bindung: Ebner&Spiegel GmbH, Ulm
Printed in Germany
September / 2002

Schäffer-Poeschel Verlag Stuttgart
Ein Tochterunternehmen der Verlagsgruppe Handelsblatt

Vorwort

Zur zweiten Auflage

In den letzten drei Jahren haben sich die Produkte an den Finanz-märkten weiterentwickelt. Aus diesem Grund wurde ein auf den vorherigen aufbauendes viertes Kapitel eingefügt, im dem einige dieser Instrumente aufgegriffen und erläutert werden, insbesondere aus dem Bereich der Swaps und der Optionen. Bei ersteren werden z.B. die Asset Swaps besprochen, bei letzteren stehen die Aktien-anleihen und die Discount-Zertifikate im Vordergrund. Wie bisher wird dabei ein besonderes Augenmerk gelegt auf den Zugang zum Verständnis der Produkte über die rechnerische Seite sowie die Zusammenhänge zwischen den verschiedenen Marktsegmenten.

Ferner wurden alle Beispiele und Aufgaben zur Erleichterung des Verständnisses auf eine aktuelle Datenbasis umgestellt.

Bad Nauheim im Sommer 2002

Zur ersten Auflage

Daß das außerbilanzielle Geschäft der Finanzinstitute in den letz-ten eineinhalb Jahrzehnten sehr viel schneller wächst als das bilan-zielle, Unternehmen zunehmend Derivate zur Risikosteuerung ein-setzen und auch private Anleger deren Möglichkeiten nutzen, ist seit längerem bekannt. Das alleine rechtfertigt es noch nicht, ein weiteres Buch zu diesem Thema in die Welt zu setzen. Denn Pub-likationen über moderne Finanzinstrumente liegen bereits in erheb-licher Anzahl vor. Warum dem eine weitere hinzufügen?

Die vorliegende Schrift wendet sich in erster Linie an diejenigen Leserinnen und Leser, die, vielleicht im Rahmen einer Trainee-Ausbildung oder einer Fortbildung in einem Kreditinstitut oder der Finanzabteilung eines Unternehmens, detaillierte Kenntnisse über die wichtigsten Derivate, vor allem die zinsbasierten, in einer Form suchen, die erste Schritte hin zur selbstständigen Benutzung dieser Instrumente erlauben. Auch Studierende werden angesprochen, die sich Detailkenntnisse aneignen wollen. Die Produkte werden in einen systematischen Zusammenhang gestellt, die Preisbildung wird detailliert besprochen und, möglicherweise das wichtigste, die Zusammenhänge zwischen den verschiedenen Marktsegmenten wird herausgearbeitet.

Dabei werden keine detaillierten Vorkenntnisse aus Studium oder Bankausbildung vorausgesetzt, ebensowenig gehobene mathematische Fähigkeiten. Fachausdrücke werden nicht vermieden, ihre Kenntnis zu vermitteln ist Teil des Lernzieles. Die Schwellenangst vor Zahlen sollte allerdings bereits abgebaut sein, etwas Übung in der Tabellenkalkulation ist ebenfalls hilfreich.

Begleitende Materialien in Form von Excel-Arbeitsblättern können im Internet unter *www.schaeffer-poeschel.de* abgerufen werden.

Grundlage dieser Publikation sind die auf der Basis einer zehnjährigen Handelserfahrung in einer deutschen Großbank für Fortbildungszwecke entwickelten Unterlagen. Den Teilnehmern dieser Seminare sowie meinen Studierenden bin ich für hilfreiche Kommentare dankbar. Für die kritische Durchsicht des Manuskriptes und wertvolle Hinweise danke ich Frau Abteilungsdirektor Gesine Koetzing, Herrn Abteilungsdirektor Manfred Bier, Herrn Frank Katzenmayer, dem Lektor des Schäffer-Poeschel-Verlages, Herrn Prof. Dr. Derk-Hayo Reimers, Herrn Stellv. Abteilungsdirektor Volker Walz, Herrn Prof. Dr. Dietrich Wendler. Ferner bin ich den Makler-Firmen Carl Kliem, Luxemburg, Intercapital Brokers, London, sowie dem Nachrichtendienst Reuters und dem Handelsblatt zu Dank verpflichtet für die Erlaubnis zur Veröffentlichung von Finanzdaten. Und nun die Standardformulierung an dieser Stelle: Verbleibende Fehler gehen zu Lasten des Autors.

Ein Buch zu schreiben produziert eine ganze Reihe von externen Effekten, positive und negative. Teile der Kosten lasten auf der Familie in Form von entgangener gemeinsam verbrachter Zeit. Ich hoffe, meine Frau und unseren Sohn Constantin ein wenig zu kompensieren, indem ich mich auf diesem Wege für ihr Verständnis und ihre Unterstützung bedanke.

Bad Nauheim im Sommer 1999

Inhaltsverzeichnis

1 Grundlagen

1.1 Grundbegriffe der derivativen Finanzprodukte

Die Begriffe *Derivate* (abgeleitete Produkte) oder *derivative Instrumente* oder *Finanzinnovationen* oder *außerbilanzielle (Off-Balance-) Geschäfte* sollen in diesem Buch als Synonyme verwendet werden mit dem wesentlichen Merkmal, daß die Bewertung dieser Produkte auf dem (Markt-) Wert eines *Basiswertes* (engl. *Underlying),* z.B. eine Aktie oder ein Zinssatz, beruht. Frühe Formen der Termingeschäfte gibt es seit Jahrhunderten. Die sprunghafte Entwicklung des modernen Derivategeschäftes wurde jedoch mit der Eröffnung der ersten Terminbörsen in USA in den 70ern und der Entstehung des Swapmarktes Anfang der 80er Jahre eingeläutet.[1]

Welche Ursachen werden für diese Entwicklungen genannt?

1. Nach dem Zusammenbruch des Systems fixer Wechselkurse 1973 waren die 70er und 80er Jahre geprägt durch *gestiegene Marktpreisschwankungen* an den Finanzmärkten aufgrund der entstandenen hohen Zahlungsbilanzungleichgewichte und der weltweit großen Unterschiede in der praktischen Auslegung

---

[1] Die Deutsche Terminbörse (DTB) bzw. unter ihrem jetzigen Namen Eurex Deutschland wurde 1990 eröffnet.

der Geldpolitik der nationalen Notenbanken. Dies führte zu höheren Absicherungsbedürfnissen der Marktteilnehmer.

2. Derivate sind unter gewissen Voraussetzungen geeignet, *staatliche Regelungen* zu umgehen (Kapitalverkehrsbeschränkungen) oder zu nutzen (steuerliche Gegebenheiten).

3. Wesentlichen Einfluß auf die Marktentwicklung hatten die *Änderungen im Banken-Aufsichtsrecht*, sowohl im Sinne einer Deregulierung, die manche Marktsegmente erst eröffnet hat, als auch einer stärkeren Kontrolle des Derivategeschäftes durch die Aufsichtsbehörden in Form von Eigenkapitalunterlegungsvorschriften und Risikobegrenzungen (→ 1.6).

4. Von nicht zu unterschätzender Bedeutung ist die *technologische Entwicklung*, die zu einer erheblichen Verringerung der Transaktionskosten geführt hat. Eine elektronische Terminbörse setzt effiziente Kommunikationsmöglichkeiten für das Zustandekommen von Abschlüssen und deren Abwicklung voraus. Risikosteuerung und Controlling dieser Geschäfte mit ihren enormen Größenordnungen sind ohne leistungsfähige Hard- und Software, aber auch ohne die Fortschritte in der modernen Finanztheorie sowie entsprechend ausgebildetes Personal, nicht denkbar.

5. Der *Wettbewerb* zwischen den Finanzinstituten und zwischen den Börsen tut ein Übriges.

1.1.1 Systematisierung

Derivate können nach verschiedenen Kriterien eingeteilt werden:

a) Nach dem *Erfüllungszeitpunkt* in
   - *Kassa- (oder Kasse-)geschäfte*: Die Vertragserfüllung erfolgt in einer handelsüblichen Unmittelbarkeit, häufig nach zwei Arbeitstagen. Für Zinsgeschäfte bedeutet dies in den meisten Währungen einen Laufzeitbeginn in zwei Arbeitstagen.

– *Termingeschäfte*: Die Vertragserfüllung erfolgt in der Zukunft.

b) Nach dem *Vertragsinhalt* in

– *Unbedingte Geschäfte*: Die Erfüllung ist an *keine* vertragliche Bedingung geknüpft, d.h., beide Vertragsparteien sind zur Erfüllung verpflichtet.

– *Bedingte Geschäfte*: Wesentliche Teile der Erfüllung unterliegen einer vertraglichen Bedingung. Darunter kann das Wahlrecht einer Vertragspartei verstanden werden (Option), aber z.B. auch eine Versicherung, die die Leistungsverpflichtung einer Vertragspartei für einen definierten Eventualfall beinhaltet.

c) Nach dem *Ort des Vertragsabschlusses* in

– *Börsliche*: an (Termin-)Börsen gehandelte, standardisierte Produkte;

– *Außerbörsliche* (*OTC – over the counter*): zwischen Banken bzw. Banken und Kunden ausgehandelte individuelle Abschlüsse.

d) Sowie nach den *zugrundeliegenden Basiswerten*:

– Zinsen,

– Devisen,

– Aktien,

– Güterpreise.

Ferner können auch Derivate selbst als Basis für andere Instrumente dienen wie z.B. die Optionen auf Indices oder Futures.

Als *Grundformen* derivativer Instrumente können die Termingeschäfte mit den beiden Varianten der Forwards und der Futures sowie die Optionen genannt werden.

a) Termingeschäfte sind Vereinbarungen über zukünftige Lieferungen und Leistungen, wobei alle Vertragsbestandteile, insbesondere Lieferobjekt, Betrag, Preis und Erfüllungszeitpunkt, bei Vertragsabschluß festgelegt werden.

b) Forwards oder ‚gewöhnliche' Termingeschäfte sind solche, die Banken untereinander oder Banken mit Kunden (auch: Kunden mit Kunden) abschließen. Die wichtigste Form sind die Devisentermingeschäfte.

c) Futures sind Termingeschäfte, die an einer Terminbörse gehandelt werden. Sie unterscheiden sich von den Forwards in zwei Punkten. Erstens setzt ein liquider Börsenhandel eine Standardisierung, d.h. eine präzise und für alle Marktteilnehmer einheitliche Definition des Kontraktes, voraus. Ein Future-Kontrakt ist vor allem definiert durch das zugrundeliegende Instrument (Basiswert), die Kontraktgröße und die Laufzeit. Zweitens werden die Wertänderungen von Future-Positionen täglich abgerechnet und gebucht (→ 2.7.1), während Forwards nur eine Abrechnung bei Fälligkeit beinhalten.

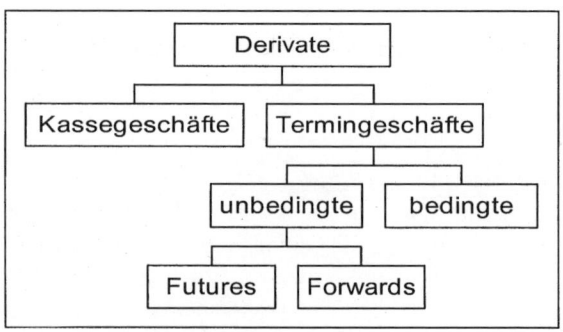

Abbildung 1-1: Systematisierung der Derivate

d) Optionen geben dem Käufer der Option gegen Zahlung einer Prämie das Recht, innerhalb eines bestimmten Zeitraumes (amerikanische Version) oder zu einem bestimmten zukünftigen Zeitpunkt (europäische Version) ein Wirtschaftsgut zu einem vereinbarten Preis zu kaufen bzw. zu verkaufen:

– *Kaufoption (Call)*: Recht zum Kauf,
– *Verkaufsoption (Put)*: Recht zum Verkauf.

Beide Optionsvarianten können gekauft und verkauft werden. Optionen werden an den Terminbörsen gehandelt, aber auch von den Banken direkt angeboten.

Damit ergibt sich die in Abbildung 1-1 dargestellte Systematisierung mit dem Verständnis, daß bedingte Termingeschäfte üblicherweise als Optionen bezeichnet werden. Es bleiben noch einige Beispiele zu erwähnen für Derivate, die in den Grundformen keine Termingeschäfte sind: Zinsswaps, Indices etc.

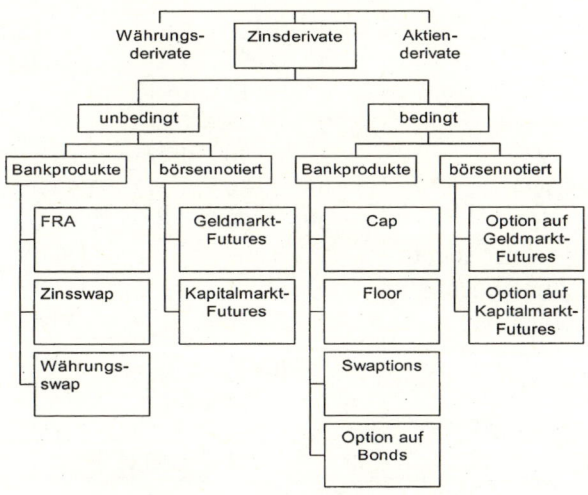

Abbildung 1-2: Übersicht Zinsderivate

Eine andere Art der Systematisierung, die sich eher in der Organisation der Handelseinheiten der großen Banken wiederfindet, benutzt als oberstes Kriterium den Basiswert. Abbildung 1-2 trennt danach die Optionen von den sonstigen Geschäften. Ferner sind aufgrund der Markt-Spezifika die OTC-(Bank-)Produkte von den den börsengehandelten zu unterscheiden. Die Säule der unbedingten Instrumente wird im Kapitel 2, die der bedingten im Kapitel 3 besprochen.

	1986	1990	1994	9/1998	Veränderung in % 90-98
Finanzswaps	53	483	2.456	12.932	2.675%
davon Währungsswaps	5	25	91	192	760%
Zinsswaps	34	399	2.199	12.073	3.025%
Zins-Währungssw.	15	59	165	668	1.130%
Devisentermingesch.	811	1.632	3.118	7.145	438%
Devisenoptionen	3	105	559	2.423	2.312%
Zinstermingeschäfte	9	343	1.412	3.429	1.000%
davon festverz. Wertpap.	6	11	13	17	157%
Einlagen	0	3	3	8	293%
FRAs	3	290	1.123	2.009	693%
Futures	0	39	273	1.395	3.546%
Zinsoptionen	0	179	874	2.474	1.384%
sonstige Zinsderivate	0	2	9	27	1.106%
Aktientermingeschäfte	0	0	5	1	526%
Aktienoptionen	0	10	107	170	1.622%
Indextermingeschäfte	0	1	14	32	4.613%
Indexoptionen	0	5	131	430	8.020%
sonstige Preisrisiken	0	0	0	1	
Gesamtsumme	876	2.761	8.685	29.063	1.053%

(Angaben in Mrd. DM, Stand am Jahres- und Quartalsende,

Quelle: Bundesbank [12/1998])

Tabelle 1-1: Bilanzunwirksame Geschäfte deutscher Banken

Ein Blick auf die bilanzunwirksamen Geschäfte der deutschen Banken belegt die Relevanz des Geschäftsfeldes. Tabelle 1-1 zeigt die Entwicklung der Volumina in der Systematisierung der Bundesbank. Zur Interpretation der Bestandszahlen ist zu beachten, daß Börsengeschäfte im Durchschnitt geringere Laufzeiten haben als OTC-Geschäfte, und zweitens bei Abschluß eines Gegengeschäftes zu einer Gesamtposition von null führen, da die Terminbörse gegenläufige Positionen aufrechnet (*close out*). Wird dagegen ein OTC-Geschäft mit einem Gegengeschäft mit einem anderen Partner geschlossen, hat diese Bank bis zur Fälligkeit das doppelte Volumen in den Büchern.

Noch 1986 dominierten die Devisentermingeschäfte mit einem Anteil von über 92% am außerbilanziellen Geschäftsvolumen deutscher Banken, das zweitwichtigste Einzelprodukt waren Zinsswaps mit 3,8%. Alle anderen waren unbedeutend oder (in Deutschland) noch nicht existent. Obwohl auch die Devisentermine ein stürmisches Wachstum erfuhren, ging ihr Anteil bis 1998 auf unter 25% zurück, das wichtigste Einzelinstrument sind nunmehr die Zinsswaps. Den stärksten Zuwachs in den 90er Jahren hatten die Indexoptionen und -termingeschäfte zu verzeichnen.

Um das Gesamtvolumen von 29.063 Mrd. einordnen zu können: Die Bilanzsumme aller deutschen Kreditinstitute (ohne Bundesbank) betrug zum gleichen Zeitpunkt DM 9.983 Mrd. Bedenkt man, daß sich das Derivategeschäft eher auf die größeren Häuser konzentriert, so muß dort das außerbilanzielle Geschäftsvolumen ein Mehrfaches des bilanziellen ausmachen.

Die Bundesbank hat ihre Sonderveröffentlichung der bilanzunwirksammen Geschäftsvolumina eingestellt und zeigt in den Beiheften zu den Monatsberichten lediglich die Bestände der deutschen Banken an Zins- und Währungsswaps. Erstere lagen am Jahresende 2001 bei mehr als € 14.000 Mrd., sind also weiter stürmisch gewachsen.

1.1.2   Grundidee der Derivate

Die Grundidee der Derivate soll am Beispiel einer langfristigen
Festzinsfinanzierung erläutert werden.

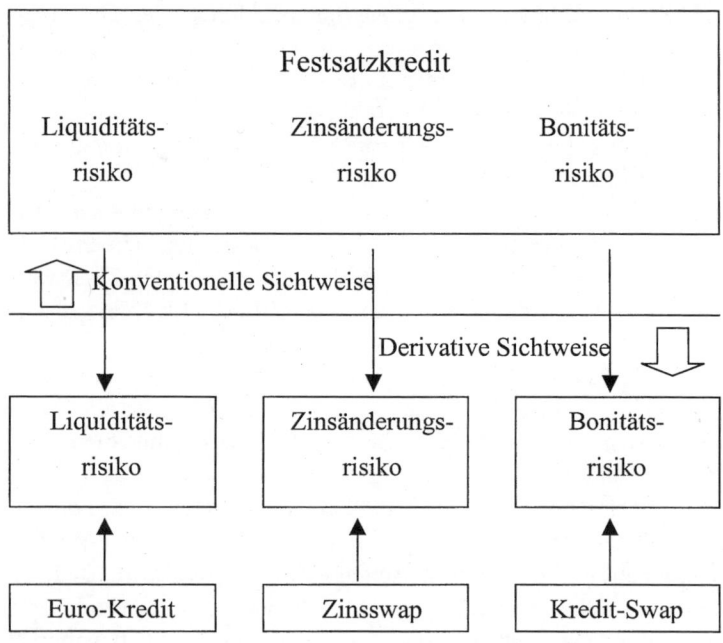

Abbildung 1-3: Grundidee derivativer Finanzierung

Die Vergabe eines langfristigen Festzinskredites beinhaltet aus
Sicht des Kreditgebers vor allem ein Liquiditätsrisiko, falls der
Kredit kurzfristig refinanziert wird, damit zugleich ein Zinsänderungsrisiko sowie das Bonitäts- oder Ausfallrisiko (zur Definition
der Risiken siehe Abschnitt 1.6.1). Diese Risiken werden als Paket
geschnürt und dem Kreditnehmer zur Verfügung gestellt. Ziel der

Derivate ist es, dieses Paket aufzuschnüren und in seine Komponenten zu zerlegen, und zwar nicht nur gedanklich, sondern dergestalt, daß diese Risiken getrennt handhabbar und handelbar werden im Sinne von Marktgängigkeit.

Die Liquidität kann durch revolvierende kurzfristige Mittelaufnahmen in Form von Kundeneinlagen oder vom Interbankenmarkt beschafft werden. Das durch die Fristeninkongruenz entstehende Zinsänderungsrisiko kann u.a. durch den Abschluß eines Zinsswaps (Austausch von variablen gegen feste Zinsen) abgesichert werden.

Das Ausfallrisiko bezogen auf den speziellen Schuldner kann durch einen Kreditswap (Austausch von Ausfallrisiken) neutralisiert werden. Ziel dieser auf den ersten Blick eher komplexen Vorgehensweise ist es, durch Arbeitsteilung unter Ausnutzung banktypischer Gegebenheiten (z.B. langfristige Aktiva – kurzfristige Passiva) Spezialisierungsvorteile zu realisieren.

Entsprechend kann auch der Kreditnehmer die Liquiditätsbeschaffung und die Steuerung des Zinsänderungsrisikos durch spiegelbildliche Transaktionen trennen. Dadurch lassen sich z.B. der Zeitpunkt der Kapitalbeschaffung und der der Zinssicherung entzerren; ferner kann die günstigste Kapitalquelle mit der günstigsten Absicherungsform kombiniert werden. All dies dient der Optimierung des Gesamtergebnisses.

1.2   Finanzmathematische Grundlagen

Dieser Abschnitt soll anhand von Beispielen die wesentlichen finanzmathematischen Grundlagen für spätere Anwendungen legen. Er kann bei entsprechenden Vorkenntnissen übersprungen werden.

1.2.1   Zinsrechnungsarten

Zinsrechnungsarten oder Zinskonventionen unterscheiden sich vor allem in zwei Punkten:

- Der *Tageszählweise* bei der Berechnung der Anzahl der Zinstage für eine Zinsperiode: Sie wird ausgedrückt als Quotient aus der Anzahl von Zinstagen für eine bestimmte Zeitspanne im Verhältnis zu einer Normlaufzeit.
- Der *Zahlungsfrequenz*, d.h. dem zeitlichen Abstand zwischen den Zinszahlungsterminen.

In Deutschland waren bis 1998 nur die ersten beiden in Tabelle 1-2 dargestellten Zinskonventionen gebräuchlich, die dritte wird ab 1999 von öffentlichen Schuldnern bei Neuemissionen in Euro verwendet; Altemissionen wurden ab dem nächsten Zinstermin in 1999 umgestellt.[1] Inwieweit dies Rückwirkungen auf die Benutzung in anderen Marktsegmenten hat, muß die Zukunft zeigen.

Die *Eurozinsmethode* war die an den internationalen Geldmärkten für DM übliche Zinsrechnung. Sie wurde 1991 auch am inländischen

> *Roll-Over-Kredit:*
> Verzinsung wird in festem zeitlichen Turnus angepaßt

Geldmarkt übernommen,[2] sie entspricht ferner der inländisch und international üblichen Rechnung für Euro. Sie findet Verwendung für Geschäfte mit Zinsbindungen bis zu einem Jahr sowie variabel

---

[1] Siehe Monatsbericht der Bundesbank [1/1999], S. 25.

[2] Bis dahin wurde am inländischen Geldmarkt die Methode 30/360 benutzt.

verzinsliche Formen wie *Floating Rate Notes* oder *Roll-Over-Kredite.*

Kurzbe-zeichnung	Synonyme	Beschreibung
Actual/360 (act/360) (365/360)	Geldmarktusance, Eurozinsmethode, Money market yield (mmy)	Tatsächliche Zinstage dividiert durch 360 Zinstage pro Jahr
30/360 (360/360)	Bondbasis (alt)	30 Zinstage pro Monat dividiert durch 360 Zinstage pro Jahr
Actual/ Actual (act/act)	Bondbasis (neu)	365 Zinstage pro Jahr dividiert durch 365 Zinstage pro Jahr, in Schaltjahren jeweils 366

Tabelle 1-2: Zinsrechnungsarten

Beispiel 1-1: Roll-Over-Kredit
Ein Unternehmen nimmt einen Roll-Over-Kredit auf mit folgenden Konditionen:

Betrag: EUR[1] 10 Mio.
Laufzeit: 03.03.2003 – 03.03.2008

> *Euribor* = Euro Interbank Offered Rate

Verzinsung: 6-Monats-Euribor + 0,5% (365/360)

Die Zinsanpassung für die Folgeperiode erfolgt jeweils zwei Arbeitstage vor dem 03. März und dem 03. September gemäß dem vom Europäischen Bankenverband[2] täglich festgestellten Euribor-Satz zuzüglich einer Kreditmarge von 0,5%. Bei einem 6-Monatszins von z.B. 3% für die Laufzeit von 180 Tagen ergibt sich ein Zinsbetrag in Höhe von:

---

[1] EUR ist die international übliche Abkürzung (ISO-Code) für die neue Währung.

[2] Siehe Banking Federation of the European Union [o.J.].

$$\frac{3,0+0,5}{100}*\frac{180}{360}*10.000.000=\frac{3,5*180*10.000.000}{36.000}=175.000\,.$$

Die früher bei festverzinslichen Wertpapieren und Krediten übliche *Bondbasis* oder Bondmethode (30/360) unterstellt eine Anzahl von 30 Zinstagen pro Monat unabhängig von den kalendarischen Gegebenheiten. Die neue Bondmethode (act/act) dividiert die tatsächliche Anzahl von Kalendertagen durch die Anzahl der Tage für ein volles Jahr. Beide Versionen führen zum gleichen Zinsbetrag für eine volle jährliche Zinsperiode, nicht jedoch für Teilperioden.

Um Anlage- bzw. Finanzierungsalternativen mit verschieden Zinsrechnungen vergleichbar zu machen, sind folgende Umrechnungsformeln hilfreich:

Umrechnung von mmy auf neue Bondbasis:
    Bondbasis = mmy * 365/360 (bzw. 366/360)
Umrechnung von neuer Bondbasis auf mmy:
    mmy = Bondbasis * 360/365 (bzw. 360/366)

Diese einfache Umrechnung ist allerdings nur korrekt, wenn beiden Seiten der Umrechnungsgleichung die gleiche Zahlungsfrequenz zugrunde liegt. Rechnet man z.B. einen 3-Monats-Geldmarktsatz dergestalt um, ergibt dies einen Zinssatz auf Bondbasis, zahlbar vierteljährlich. Deshalb muß, um zu einem wirklichen Vergleich mit einem Bondzins zu kommen, in einen Jahreseffektivzins konvertiert werden (siehe folgender Abschnitt).

1.2.2   Jahreseffektivzins

Ist die Zahlungsfrequenz kürzer als ein Jahr, d.h., werden mehr als einmal pro Jahr Zinsen gezahlt, ergibt sich die Notwendigkeit der Berechnung von Jahreseffektivzinsen, die die Zinseszinseffekte aus der Wiederanlage der unterjährigen Zinszahlungen berücksichtigen.

Beispiel 1-2: Jahreseffektivzins
Welche der folgenden Alternativen wählen Sie, wenn Sie eine Anlage für ein Jahr zu tätigen haben in Höhe von € 100:
a)   4,00%   jährlich,
b)   3,90% halbjährlich,
c)   3,80%   vierteljährlich?

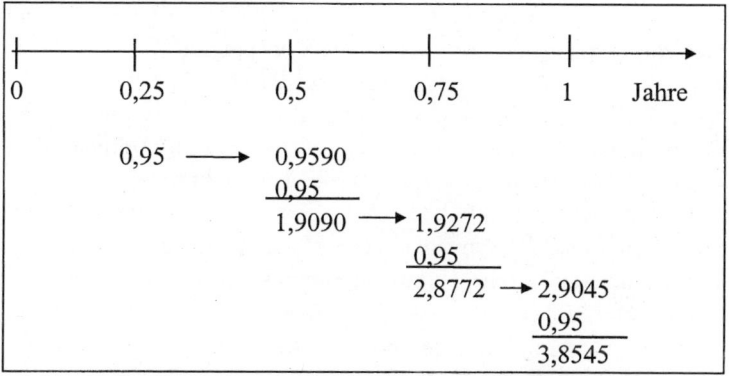

Abbildung 1-4: Berechnung von Jahreseffektivzinsen

Die Variante c) zahlt € 0,95 pro Vierteljahr (unterstellt 90 Zinstage bei 30/360). Eine Wiederanlage der ersten Zinszahlung zu ebenfalls 3,8% erbringt nach 6 Monaten € 0,9590. Werden diese zusammen mit der zweiten Zinszahlung erneut zu 3,8% angelegt, ergeben sich nach 9 Monaten 1,9272 usw. Das Gesamtergebnis incl. der Zinseszinsen ist € 3,8545 oder 3,8545%. Die zugehörige Formel lautet

$$\left[\left(1 + \frac{3,80}{4 * 100} \right)^4 - 1 \right] * 100 \ = 3,8545 \ \%$$

bzw. allgemein

$$(1\text{-}1) \qquad i_{\mathit{eff}} = \left[\left(1 + \frac{i}{n * 100}\right)^{n} - 1\right] * 100$$

mit i als periodengerechtem Zinssatz, i_{eff} als Jahreseffektivzins und n als Anzahl der Zahlungen pro Jahr. Damit ergibt sich ein Jahreseffektivzins von 3,938% für die Alternative b). Der Zinseszinseffekt ist offensichtlich um so größer, je

- größer die Anzahl der Zinszahlungen pro Jahr;
- höher das Zinsniveau.

bp = Basispunkt = 0,01%

Der vorgeschlagenen Formel liegt die Annahme der Wiederanlage zum gleichen Zinssatz i zugrunde. Dies ist zwar intuitiv und einfach, aber dennoch auf unsere Fragestellung bezogen ungenau. Denn die tatsächlichen Wiederanlagezinsen sind im vorhinein unbekannt. Korrekt wäre es insofern, die Terminzinsen (→ 2.3) für die jeweiligen Zinsfälligkeiten zu verwenden. Die vereinfachte Vorgehensweise ist um so ungenauer, je steiler die Zinskurve. Denn dann weichen die Terminzinsen um so mehr von den aktuellen ab. Um eine Größenordnung anzugeben: Um mehr als 1 bp falsch zu liegen, müssen die Terminzinsen in unserem Beispiel um etwa ¼ % pro Quartal ansteigen.

Trotz ihrer Schwächen wird die besprochene Näherungsformel auch verwendet zur Umrechnung von Zinseszinseffekten in langen Laufzeiten. Dazu ist auch der umgekehrte Rechenweg von Bedeutung, vom jährlichen Zins zum unterjährigen:

$$(1\text{-}2) \qquad i = \left[\left(1 + \frac{i_{\mathit{eff}}}{100}\right)^{\frac{1}{n}} - 1\right] * n * 100$$

Beispiel 1-3

Ein Unternehmen möchte für einen 10jährigen endfälligen (= keine zwischenzeitliche Tilgung) Kredit statt jährlich 7% monatliche Zinsen zahlen. Welcher Satz ergibt sich?

Lösung: $i = \left[\left(1 + \dfrac{7}{100}\right)^{\frac{1}{12}} - 1\right] * 12 * 100 = 6,78\ \%$

Aufgabe 1-1

a) Erstellen Sie ein Arbeitsblatt zur Lösung von Beispiel 1-2.

b) Wie hoch ist der Zinseszinseffekt für eine vierteljährliche Zinszahlung in Höhe von 8%?

c) Eine Bank in einem Hochzinsland legt einen Betrag von 1 Mio. täglich zu 100% an incl. der jeweils angefallenen Zinsen. Wie hoch ist der Gesamtbetrag nach einem Jahr, wenn man 365 fache Wiederholung der Strategie unterstellt?

1.2.3 Diskontierung, Barwert und Nettobarwert

Eine der häufigsten Fragestellungen der Finanzmathematik befaßt sich damit, den heutigen Wert einer zukünftigen Zahlung(sreihe) zu bestimmen. Dies ist bei einer Investition ebenso von Bedeutung wie beim Kauf eines Wertpapiers oder der Bestimmung der angemessenen Prämie für eine Lebensversicherung. Dieser heutige Wert (*Barwert = Gegenwartswert = Kapitalwert = present value = PV*) der in den Zeitpunkten t = 1 .. T anfallenden zukünftigen Zahlungen E_t ergibt sich durch die Abzinsung (Diskontierung) der Zahlungsreihe:

$$PV = \frac{E_1}{(1+i/100)^1} + \frac{E_2}{(1+i/100)^2} + ... + \frac{E_T}{(1+i/100)^T}\ \text{bzw.}$$

(1-3) $PV = E_1(1+i/100)^{-1} + E_2(1+i/100)^{-2} + ... + E_T(1+i/100)^{-T}$

Die Schreibweise läßt sich vereinfachen durch die Definition der *Diskontierungsfaktoren* D_t:

$$(1\text{-}4) \qquad D_t = \frac{1}{(1 + i_t\,/100)^t} = (1 + i_t\,/100)^{-t}$$

z. B. für $i_3 = 5\%$:

$$D_3 = \frac{1}{(1 + 5\,/100)^3} = (1 + 5\,/100)^{-3} = 0{,}8638$$

Das Ergebnis läßt sich konkret interpretieren: Ein Euro in drei Jahren ist genau so viel wert wie 0,8638 Euro heute. Die Schreibweise kann weiter komprimiert werden, wenn die Zinsen nicht in Prozent, sondern in Dezimalstellen ausgedrückt werden (5% = 0,05):

$$D_3 = 1{,}05^{-3} = 0{,}8638$$

Es sollte jeweils aus dem Zusammenhang klar sein, ob die Zinsen in Prozent oder Dezimalstellen angegeben sind.

Gleichung (1-3) vereinfacht sich unter Benutzung der Definition der Diskontierungsfaktoren zu

$$(1\text{-}5) \qquad PV = E_1 D_1 + E_2 D_2 + \ldots + E_T D_T = \sum_{t=1}^{T} E_t * D_t$$

Der Nettobarwert (*net present value – NPV*) gibt den heutigen Wert eines zukünftigen Zahlungsstromes an abzüglich der Zahlung E_0, die heute geleistet werden muß, um diesen Zahlungsstrom zu ‚kaufen‘. Der NPV setzt sich also aus dem PV und der Anfangsauszahlung zusammen:

$$(1\text{-}6) \qquad NPV = -E_0 + E_1 D_1 + E_2 D_2 + \ldots + E_T D_T = \sum_{t=0}^{T} E_t * D_t = -E_0 + PV$$

Der Zusammenhang zwischen PV und NPV sei am Beispiel eines festverzinslichen Wertpapiers erläutert: Der Barwert der Zins- und Tilgungszahlungen entspricht dem PV; zieht man davon den Kurs ab, ergibt sich der NPV (ohne Transaktionskosten). Wenn der Kurs, der sich am Markt bildet, fair ist, entspricht er dem PV (Kapitalwert); damit wird der NPV null.

Wir haben bisher die Diskontierung und Barwertbildung in langen Laufzeiten angesprochen. Am Geldmarkt, in unterjährigen Laufzeiten also, wird jedoch üblicherweise nicht mit exponentiellen, sondern linearen Zeitfaktoren auf- bzw. abgezinst:

(1-7) $$D_T = \cfrac{1}{\left(1 + \cfrac{i}{100} * \cfrac{T}{360}\right)} = \cfrac{1}{\left(1 + \cfrac{i*T}{36.000}\right)} = \left(1 + \frac{i*T}{36.000}\right)^{-1}$$

mit T als Anzahl der Zinstage mit der Zinsrechnung act/360. Unterstellt man z.B. einen Zinssatz von 4% für 90 Zinstage, ergibt sich ein Diskontierungsfaktor in Höhe von

$$D_T = \left(1 + \frac{4*90}{36.000}\right)^{-1} = 1{,}01^{-1} = 0{,}990099$$

Man beachte, daß die Verwendung eines unterjährigen Zinses in exponentieller Schreibweise ungenau ist:

$$D_T = \left(1 + 4/100\right)^{-\frac{1}{4}} = 1{,}04^{-0{,}25} = 0{,}990243 \text{ (falsch)}$$

Für spätere Verwendung ist es jedoch zweckmäßig, eine einheitliche Diskontierungslogik aufzubauen, unabhängig davon, ob wir uns im unter- oder überjährigen Laufzeitensegment befinden. Dies läßt sich herbeiführen, indem der unterjährige Zins zunächst in einen Jahreseffektivzins umgeformt wird; damit kann dann wie üblich exponentiell diskontiert werden.

(1-8) $$D_T = \left[\left(1 + \frac{i*T}{36.000}\right)^{\frac{360}{T}}\right]^{\frac{-T}{360}}$$

Wiederum angewendet auf 4% für 90 Tage ergibt die eckige Klammer den Jahreseffektivzins (plus 1), also einen Aufzinsungsfaktor:

$$\left[\left(1 + \frac{4*90}{36.000}\right)^{\frac{360}{90}}\right] = \left[\left(1 + \frac{4}{4*100}\right)^{4}\right] = 1{,}040604$$

Dieser kann nun mittels exponentiellem Zeitfaktor zum korrektem Diskontierungsfaktor weiterverarbeitet werden:

$$1,040604^{-0,25} = 0,990099$$

Die Übereinstimmung der Formeln (1-7) und (1-8) läßt sich auch durch Umformung leicht nachweisen:

$$D_T = \left[\left(1+\frac{i*T}{36.000}\right)^{\frac{360}{T}}\right]^{\frac{-T}{360}} = \left(1+\frac{i*T}{36.000}\right)^{\frac{360}{T}*\left(-\frac{T}{360}\right)} = \left(1+\frac{i*T}{36.000}\right)^{-1}$$

Fazit: Die Berechnung von exponentiellen Diskontierungsfaktoren für Zinssätze mit unterjährigen Zahlungszyklen (auch in langen Laufzeiten) setzt die Umformung in Jahreseffektivzinsen voraus. Allgemeiner: Die Berechnung des Barwertes setzt die Verwendung eines Zinssatzes voraus, der die gleiche Zahlungsfrequenz hat wie der Zahlungsstrom.

Aufgabe 1-2
Vervollständigen Sie das zugehörige Arbeitsblatt zu Berechnung der Diskontierungsfaktoren und der Barwerte.

Aufgabe 1-3
Berechnen mit Sie Hilfe des Arbeitsblattes aus der vorherigen Aufgabe den Kurs für folgendes Wertpapier:

- Laufzeit: 5 Jahre
- Diskontierungszins: 7%
- Coupon: 6%
- Rückzahlung: 100

> *Coupon:*
> Nominalzins auf 100
> eines Wertpapiers

1.2.4   Effektivzins

Wir haben bisher offen gelassen, welcher Zinssatz zur Berechung des Barwertes Anwendung findet. Falls überhaupt mit *einem* Zins (Alternative: Diskontierung mit einer ganzen Zinskurve → 1.3.3) diskontiert wird, kommt vor allem der Effektivzins in Frage. Der *Effektivzins (= Rendite = interner Zinfuß = internal rate of return = IRR)* ist definiert als derjenige Zins, der den NPV null werden läßt, wenn man ihn zur Diskontierung verwendet:

(1-9) $NPV = -E_0 + E_1(1+r)^{-1} + E_2(1+r)^{-2} + ... + E_T(1+r)^{-T} = 0$

mit r als IRR (in Dezimalstellen) und T als Endfälligkeit in Jahren , bei unterjährigen Laufzeiten i.d.R. in Tagen. Die Gleichung ist für längere Laufzeiten im allgemeinen

> *Zero-Coupon-Bond* (Null-Kupon-Anleihe): wirft keine zwischenzeitlichen Zinszahlungen ab

Fall einer Struktur mit jährlichen Zinszahlungen (Coupons) analytisch nicht lösbar. Hier helfen Iterationsverfahren mit der Konstruktionsvorschrift, den Diskontierungszins so lange zu variieren, bis der NPV in genügender Näherung den Zielwert null erreicht hat (→ Aufgabe 1-4).

Die Rendite einfacher Zahlungsreihen läßt sich dennoch analytisch bestimmen, wie am wichtigen Fall des Zero-Coupon-Bonds gezeigt werden soll. Gleichung (1-9) beinhaltet in diesem Fall

$$NPV = -E_0 + E_T(1+r)^{-T} = 0$$

mit E_0 als heutigem Kurs und E_T als Nominalwert (Endwert, i.d.R 100). Einige Umformungen ergeben die Rendite dieses Bonds:

$$E_T(1+r)^{-T} = E_0$$

$$(1+r)^{-T} = \frac{E_0}{E_T} \quad \Rightarrow \quad (1+r)^T = \frac{E_T}{E_0} \quad \Rightarrow \quad (1+r) = \left(\frac{E_T}{E_0}\right)^{\frac{1}{T}}$$

$$(1\text{-}10) \quad r = \left(\frac{E_T}{E_0}\right)^{\frac{1}{T}} - 1$$

Der Quotient aus dem Rückzahlungswert zum Kurswert kann dabei interpretiert werden wie ein Aufzinsungsfaktor für die Laufzeit T, sein Kehrwert entsprechend wie ein Abzinsungsfaktor.

Mit analogen Überlegungen kann eine vergleichbare Formel für den *unterjährigen* Bereich entwickelt werden. Der Nettobarwert einer Zahlungsreihe bei tagegenauer Verzinsung entspricht:

$$NPV = -E_0 + E_T * \left(1 + \frac{r * T}{36.000}\right)^{-1} = 0$$

mit T als Anzahl der Zinstage. Nach einigen Umformungen ergibt sich:

$$(1\text{-}11) \quad r = \left(\frac{E_T}{E_0} - 1\right) * \frac{36.000}{T},$$

wobei die Rendite r im unterjährigen Bereich mit dem Couponsatz übereinstimmt.

Eingangs wurde die Kenntnis der Rendite als Voraussetzung zur Berechnung des Kurses (Barwertes) eines Wertpapiers genannt. Ist damit nicht ein Zirkelschluß aufgebaut? Denn zur Renditebestimmung ist wiederum der Kurs notwendig. In der Tat setzt die Gleichung (1-9) die Vorgabe einer der beiden Größen voraus, um die andere berechnen zu können:

• Vorgabe des Kurses   ⇒   Berechnung der Rendite;   oder
• Vorgabe der Rendite   ⇒   Berechnung des Kurses.

Rechnerisch ist beides möglich und auch richtig. In der Praxis wird aber eher aus der Kenntnis von Zinsen (Zinskurven) auf den Kurs bestimmter Wertpapiere geschlossen. Dieses Thema ist in Zusammenhang mit der Berechnung und Verwendung von Zero-Coupon-Kurven wieder aufzugreifen (→ 1.3.3).

Aufgabe 1-4
Berechnen Sie mit Hilfe des Arbeitsblattes aus der Aufgabe 1-2 die Rendite des folgenden Wertpapiers:
- Laufzeit: 5 Jahre
- Coupon: 7%
- Kurs: 102
- Rückzahlung: 100

a) Machen Sie zunächst einige Iterationsschritte selbst: Starten Sie mit einem Diskontierungszins von 7%. Warum stellt sich der NPV auf 2? Verändern Sie den Diskontierungszins nun (nach oben oder unten?).

b) Verwenden Sie die Excel-Funktion ⇒ Extras ⇒ Zielwertsuche und verändern Sie die Rendite so, daß der NPV null wird.

Aufgabe 1-5
Ein Unternehmen möchte für eine endfällige Finanzierung von 10 Jahren einen Coupon von 5%. Welches Disagio errechnen Sie für eine Effektivverzinsung von 7%?

Aufgabe 1-6
Sie kaufen folgendes Wertpapier:
- Laufzeit: 5 Jahre
- Coupon: 0
- Kurs: 60
- Rückzahlung: 100

Wie hoch ist der Effektivzins?

1.2.5   Stetige Verzinsung

Im Abschnitt 1.2.2 wurde bereits diskutiert, wie es auf den Effektivzins wirkt, wenn die Zinsen häufiger als einmal pro Jahr gezahlt werden. Ein besonderer Fall ergibt sich aus der folgenden Konstellation (vgl. dazu auch Aufgabe 1-1c):

Beispiel 1-4
Das Zinsniveau in einer Währung sei einheitlich i = 100% in allen Laufzeiten, der Anlagehorizont sei 1 Jahr, der Anlagebetrag 1. Der Gesamtertrag hängt von der Anzahl der Zinszahlungen (n) ab. Bei Wiederanlage der zwischenzeitlichen Zinserträge ergibt sich ein Endbetrag (E_T) von

$$E_T = \left(1 + \frac{100}{n * 100} \right)^n = \left(1 + \frac{1}{n} \right)^n$$

Anzahl der Zinszahlungen pro Jahr (n)	Anlageerfolg nach einem Jahr incl. Zinseszinsen
1	$E_T = 2$
2	$E_T = \left(1 + \frac{1}{2} \right)^2 = 2,25$
4	$E_T = \left(1 + \frac{1}{4} \right)^4 = 2,44$
12	$E_T = \left(1 + \frac{1}{12} \right)^{12} = 2,61$
$n \to \infty$	$E_T \to 2,71828 = e$

Tabelle 1-3: Stetige Verzinsung

Läßt man die Anzahl der Zinszahlungen gegen unendlich und damit die Länge der Zinsperioden gegen null gehen, beläuft sich die Verzinsung auf ca. 171,8%. Aus einer eingesetzten Währungseinheit werden somit innerhalb eines Jahres 2,718. Der Grenzwert dieser Rechnung ist die Eulersche Zahl, die Basis des natürlichen Logarithmus.[1]

Wo ist die Relevanz für die Finanzmathematik? Zinssätze für unendlich kleine Zinsperioden bezeichnet man als *stetige Verzinsung*. Obwohl es solche Zinsperioden realiter nicht gibt, liegt ihre Bedeutung in zweierlei. Zum einen führen sie in vielen Zusammenhängen zu rechentechnischen Vereinfachungen, da sie unter gewissen Voraussetzungen erlauben, aus exponentiellen Beziehungen lineare zu machen. Deshalb werden sie oft auch in Software-Programmen verwendet, auch ohne daß dies in der Benutzeroberfläche erkennbar ist. Der zweite Aspekt liegt darin, daß manche Bewertungsmodelle für Derivate, insbesondere Optionen, mit stetigen Zinsen arbeiten, um mit der Annahme stetigen Handels, also einer stetigen Abfolge von Preisen, kompatibel zu sein.

Zwei Rechenoperationen sind im Zusammenhang mit stetigen Zinsen wissenswert. Zum einen kann der ‚normale' diskrete Zins (i) in einen stetigen Zins (i_s) umgerechnet werden durch

(1-12) $i_s = \ln(1 + i)$

mit folgender (leicht vereinfachter) Interpretation: Eine jährliche Zinszahlung von z.B. i = 10% hat den gleichen Wert wie ein Zins in Höhe von $i_s = \ln(1+0,1) = 0,0953$ oder 9,53%, der zeitanteilig täglich (genauer: stetig) gezahlt wird.

Wie kann zweitens mit stetigen Zinsen ab- und abgezinst werden? Die der Gleichung (1-3) entsprechende Form der stetigen Abzinsung lautet

(1-13) $PV = E_1 e^{-1 i_s} + E_2 e^{-2 i_s} + \ldots + E_T e^{-T i_s}$ mit e = 2,71818

---

[1] Euler hat diesen Grenzwert nicht in Zusammenhang mit Verzinsung von Kapital, sondern dem Wachstum von Pfanzen gefunden: Wenn eine Pflanze pro Halbjahr um 50% - wie hoch ist der Zuwachs pro Jahr? Wenn sie aber pro Vierteljahr um 25% wächst – was folgt pro Jahr? Usw.

Sie führt zum gleichen Ergebnis wie die diskrete Variante bei Verwendung des äquivalenten Zinses. Entsprechend ergibt ein Euro aufgezinst mit 10% für ein Jahr ebenso € 1,10 wie bei einer stetigen Aufzinsung mit 9,53%:

$$(1 + 0{,}1) = e^{0{,}0953} .$$

Die folgende Tabelle faßt die Ergebnisse zusammen und vergleicht die stetige mit der diskreten Variante anhand eines einfachen Beispiels mit einer Laufzeit von einem Jahr und einem (diskreten) Zins von 10% (FV – Future Value).

	Aufzinsung	Abzinsung
diskret	$FV = E_0 * (1+i)^t$ $1{,}10 = 1 * (1+0{,}1)^1$	$PV = E_t * (1+i)^{-t}$ $0{,}90909 = 1 * (1+0{,}1)^{-1}$
stetig	$FV = E_0 * e^{i_s \, t}$ $1{,}10 = 1 * e^{0{,}0953}$	$FV = E_0 * e^{-i_s \, t}$ $0{,}90909 = 1 * e^{-0{,}0953}$

Tabelle 1-4: Stetige Verzinsung

1.3   Aufbau einer Bewertungskurve

Ziel dieses Abschnittes ist es, durch den Aufbau einer Bewertungskurve als Referenz zur Bewertung spezieller Strukturen mit verschiedenen Instrumenten zu gelangen. Die Anforderungen an diese sind:

> *Bewertungskurve:* Marktzinskurve, die zur Bewertung herangezogen wird

☐ Sie sollte die Marktgegebenheiten objektiv widerspiegeln.

☐ Die zum Aufbau dieser Kurve benutzten Märkte sollten liquide sein, damit die Bewertungsergebnisse im Bedarfsfall auch realisiert werden können.

☐ Die Transaktionskosten der Benutzung dieser Märkte sollten niedrig sein.

Die insbesondere von Swap-Händlern geübte Praxis ist es, dazu für kürzere Laufzeiten die aus den Geldmarktfutures und für die längeren Laufzeiten die aus der Zinsswapkurve hergeleiteten Zero-Coupon-Sätze zu verwenden. Dies ist mit den definierten Anforderungen kompatibel. Future-Märkte sind i.d.R. liquide und haben geringe Transaktionskosten, deshalb werden sie häufig zur Absicherung der Zinsänderungsrisiken verwendet. Folglich ist es konsequent, deren Marktpreise auch zur Bewertung heranzuziehen.

Zinskurvenabschnitt	Bis 3 Jahre	Von 4 bis 10 Jahre
Verwendete Marktdaten	Geldmarktfutures	Zinsswapsätze

Tabelle 1-5: Aufbau einer Bewertungskurve[1]

Unsere Vorgehensweise ist es daher, im Abschnitt 1.3.2 Punkte auf der Bewertungskurve im Laufzeitensegment bis zu 3 Jahren aus den Geldmarktfutures zu berechnen und im Abschnitt 1.3.3 die Zinsswapsätze in Zero-Coupon-Sätze umzurechnen. Bis zum ersten Future-Termin ist eigentlich ein Geldmarktsatz zu verwenden. Diesen Punkt werden wir jedoch vernachlässigen, indem wir unsere Laufzeiten genau auf einen Future-Verfalltermin stellen.

1.3.1 Zinskurven

Zins(struktur-)kurven geben Zinssätze für unterschiedliche Laufzeiten an. Sie können sehr unterschiedliche Formen annehmen. Beispielsweise wurde für DM in den 90er Jahren eine inverse (mit der Laufzeit fallende) 1991-92, eine U-förmige 1993-94, eine nahezu flache 1994 und eine ansteigende Version seit 1994 beobachtet mit einer besonders ausgeprägten Steigung 1996-97.

---

[1] Die Laufzeitengrenzen hängen von der Existenz der entsprechenden Marktsegmente und deren Liquidität ab.

Der Verlauf der Zinskurve wird vor allem mit zwei Überlegungen begründet (Hicks [1939], Elton/Gruber [1995], S. 509ff.):

□ Die *Erwartungshypothese*: Die (mit der Marktpotenz gewichteten) Erwartungen der Marktteilnehmer bestimmen den Verlauf der Zinskurve, d.h.:

– Wird allgemein mit steigenden Zinsen gerechnet, sind die Kapitalgeber nur bereit, ihr Geld längerfristig auszuleihen, wenn die Zinsen dafür höhcr sind als für kurzfristige Ausleihungen. Die Kapitalnehmer akzeptieren dies, wenn auch sie mit eher steigenden Zinsen rechnen.

– Wird allgemein mit fallenden Zinsen gerechnet, sind die Kapitalnehmer nur bereit, längerfristig Geld aufzunehmen, wenn die Zinsen dafür niedriger sind als für kurzfristige Aufnahmen. Die Kapitalgeber akzeptieren dies, wenn auch sie mit fallenden Zinsen rechnen.

□ Die *Liquiditätspräferenzhypothese*: Aus Gründen der Vorsicht ziehen es die Kapitalgeber grundsätzlich eher vor, ihr Geld kurzfristig zu plazieren. Dadurch werden nicht nur die Ausfall- und die Zinsänderungsrisiken reduziert, die Liquidität steht auch schneller wieder zur eigenen Disposition. Von dieser vorsichtigen Haltung lassen sich die Kapitalgeber nur abbringen, wenn sie durch die Zahlung einer Prämie kompensiert werden für das höhere Risiko in längeren Laufzeiten. Aus diesen Überlegungen heraus bezeichnet man einen ansteigenden Verlauf der Zinskurve als „normal".

Abbildung 1-5 zeigt die für den deutschen Markt wichtigsten langfristigen Zinsen in der europäischen Gemeinschaftswährung im Frühjahr 2002. *Schuldscheine* sind zusammen mit den in den letzten Jahren an Bedeutung gewinnenden Pfandbriefen die wichstigste Wertpapier-Refinanzierungsform der Kreditinstitute.

Der Markt für (Zins-)Swaps erlaubt die Umstrukturierung von Zinsänderungsrisiken und bildet damit das Scharnier zwischen verschiedenen Finanzmarktsegmenten (→ 2.4). Wir haben derzeit eine normal verlaufende Zinskurve mit einem Renditeabstand von etwa 1,5% zwischen ein- und zehnjährigen Laufzeiten.

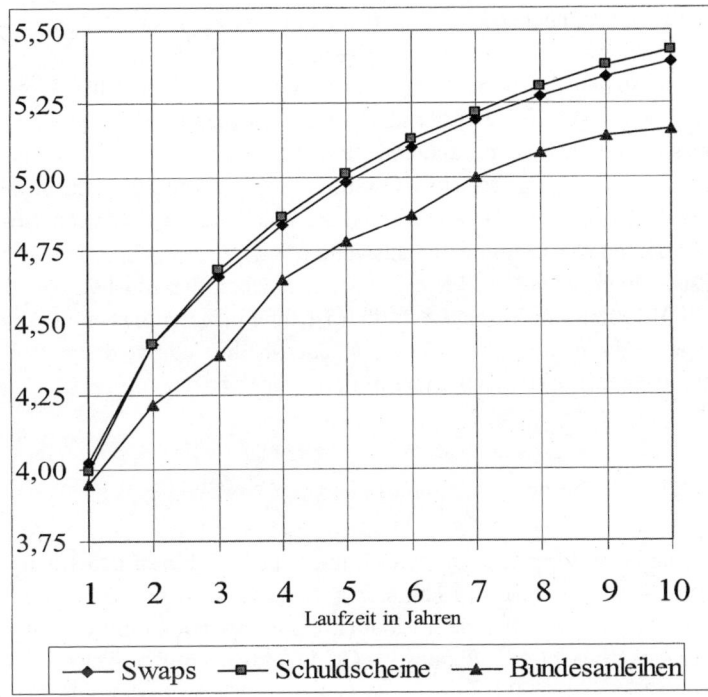

Abbildung 1-5: Zinsen von Bundesanleihen, Schuldscheinen und Swaps am 22.05.2002

Zinsen unterscheiden sich aber nicht nur nach der Laufzeit, sondern u.a. vor allem nach der Währung und nach der Qualität des Schuldners (Bonität). Öffentliche Emittenten zahlen bei gegebener Laufzeit die geringsten Zinsen; sie werden offensichtlich als bestmögliche Schuldner

Spread:
Zinsdifferenz zwischen vergleichbaren Märkten

angesehen. Deutsche Banken müssen etwas mehr Verzinsung bieten, wobei der Abstand zu den ‚Öffentlichen' (*Spread*, → 4.1.3) mit der Laufzeit zunimmt von derzeit 0,07% für 1 Jahr auf 0,23% für 10 Jahre. Dieser Spread hatte sich im Spätsommer 1998 erheblich ausgeweitet aufgrund der krisenhaften Entwicklung an den internationalen Finanzmärkten. Dies führte einerseits zu erheblichen Kapitalanlagen in den vergleichsweise sicheren Staatsanleihen westlicher Länder und andererseits zur schlechteren Einschätzung der Bonität der in Ostasien, Osteuropa und Südamerika engagierten deutschen Banken, so daß sich die Zinsdifferenz zwischen diesen beiden Marktsegmenten ausweitete.

Zusammenfassend sei festgehalten, daß neben der Zinshöhe auch das Bild der Zinskurve wesentlich ist für Finanzierungs- und Anlagemöglichkeiten (→ 1.3.4) und ebenso die relative Lage verschiedener Märkte zueinander in Form der Spreads.

1.3.2   Euribor-Futures-Kurve

Geldmarktfutures sind zwar noch nicht im Detail besprochen worden (→ 2.7.2), ihre Idee läßt sich aber leicht verständlich machen. Der *Euribor* ist neben dem Libor (London Interbank Offered Rate) der meist beachtete Indikator für Geldmarktsätze in Laufzeiten von 1 – 12 Monaten. Der auf diesen Geldmarktsätzen basierende Terminkontrakt macht den Handel mit zukünftigen Geldmarktsätzen möglich, er kann insofern als eine börsennotierte Variante der FRAs (Forward Rate Agreements → 2.3) bezeichnet werden. Die Notierungen werden dabei nicht in Zinsen, sondern in Kursen ausdrückt, um eine einheitliche Kursnotierung für alle Zinsfutures zu erreichen. Die impliziten Zinsen ergeben sich in % p.a. aus der Differenz des Kurses zu 100 (*Zins = 100 – Kurs*). Die Kontraktfälligkeit ist der 3. Mittwoch des jeweiligen Monats.

Wir wollen in diesem Abschnitt, einer in der Praxis in vielen Bereichen geübten Methode folgend, aus den Terminzinsen Datenpunkte einer Bewertungszinskurve entwickeln. Wir unterstellen für
unsere Musterkurve das Bewertungsdatum 03.03.2003. Der
nächste Euribor-Future aus der Perspektive dieses Datums ist der
März-Kontrakt des Jahres 2003, der am 19.03.2003 fällig wird.
Den Zeitraum bis zum ersten Fälligkeitstag eines Future-Kontraktes überbrücken wir mit einem geeigneten Geldmarktsatz, also
etwa dem Zinssatz für eine Laufzeit von 2 Wochen, für den ein
Wert von 3% gelte. Wir wollen annehmen, die Marktdaten für
Futures seien in der Tabelle 1-6 korrekt wiedergegeben. Der
Terminzins von 3,5% (100 – 96,50) gilt für die Laufzeit März bis
zum Fälligkeitstag des nächstfolgenden Kontraktes.

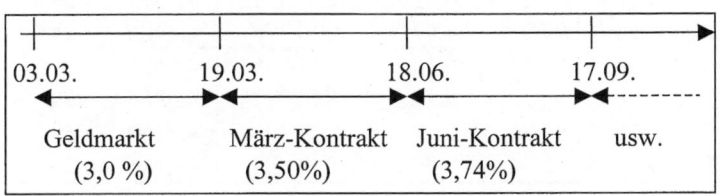

Abbildung 1-6: Zeitstruktur der Geldmarktfutures

Der Kurs von 96,26 für den nächstfolgenden Kontrakt zeigt, daß
der 3-Monats-Zins für eine Laufzeit beginnend am 18.06.2003 am
Terminmarkt zu einem Forwardzins von 3,74% gehandelt wird.
Entsprechendes gilt für den September-Kontrakt usw. Die Zinslaufzeit der Kontrakte beträgt übrigens jeweils 90 Tage, unabhängig von den kalendarischen Gegebenheiten. Daraus ergibt sich das
in Abbildung 1-6 dargestellte Zeitraster mit den Zinsen aus der
Tabelle 1-6. Wir werden insgesamt 12 Kontrakte benutzen, um
Zinspunkte für unsere Bewertungskurve zu erhalten.[1] Dazu werden

---

[1] Häufig wird dafür auch der 1-Monats-Future verwendet.

die Forwardzinsen, die ja jeweils nur für einzelne Zeitabschnitte gelten, wieder zu einer Zinskurve zusammengesetzt.

A^1	D	E	F	G	
Marktdaten	Kurs	Zinssatz	Diskontie-rungsfaktor	Coupon-Satz	für Monat
Geldmarkt:	-	3,00	0,99867	3,0000	
März 2003	96,50	3,50	0,98991	3,4292	3
Juni 2003	96,26	3,74	0,98064	3,5896	6
Sep. 2003	96,00	4,00	0,97082	3,7437	9
Dez. 2003	95,38	4,62	0,95962	3,9800	12
März 2004	95,24	4,76	0,94821	4,1336	15
Juni 2004	95,16	4,84	0,93675	4,2551	18
Sep. 2004	95,08	4,92	0,92524	4,3595	21
Dez. 2004	95,03	4,97	0,91376	4,4486	24
März 2005	94,64	5,36	0,90155	4,5485	27
Juni 2005	94,28	5,72	0,88772	4,6756	30
Sep. 2005	93,81	6,19	0,87405	4,8154	33
Dez. 2005	93,50	6,50	0,86099	4,9486	36

Tabelle 1-6: Musterkurve aus Euribor-Futures

Beispiel 1-5 (Arbeitsblatt 'EUR-F')
Welcher Nominalzins (Couponsatz) ist für die Laufzeit 03.03. bis 17.09. korrekt? Aus den Marktdaten sind die Zinsen für die ersten beiden Wochen (3%), die folgenden drei Monate (3,5%) und für weitere 3 Monate (3,74%) bekannt. Daraus lassen sich zwei Strategien, z.B. aus Sicht eines Kreditnehmers, entwickeln, die in perfekten Märkten identisch sein müssen:[2]

---

[1] Vgl. die entsprechende Spalte im Arbeitsblatt 'EUR-F'.

[2] Üblicherweise wird mit den tatsächlichen Kalendertagen gerechnet, obwohl die Geldmarktfutures dies nicht berücksichtigen. Bei der Benutzung zur Absicherung von Zinsänderungsrisiken ist dies zu korrigieren.

A) Entweder man zahlt nach 16 Tagen 3%, nach weiteren 91 Tagen 3,5% und noch einmal 91 Tagen 3,74%, jeweils für die genannte Anzahl von Zinstagen; oder

B) man zahlt einen noch zu bestimmenden Nominalzins am Ende der Laufzeit für 198 Tage.

Den genannten Nominalzins, nennen wir ihn C_6, da die Laufzeit ungefähr 6 Monate beträgt, gilt es also so zu bestimmen, daß incl. der Zinseszinsen die gleiche Zinsbelastung wie unter Alternative A folgt. Diese Version A führt für einen Nominalbetrag von 1 zu einer Zinsbelastung incl. Zinseszinsen von

$$\left(1+\frac{3,0*16}{36.000}\right)*\left(1+\frac{3,5*91}{36.000}\right)*\left(1+\frac{3,74*91}{36.000}\right)-1 = 0,0197426 \stackrel{\wedge}{=} 1,97426\%$$

Als Zinssatz in Prozent pro Jahr in Geldmarktzinsrechnung umgerechnet folgt:

$$C_6 = 1,97426 \% * \frac{360}{198} = 3,5896 \% \ .$$

Universeller verwendbar sind jedoch die Diskontierungsfaktoren anstatt der Aufzinsungsfaktoren wie im Beispiel. Sie lassen sich aus der Verkettung der Diskontierungsfaktoren für die jeweiligen Zinsperioden berechnen. Der Zinssatz $i(t_{i-1}:t_i)$ gilt für die Laufzeit t_{i-1} bis t_i für $T(i-1:i) = t_i - t_{i-1}$ Zinstage. Liegt der Laufzeitbeginn in 2 Tagen ($t_{i-1} = t_0 = 0$), liegt ein ‚normales' Kassegeschäft vor; liegt t_{i-1} dagegen in der Zukunft ($t_{i-1} > 0$), handelt es sich um einen Terminzins. Der Diskontierungsfaktor für eine beliebige Laufzeit t_i ist dann (vgl. Spalte [F] im Arbeitsblatt)[1]:

---

[1] Wir vernachlässigen den insbesondere in langen Laufzeiten bedeutsamen Konvexitätseffekt, vgl. Hull [1997], S. 450ff., und Gruber [2002].

$$(1\text{-}14) \quad D_{t_i} = \left(1+\frac{i(t_0:t_1)*T(0:1)}{36000}\right)^{-1} * \left(1+\frac{i(t_1:t_2)*T(1:2)}{36000}\right)^{-1} *...* \left(1+\frac{i(t_{i-1}:t_i)*T(i-1:i)}{36000}\right)^{-1}$$

Im Beispiel 1-5 war der marktgerechte Couponsatz C_6 gesucht für 6 Monate. Stellt man sich einen Kredit in Höhe von 100 vor, der nach 198 Tagen mit einem Nominalzins von C_6 verzinst zurückgezahlt werden muß, so muß der Nettobarwert des Zahlungsstromes null sein, wenn die zukünftige Zahlung mit dem Diskontierungsfaktor D_6 diskontiert wird:

$$-100 + \left[100*\left(1+\frac{C_6 *198}{36.000}\right)\right]*D_6 = 0 \, .$$

Nach einigen Umformungen ergibt sich der faire Couponsatz als

$$C_6 = \left(\frac{1}{D_6}-1\right)*\frac{36.000}{198} = \left(\frac{1}{0,98064}-1\right)*\frac{36.000}{198} = 3,5796 \, .$$

Im *überjährigen Laufzeitenbereich* stellt sich die zusätzliche Frage, wie die zwischenzeitlichen Zinszahlungen zu behandeln sind. Für z.B. 15 Monate bei jährlicher Zinszahlung ergibt sich eine volle Zinsperiode über 12 Monate sowie eine restliche von 3 Monaten, die entweder am Anfang oder am Ende der Gesamtlaufzeit liegen kann. Beides ist denkbar und die Ergebnisse unterscheiden sich auch kaum, aber in der Praxis dürfte der Fall häufiger vorkommen, daß die ‚gebrochene Periode' am Anfang liegt, wie z.B. bei einem Wertpapier mit einer Restlaufzeit von 15 Monaten.

Beispiel 1-6

Was ist bei gegebener Zinskurve der faire Nominalzins für 15 Monate? Der Zahlungsstrom (Abbildung 1-7) soll dabei aus einer Zinszahlung nach 3 Monaten für 107 Tage sowie Rückzahlung und Zinszahlung für 364 Tage nach 15 Monaten bestehen. Im Vergleich zum vorherigen Beispiel ist damit eine zusätzliche Zinszahlung involviert.

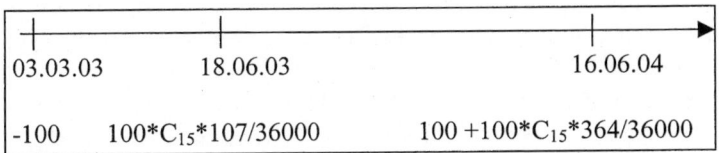

Abbildung 1-7: Zahlungsstrom für eine Laufzeit von 15 Monaten

Der Zahlungsstrom ist wiederum zu diskontieren und nach dem Couponsatz C zu lösen mit der Maßgabe, daß der NPV null wird:

$$-100+\left[100*\frac{C_{15}*107}{36.000}\right]D_3+\left[100*\left(1+\frac{C_{15}*364}{36.000}\right)\right]*D_{15}=0$$

mit einer Lösung für C in Höhe von

$$C_{15}=\frac{1-D_{15}}{\frac{107}{36.000}*D_3+\frac{364}{36.000}*D_{15}}=4{,}1336.$$

Er ist ein jährlicher Zinssatz, d.h. Prozent pro Jahr, mit der Zinsrechnung act/360. Entsprechend lassen sich die Couponsätze für 18, 21 bis 36 Monate berechnen, so daß wir als Ergebnis im Zinskurvensegment bis zu 3 Jahren insgesamt 12 Datenpunkte belegt haben.

1.3.3   Zero-Coupon-Kurve

Dieser Abschnitt verfolgt drei Ziele: Zunächst sollen Zero-Coupon-Sätze aus einer Coupon-Kurve heraus berechnet werden. Die Ergebnisse sind zweitens korrekt zu interpretieren. Das dritte Lernziel besteht darin, anhand eines Arbitragebeispiels zu erläutern, warum Zahlungsströme mit einer Zero-Coupon-Kurve diskontiert werden.

Ein *Zero-Coupon-Satz* (kurz: Zero oder Zero-Satz) ist, wie bereits besprochen, die Rendite eines Zero-Coupon-Bonds. Allgemeiner formuliert: Ein *Zero-Satz* ist der Effektivzins aus einem Cash-Flow, der aus zwei Zahlungen besteht. Mit dieser Definition ist es vereinbar, z.B. einen Geldmarktsatz als Zero-Satz zu interpretieren, obwohl es ungewöhnlich ist.

(1)   Herleitung einer Zero-Coupon-Kurve aus der Coupon-Kurve

Eine Zero-Coupon-Kurve kann konzeptionell aus der Renditekurve von Zero-Bonds verschiedener Laufzeiten zusammengestellt werden. Dieser Weg hat aber den praktischen Nachteil, daß es vergleichsweise wenige Zero-Bonds, noch dazu mit gleicher Bonität, gibt,

Coupon-Kurve: nach Laufzeiten geordnete Zusammenstellung der Nominalzinsen bzw. der Coupons von Par-Bonds

diese ferner gebrochene Laufzeiten haben und daher Interpolationen erfordern, um eine Zinskurve mit glatten Laufzeiten aufzubauen.

Laufzeit in Jahren	Coupon-Kurve C-1	Coupon-Kurve C-2
1	4,00	6,50
2	4,50	6,00
3	5,00	5,50
4	5,40	5,10
5	5,75	4,75
6	6,00	4,50
7	6,20	4,30
8	6,35	4,15
9	6,45	4,05
10	6,50	4,00

Tabelle 1-7: Muster-Coupon-Kurven

Deshalb wird meist der Weg eingeschlagen, eine vorgegebene *Coupon-Kurve* umzurechnen. Als Ausgangsbasis dienen uns die in Tabelle 1-7 angegebenen Marktdaten, speziell die normal verlaufende Coupon-Kurve C-1. Wir lassen offen, ob es sich um die Zinssätze für Zinsswaps oder um Schuldschein- oder Pfandbriefrenditen handelt und werden die Kurve je nach Zusammenhang entsprechend unterschiedlich interpretieren. Die inverse Kurve C-2 wird bei einigen Beispielen alternativ verwendet.

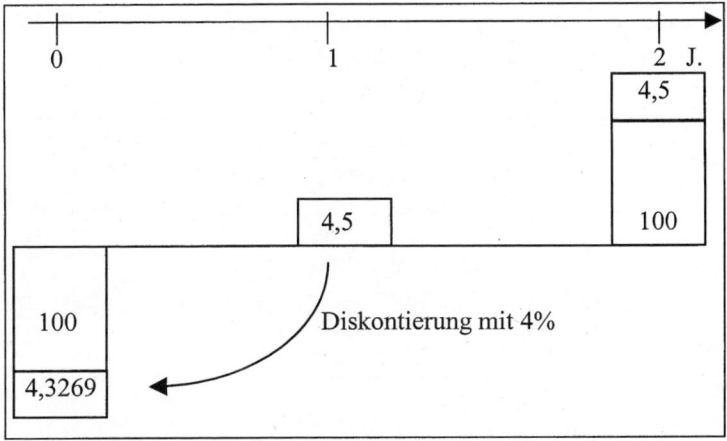

Abbildung 1-8: Zahlungsstruktur eines 2-jährigen Par-Bonds

Der Coupon-Satz von 4% für ein Jahr entspricht bei jährlicher Zinszahlung, wie bereits angedeutet, definitionsgemäß dem Zero-Satz. Betrachten wir die Zahlungsstruktur eines zweijährigen Geschäftes; um konkreter zu sein, stellen wir uns ein mit 4,5% festverzinsliches Wertpapier vor. Wenn C-1 die Marktlage korrekt beschreibt, muß der Kurs dieses Bonds 100 sein, dann liegt sein Effektivzins genau auf dem aktuellen Marktniveau. Der Cash-Flow besteht aus drei Zahlungen: eine Auszahlung von 100 im Zeitpunkt

t = 0, eine Couponzahlung im Jahr 1 sowie die Rückzahlung incl.
Couponzahlung im Jahr 2 (Abbildung 1-8).

Im Sinne einer Zero-Struktur stört die mittlere Zahlung. Sie ließe
sich auf zwei Wegen neutralisieren. Ent-
weder stellt man sich eine Wiederanlage
vom Jahr 1 auf das Jahr 2 vor, oder man
‚verkauft' den ersten Coupon schon heute,
d.h., man diskontiert ihn. Beide Methoden

Par-Bond: Festverzinsliches Wertpapier mit einem Kurs von 100

führen zum gleichen Ergebnis, die erste erfordert allerdings den
höheren Rechenaufwand, da zunächst Forwardzinsen für die Wiederanlage berechnet werden müssen.

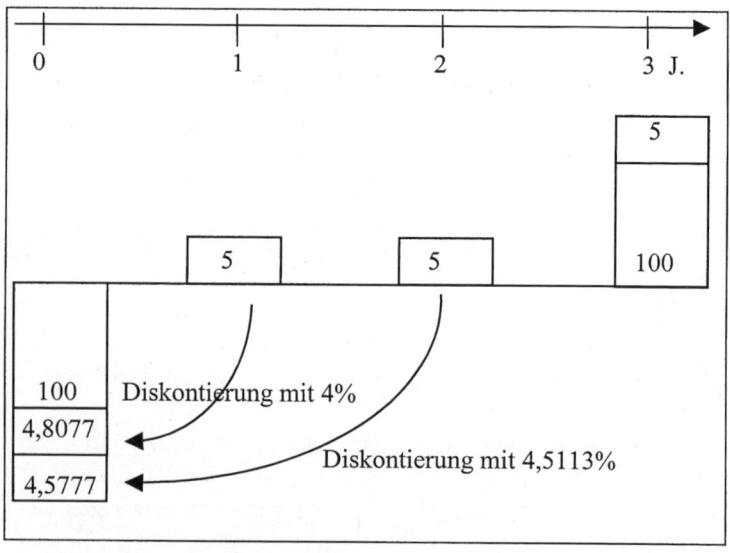

Abbildung 1-9: Zahlungsstruktur eines 3-jährigen Par-Bonds

Die Diskontierung der ersten Couponzahlung mit dem Jahreszins
von 4% ergibt einen Barwert von 4,3269, was zu einer bereinigten
Nettoanfangsauszahlung von 95,6731 führt. Damit ist rechnerisch

ein Zero-Bond konstruiert mit einer Anfangsauszahlung von 95,6731 und einer Rückzahlung von 104,5; seine Rendite z_2 ist (vgl. Gleichung (1-10) sowie Arbeitsblatt ‚Zero'):

$$z_2 = \left[\left(\frac{104,50}{95,6731}\right)^{0,5} - 1\right] * 100 = 4,5113\,\%\text{-}$$

Damit kann die nächste Laufzeit 3 Jahre angegangen werden mit dem Coupon-Satz von 5% (Abbildung 1-9). Der Par-Bond hat hier zwei Zinszahlungen nach einem und nach zwei Jahren, die es mit den laufzeitäquivalenten Zero-Sätzen zu diskontieren gilt, um zu einer Zero-Struktur zu gelangen. Verrechnet man deren Barwerte mit dem Kurs, beträgt die bereinigte Anfangsauszahlung nunmehr 90,6146. Bei einer Rückzahlung von 105 kann wiederum die Rendite bestimmt werden:

$$z_3 = \left[\left(\frac{105}{90,6146}\right)^{1/3} - 1\right] * 100 = 5,0341\%$$

Das Schema ist nun hinreichend klar, um es auf beliebige Laufzeiten anwenden zu können. Alle zwischen dem Start- und dem Fälligkeitstermin liegenden Couponzahlungen werden durch Diskontierung rechnerisch neutralisiert, um eine Zero-Struktur zu generieren, deren Rendite den gesuchten Zero-Coupon-Satz ergibt. Dies bedeutet in der allgemeinen Formulierung für einen Nominalbetrag von 1 statt 100:

$$(1\text{-}15) \quad z_t = \left(\frac{1+i_t}{1 - \frac{i_t}{1+z_1} \cdots - \cdots \frac{i_t}{(1+z_{t-1})^{t-1}}}\right)^{\frac{1}{t}} - 1 = \left(\frac{1+i_t}{1 - i_t * \sum_{j=1}^{t-1}(1+z_j)^j}\right)^{\frac{1}{t}} - 1$$

Der Zero-Coupon-Satz z_t für die Laufzeit t ergibt sich als Rendite aus folgender Zahlungsstruktur: Im Zähler steht die Rückzahlung des Nominalbetrages zuzüglich der letzten Zinszahlung i_t; der

Nenner enthält den um die zwischenzeitlichen diskontierten Zinszahlungen bereinigten Nominalbetrag.

A	B	C	D	E	F
Jahre	Coupon-sätze	Zähler	Nenner	Zero-Sätze	Disk.fakt. (Zeros)
1	4,00%	1,0400	1	4,0000%	0,9615
2	4,50%	1,0450	0,956731	4,5113%	0,9155
3	5,00%	1,0500	0,906146	5,0341%	0,8630
4	5,40%	1,0540	0,852036	5,4619%	0,8084
5	5,75%	1,0575	0,795964	5,8467%	0,7527
6	6,00%	1,0600	0,741932	6,1265%	0,6999
7	6,20%	1,0620	0,689934	6,3554%	0,6497
8	6,35%	1,0635	0,641179	6,5295%	0,6029
9	6,45%	1,0645	0,596641	6,6441%	0,5605
10	6,50%	1,0650	0,557083	6,6947%	0,5231

Tabelle 1-8: Berechnung der Zero-Coupon-Kurve

Spalte [C]: $(1 + i_t)$

Spalte [D]: $1 - i_t * \sum_{j=1}^{t-1} (1 + z_j)^{-j}$

Spalte [E]: $\left(\dfrac{1 + i_t}{1 - i_t * \sum_{j=1}^{t-1}(1 + z_j)^{-j}} \right)^{\frac{1}{t}} - 1 = \left(\dfrac{\text{Spalte C}}{\text{Spalte D}} \right)^{1/t} - 1$

Spalte [F]: $(1 + z_t)^{-t}$

Das zugehörige Arbeitsblatt ('Zero', Tabelle 1-8) zeigt in den Spalten [C] und [D] die besprochenen Zähler und Nenner als Zwischenergebnisse, in Spalte [E] die Zero-Sätze sowie in [F] die daraus gebildeten Diskontierungsfaktoren.

(2)   Interpretation der Zero-Coupon-Kurve

Greifen wir zur Interpretation die Laufzeit 10 Jahre heraus. Tabelle 1-8 liefert bei einem Couponsatz von 6,5% einen Zero-Satz von 6,6947%, nahezu 20 bp höher – warum? Ein 10jähriger Zero-Bond mit einer Rückzahlung von 100 hat bei unserer Zinskurve einen Ausgabekurs von 52,31 (Spalte [F]), was zu einer Rendite in angegebener Höhe führt. Da der Zero-Bond definitionsgemäß alle Zinsen erst nach 10 Jahren in einer Summe zahlt, ist die Kapitalbindungsdauer (genauer → 1.5) offensichtlich höher, als würde man den gleichen Betrag in einen Coupon-Bond investieren. Unsere ansteigende Zinskurve folgt der simplen Regel: Je länger (die Kapitalbindung), desto teurer.[1] Auch der Umkehrschluß gilt: Bei inverser Zinskurve liegen die Zero-Sätze unter den Coupon-Sätzen.

Eine weitere Zahl läßt sich konkret interpretieren: Spalte [D] liefert für 10 Jahre einen Wert von 0,557, dessen Differenz zu 1 dem Barwert der ersten neun Couponzahlungen entspricht. Um zur neuen Geschäftsart des ,Coupon-Stripping' (Trennung von Zinszahlungen und Rückzahlung des Kapitals, im Wertpapier-Jargon Mantel und Bogen genannt), die z.B. für Bundesanleihen seit 1.7.1997 erlaubt ist, zu kommen, wäre auch die Abtrennung des zehnten und letzten Coupons erforderlich. Der Barwert des Strips aller 10 Couponzahlungen findet sich aber auch einfacher: Es ist die Differenz des Diskontierungsfaktors zu 1, also 0,4769. Wa-

---

[1] Ein zweiter Erklärungsansatz argumentiert über die Wiederanlage der zwischenzeitlichen Zinserträge. Bei ansteigender Zinskurve liegen die Forwardzinsen über dem aktuellen Niveau (→ 1.3.4), was eine Verbesserung der Rendite durch die Wiederanlage erlaubt.

rum? Der Zahlungsstrom eines 10jährigen Par-Bonds läßt sich auf-
teilen in die Rückzahlung des Nominalbetrages, die alleine für sich
genommen einem Zero-Bond entspricht, sowie den jährlichen
Couponzahlungen, die einem annuitätischen Zahlungsstrom ergeben. Da der Zahlungsstrom also in zwei Teile zerlegt wird, müssen
sich auch die Barwerte wieder zu 1 bzw. zu 100 ergänzen (Tabelle
1-9). [1]

Jahr	Couponbond	Zero-Bond	Coupon
1	6,5		6,5
2	6,5		6,5
..	..		..
10	106,5	100,00	6,5
PV	100,0	52,31	47,69

Tabelle 1-9: Coupon-Stripping

(3)   Anwendung der Zero-Coupon-Kurve

Im Abschnitt 1.2.4 wurde bereits das Dilemma beschrieben, nicht
gleichzeitig Rendite und Barwert eines Zahlungsstromes bestimmen zu können. Hier hilft die Kenntnis einer Zero-Coupon-Kurve
zur Bestimmung des PV, anschließend kann die Rendite ermittelt
werden. Starten wir mit einer unscharfen Fragestellung; LeserInnen, die diese korrekt und sicher beantworten können, mögen zum
nächsten Abschnitt springen.

Beispiel 1-7
Unterstellen Sie die Kurve C-1: Ihnen werden 3 Wertpapiere mit
einer Laufzeit von 10 Jahren angeboten mit unterschiedlichen
Coupon-Sätzen. Wie hoch ist jeweils die Rendite?

---

[1] Hier und im folgenden wird von steuerlichen Implikationen abgesehen; wir betrachten nur die rechnerische Seite zur Illustration der Zusammenhänge.

Bond	Coupon	Rendite		
		unter 6,5%	6,5%	über 6,5%
A	5,0%			
B	6,5%			
C	8,0%			

Tabelle 1-10: Bondrenditen

Um mit dem Einfachen anzufangen: Klar sollte in jedem Falle sein, daß bei einem Marktzins von 6,5% für 10 Jahre der Kurs des Bonds B bei 100 und damit die Rendite bei 6,5% liegen muß. Aber gilt das auch für die anderen beiden?

Lösung:
Greifen wir Bond C heraus und unterstellen eine Rendite von 6,5%; diese zur Barwertberechnung verwendet führt zu einem Kurs von 110,78 (Tabelle 1-11). Die Diskontierung mit der Zero-Coupon-Kurve dagegen ergibt einen Kurs von 111,01. Um zu entscheiden, welcher der beiden Kurse korrekt ist, bauen wir folgenden Arbitrageplan auf. Wir unterstellen, wir könnten tatsächlich zum niedrigeren (mit 6,5% berechneten) Kurs nominal € 100 Mio. zu genau € 110.783.245 (vgl. Arbeitsblatt) kaufen. Den damit erworbenen Zahlungsstrom aus dem Bond neutralisieren wir unter der Annahme, daß jede Zahlung in der Zukunft mit den Zinssätzen der Coupon-Kurve ohne Transaktionskosten angelegt oder finanziert werden kann.[1]

Die Glattstellung des Zahlungsstromes erfolgt rekursiv, also mit der Zahlung im Jahre 10 in Höhe von € 108 Mio. beginnend. Es gilt nun, einen 10jährigen Festzinskredit mit jährlichen Zinszahlungen von 6,5% aufzunehmen in einem Volumen K_1 so, daß die

---

[1] Natürlich könnte man auch direkt unterstellen, daß alle Zahlungsströme mit Zero-Bonds neutralisiert werden können, das Ergebnis wäre das gleiche. Unser Weg versucht dem Argument zu entgehen, daß Zero-Sätze ja nur Rechenkonstrukte seien ohne funktionierende Märkte.

Zahlung aus dem Bond genau kompensiert wird, d.h. Zins und Tilgung im Jahr 10 genau 108 Mio. betragen:

$$K_1 + 0,065 * K_1 = 108.000.000.$$

Der Kreditbetrag K_1 ist folglich

$$K_1 = \frac{108.000.000}{1,065} = 101.408.451$$

mit jährlichen Zinszahlungen in Höhe von € 6.591.549. Das Jahr 9 weist nunmehr € 8 Mio. Zinsertrag aus dem Bond sowie einen Zinsaufwand aus dem ersten Kredit in angegebener Höhe auf. Mit der Differenz von ca. € 1,4 Mio. ist entsprechend zu verfahren; sie ist über einem zweiten Kredit für 9 Jahre mit 6,45% glattzustellen usw.

Im Endergebnis verbleibt ein Arbitragegewinn von € 222.545, der genau der auf 100 Mio. bezogenen Kursdifferenz zwischen dem mit 6,5% berechneten Kurs von 110,78 und dem mit der Zero-Coupon-Kurve ermittelten Kurs von 111,01 entspricht. Letzterer ist also richtig, wie die Arbitrage gezeigt hat.[1]

Da der Kurs aber etwas höher ist, muß die Rendite etwas niedriger sein als 6,5% (ca. 6,47%). Ist das ökonomisch plausibel oder nur ein rechnerisches Artefakt? Der 8%er unterscheidet sich vom Par-Bond, der ja wirklich eine Rendite von 6,5% aufweist, dadurch, daß er jedes Jahr 1,5% mehr ausschüttet. Dies reduziert bei gegebenem eingesetztem Kapitalbetrag (nicht Nominalbetrag) die durchschnittliche Kapitalbindung, folglich ist bei ansteigender (fallender) Zinskurve die Rendite etwas niedriger (höher). Umgekehrt zahlt unser Bond A mit 5% im Vergleich zum Par-Bond 1,5% p.a. weniger, diese ‚Stundung' der Zinsen verlängert die Kapitalbindung, was bei ansteigender (fallender) Zinskurve eine höhere (niedrigere) Rendite erforderlich macht (ca. 6,53%).

---

[1] Eine noch größere Fehlbewertung würde entstehen, falls man die Coupon-Kurve benutzt. Der Kurs läge mehr als 2 Prozentpunkte zu hoch.

Jahre	Cash Flow	Diskontierung mit 6,5%			Diskontierung mit Zeros		
		Zins	D	PV	Zins	D	PV
1	8	6,5	0,93897	7,5117	4,0000	0,96154	7,6923
2	8	6,5	0,88166	7,0533	4,5113	0,91553	7,3243
3	8	6,5	0,82785	6,6228	5,0341	0,86300	6,9040
4	8	6,5	0,77732	6,2186	5,4619	0,80838	6,4671
5	8	6,5	0,72988	5,8390	5,8467	0,75268	6,0215
6	8	6,5	0,68533	5,4827	6,1265	0,69994	5,5995
7	8	6,5	0,64351	5,1480	6,3554	0,64965	5,1972
8	8	6,5	0,60423	4,8338	6,5295	0,60290	4,8232
9	8	6,5	0,56735	4,5388	6,6441	0,56049	4,4839
10	108	6,5	0,53273	57,5344	6,6947	0,52308	56,4929
				110,78			111,01

Tabelle 1-11: Bond-Kurse

t	Bond	Kredit 1 6,50%	Kredit 2 6,45%	..	Kredit 10 4,00%	Summe
0	-110.783.245	101.408.451	1.323.110		868.897	222.545
1	8.000.000	-6.591.549	-85.341		-903.653	0
2	8.000.000	-6.591.549	-85.341			0
3	8.000.000	-6.591.549	-85.341			0
4	8.000.000	-6.591.549	-85.341			0
5	8.000.000	-6.591.549	-85.341			0
6	8.000.000	-6.591.549	-85.341			0
7	8.000.000	-6.591.549	-85.341			0
8	8.000.000	-6.591.549	-85.341			0
9	8.000.000	-6.591.549	-1.408.451			0
10	108.000.000	-108.000.000				0

Tabelle 1-12: Bondarbitrage

Fazit: Der Barwert eines Zahlungsstromes wird berechnet durch die Diskontierung der einzelnen Zahlungen mit den laufzeitäquivalenten Zero-Coupon-Sätzen. Die Diskontierung mit einem Couponsatz (bzw. einer Coupon-Kurve) hat den konzeptionellen Nachteil, daß damit eine Zahlungsstruktur unterstellt wird, die im allgemeinen nicht mit der des zu bewerteten Zahlungsstromes übereinstimmt. Deshalb führen beide Versionen nur in speziellen Fällen zum selben Ergebnis: bei flacher Zinskurve oder bei Übereinstimmung von Couponsatz und Rendite wie beim Par-Bond.

1.3.4 Forward-Kurve

Wesentlich für das Verständnis von Zinskurven sind die für zukünftige Laufzeiten impliziten Terminzinsen (Forwardzinsen). Im Abschnitt 1.3.2 wurden Teile der Zinskurve aus den Forwardzinsen heraus bestimmt. Dieser Gedankengang läßt sich umkehren: Bei vorgegebener Zinskurve die Terminzinsen zu bestimmen. Rechnerisch ist beides möglich; was ökonomisch sinnvoll ist, hängt von der relativen Funktionsfähigkeit von Termin- und Kassamärkten im Sinne von Liquidität und Transaktionskosten ab. Das Thema Forwardzinsen wird mehrfach wieder aufgegriffen (→ 2.1, 2.3). Hier geht es darum, eine vollständige Zinskurve für zukünftige Laufzeiten aufzubauen und zu interpretieren. Dazu wird zunächst im folgenden Beispiel der Zins für eine einzelne zukünftige Laufzeit bestimmt und die dabei entwickelte Methode auf beliebige Laufzeiten verallgemeinert.

Beispiel 1-8
Gesucht ist unter Vorgabe der Coupon-Kurve C-1 der Coupon-Satz für einen Kredit mit einem Volumen von 100, der in einem Jahr beginnt und nach zwei weiteren Jahren zurückgezahlt wird. Im Sprachgebrauch der Praxis wird dies als Laufzeit ‚1 gegen 3 Jahre' (kurz: 1x3) bezeichnet, selten auch als ‚1 plus 2 Jahre'.

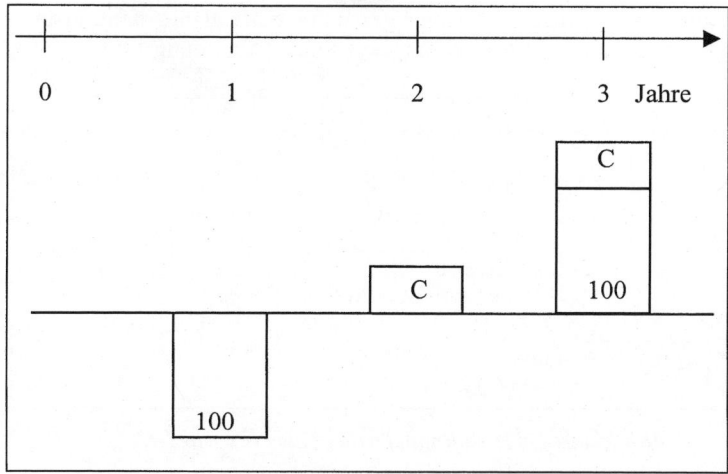

Abbildung 1-10: Forward-Kredit 1 gegen 3 Jahre

Der gesuchte Coupon C ist dann fair, wenn der NPV des Kredites null wird. Dazu ist der Zahlungsstrom, wie wir nun wissen, mit den laufzeitengerechten Zero-Coupon-Sätzen zu diskontieren:

$$\frac{-100}{1 + z_1} + \frac{C}{(1 + z_2)^2} + \frac{100 + C}{(1 + z_3)^3} = 0$$

oder in kompakter Schreibweise mit den Diskontierungsfaktoren:

$$-100 * D_1 + C * D_2 + (100 + C) * D_3 = 0.$$

Einige Umstellungen ergeben die Lösung für C:

$$C = 100 * \frac{D_1 - D_3}{D_2 + D_3} = 100 * \frac{0,9615 - 0,8630}{0,9155 + 0,8630} = 5,54\%$$

Genau so wichtig wie die Berechnung des korrekten Ergebnisses ist das Verständnis der Zusammenhänge, die zu diesem Ergebnis führen. Deshalb sei eine Plausibilitätsüberlegung angefügt. Der Königsweg für derartige Fragen ist meist die Vorstellung, wie solche Geschäfte tatsächlich glattgestellt werden, d.h. durch die Kombination mehrerer Gegengeschäfte risikomäßig neutralisiert werden könnten – eine Arbitragekette also (Abbildung 1-11).

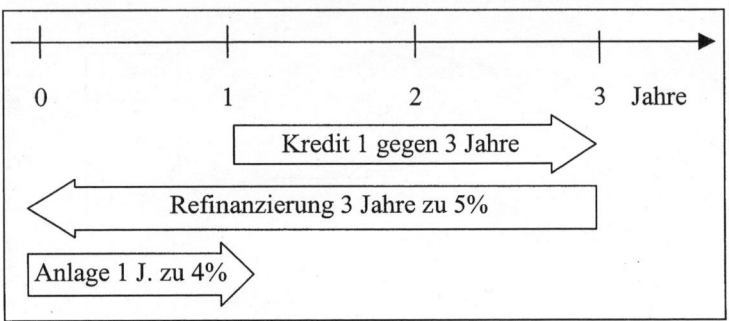

Abbildung 1-11: Refinanzierung eines Forward-Kredites

In unserem Fall bedeutet dies eine Refinanzierung über 3 Jahre zu 5% sowie eine Anlage der verfügbaren Mittel bis zur Kreditziehung in einem Jahr mit 4%. Da die Refinanzierung für das erste Jahr aber 1% teurer ist als die zwischenzeitliche Anlage, muß der Kredit so konditioniert werden, daß dieser Verlust in den restlichen beiden Jahren kompensiert wird. Verteilen wir den Verlust von 1% für ein Jahr linear auf 2 Jahre, ist die erste Vermutung, daß der Kreditzins ungefähr 0,5% über dem Refinanzierungszins von 5% liegen muß. Wir haben bereits auf anderem Wege ein Ergebnis von 5,54% bestimmt; es liegt etwas höher, da der Verlust früher anfällt als der Gewinn.

Die Vorgehensweise läßt sich auf beliebige Laufzeiten mit einem Start im Zeitpunkt t und einer Fälligkeit in T (t gegen T) verallgemeinern:

$$(1\text{-}16) \quad C_{t,T} = \frac{D_t - D_T}{D_{t+1} + D_{t+2} + .. + D_T} * 100 \quad \text{mit } t < T$$

Der *Coupon-Satz* für eine zukünftige Laufzeit t gegen T entspricht dem Quotienten aus der Differenz zwischen dem ersten und dem letzten Diskontierungsfaktor sowie der Summe aller dazwischenliegenden Diskontierungsfaktoren einschließlich des letzten.

Der *Zero-Coupon-Satz* für eine entsprechende Terminlaufzeit kann dagegen einfacher berechnet werden:

$$(1\text{-}17) \quad z_{t,T} = \left(\frac{D_t}{D_T} \right)^{\frac{1}{T-t}} * 100$$

was oft auch mit Aufzinsungsfaktoren geschrieben wird als

$$(1\text{-}18) \quad z_{t,T} = \left\{ \left[\frac{(1+z_T)^T}{(1+z_t)^t} \right]^{\frac{1}{T-t}} - 1 \right\} * 100 \ .$$

Zu falschen Ergebnissen führt Formel (1-18) allerdings, wenn sie auf Coupon-Sätze angewendet wird, und zwar um so mehr, je steiler (invers oder normal verlaufend) die Zinskurve ist.

Aufgabe 1-7
Welche Coupon-Kurve erwartet der Markt für die Laufzeiten von 1-10 Jahren in einem Jahr, in zwei Jahren und in drei Jahren?
Benutzen Sie die Kurve C-1 und verlängern diese auf 13 Jahre unter der Annahme konstanter Zinsen von 10-13 Jahren.
Die Laufzeit 1x3 Jahre haben wir ausführlich besprochen, die Berechnung der anderen folgt dem gleichen Schema. Zur Interpretation des Gesamtbildes ist eine graphische Darstellung hilfreich. Abbildung 1-12 enthält von unten nach oben die aktuelle Zinskurve sowie die Forward-Kurven mit einem Vorlauf von 1, 2 und 3 Jahren. Die Terminzinsen liegen, wie bereits besprochen, über den aktuellen Zinsen, sofern die Zinskurve ansteigt. Folgt man der Erwartungshypothese (→ 1.3.1) in stringenter Form, so impliziert unsere Zinskurve z.B. einen erwarteten Anstieg des Jahreszinses

von derzeit 4% auf 5,03% in einem Jahr, 6,09% in zwei Jahren sowie 6,76% in drei Jahren.

Ein zweiter Blick eröffnet, daß die 3er-Forwards in den längeren Laufzeiten wieder fallen. Dies beruht auf der Tatsache, daß wir die Zinsen ab 10 Jahre auf konstant 6,5% gesetzt haben. Würden wir die Terminlaufzeiten weiter verlängern, würden die Termin-Zinsen wieder zu diesem Niveau konvergieren.

Aufgabe 1-8

Reduzieren Sie den 4-Jahres-Zins von 5,4% auf 5,1% und beobachten Sie die Veränderungen der Terminzinsen in der Grafik. Versuchen Sie, eine Handelsstrategie zu entwickeln, um eine derartige Situation zu nutzen.

Aufgabe 1-9

Sie wollen als Finanzchef eines Unternehmens Kapital für 4 Jahre festverzinslich aufnehmen. Welchen der folgende Vorschläge wählen Sie:

Variante	Zinszahlung im Jahr			
	1	2	3	4
A	5,40%	5,40%	5,40%	5,40%
B	4,00%	5,03%	6,09%	6,76%

Jahre	Aktueller Zins	Forward-periode	Forward-zins	Forward-periode	Forward-zins	Forward-periode	Forward-zins
1	4,00	1x2	5,03	2x3	6,09	3x4	6,76
2	4,50	1x3	5,54	2x4	6,41	3x5	7,07
3	5,00	1x4	5,92	2x5	6,72	3x6	7,21
4	5,40	1x5	6,25	2x6	6,90	3x7	7,33
5	5,75	1x6	6,48	2x7	7,05	3x8	7,40
6	6,00	1x7	6,65	2x8	7,14	3x9	7,43
7	6,20	1x8	6,78	2x9	7,19	3x10	7,39
8	6,35	1x9	6,85	2x10	7,19	3x11	7,31
9	6,45	1x10	6,88	2x11	7,13	3x12	7,24
10	6,50	1x11	6,85	2x12	7,09	3x13	7,19

Tabelle 1-13: Forward-Zinskurven

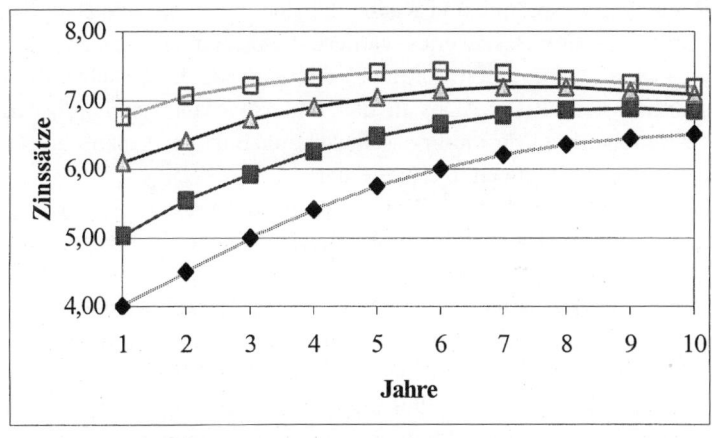

Abbildung 1-12: Forward-Zinskurven

Aufgabe 1-10

Lösen Sie Aufgabe 1-7 unter Benutzung der inversen Zinskurve C-2.

1.4   Statistische Grundlagen

Für spätere Zwecke bei der Risikobeurteilung, insbesondere im aufsichtsrechtlichen Sinne ($\rightarrow$ 1.6) wie auch bei der Berechnung von Optionsprämien ($\rightarrow$ 3.1), ist die Kenntnis zweier statistischer Konzepte wichtig, erstens die Standardabweichung bzw. deren annualisierte Form, die Volatilität, als Maß für Preisschwankungen und zweitens die Normalverteilung zur Herleitung von Wahrscheinlichkeitsaussagen für zukünftige Preisentwicklungen.

1.4.1   Standardabweichung und Volatilität

Beide, Optionsprämie und Risiko, hängen davon ab, wie stark der Marktpreis des Basiswertes variiert. Schwankt er (vorhersehbar über einen zukünftigen Zeitraum) überhaupt nicht, besteht offensichtlich kein Risiko. Das in den Finanzmärkten am häufigsten verwendete Maß für die Preisschwankungen ist die Volatilität. Sie ist in zwei Richtungen interpretierbar:

☐ die *historische Volatilität* als Maß für die Kursschwankungen in der Vergangenheit (z.B. in den letzten 20 oder 250 Tagen); sie kann berechnet werden;

☐ die *implizite* Volatilität als Maß für die Kursschwankungen in der Zukunft (z.B. für die Laufzeit einer Option). Sie ist als zukünftige Größe konzeptionell unbekannt.[1] Da jedoch Optionskäufer und –verkäufer bei ihren Transaktionen und den dabei vereinbarten Optionsprämien implizit zu erkennen geben, welche zukünftigen Schwankungen sie erwarten, kann unter bestimmten Voraussetzungen (Optionsbewertungsformel) auf diese geschlossen werden.

---

[1] Zur Schätzung von Volatilitäten siehe Campbell, Lo und MacKinlay [1997], S. 377ff.

Die Berechnung der impliziten Volatilität werden wir zurückstellen müssen, bis wir Optionen bewerten können. Zum Verständnis des Konzeptes ist aber auch die historische Form geeignet. Dazu ist die *Standardabweichung* zu berechnen, ein Maß für die Streuung einer Reihe von Beobachtungswerten um ihren Durchschnittswert, dem arithmetischen Mittel oder Mittelwert.

Beispiel 1-9
Der Kurs einer Aktie entwickelt sich an 10 Handelstagen gemäß Tabelle 1-14. Wie hoch sind Standardabweichung und Volatilität?[1]

Dazu sind zunächst die relativen Kursänderungen pro Tag zu berechnen. Um mit den gängigen Optionsbewertungsformeln kompatibel zu sein, wird dabei üblicherweise eine stetige Veränderung (→ 1.2.5) unterstellt. Der Kurs ändert sich von Tag 1 auf Tag 2 von 100 auf 101. Die relative Änderung beträgt

diskret: $\quad i_1 = \dfrac{101 - 100}{100} = \dfrac{101}{100} - 1 = 0,01 \; \hat{=} \; 1,00\% \, ,$

stetig: $\quad i_{s,1} = \ln\left(\dfrac{K_i}{K_{i-1}}\right)$, für i = 1: $\; \ln\left(\dfrac{101}{100}\right) = 0,00995 \; \hat{=} \; 0,995\%$

mit den Interpretationsunterschieden, die bereits besprochen wurden: Die diskrete Variante unterstellt *eine* Änderung pro Zeitintervall, die stetige unendlich viele. Wir werden mit der zweiten weiterarbeiten.
Bildet man den Durchschnitt der so berechneten 9 relativen Kursänderungen durch Summierung der einzelnen Werte und Division durch die Anzahl der Beobachtungen n, ergibt sich ein Mittelwert in Höhe von

$$\overline{i_s} = \frac{1}{n} \sum_{i=1}^{n} i_{s,i} = \frac{0\%}{9} = 0\% \, ,$$

---

[1] Vgl. Cox/Rubinstein [1985] S. 254ff.

also ein Kursanstieg von durchschnittlich null Prozent pro Tag. Wie stark schwanken aber diese täglichen Kursänderungen um ihren Mittelwert von null? Würde man den durchschnittlichen Abstand der Kursänderung von ihrem Mittelwert berechnen, würden sich positive und negative Werte so kompensieren, daß der durchschnittliche Abstand ebenfalls null würde – ein offensichtlich unsinniges Ergebnis.

Die gängige Methode zur Umgehung dieses Problems ist es, die Abstände zum Mittelwert zu quadrieren, um ausschließlich positive Werte zu erhalten. Dies führt zur Formel für die *Standardabweichung* (S), in der der Abstand der einzelnen relativen täglichen Kursänderungen von ihrem Mittelwert quadriert und durch die Anzahl der Beobachtungen (minus 1)[1] dividiert wird:

$$(1\text{-}19) \quad S = \sqrt{\frac{1}{n-1} \sum \left(i_{s,i} - \overline{i_s} \right)^2} \ .$$

Das Quadrat der Standardabweichung wird als *Varianz* bezeichnet. Im Beispiel:

$$S = \sqrt{\frac{1}{8} \sum \left(i_{s,i} - 0 \right)^2} = \sqrt{\frac{0,2888\%}{8}} = 1,8999\% \ ,$$

Die Kursänderungen haben also eine Streuung von knapp 1,9% pro Tag um ihren Mittelwert von null.

Eine weitere Überlegung führt uns zur Volatilität im üblichen Verständnis. Wir haben bisher Kursänderungen pro Tag analysiert. Das Standardzeitintervall in der Finanzwirtschaft ist jedoch das Jahr. Die Umrechnung erfolgt durch die Multiplikation der täglichen Standardabweichung mit der Quadratwurzel der Anzahl der

---

[1] Diese Korrektur erfolgt, um von einer Stichprobe unverzerrt auf den Wert der Grundgesamtheit schließen zu können.

Arbeitstage pro Jahr, die meist mit 250 angesetzt wird. Damit wird aus der Standardabweichung die Volatilität: [1]

(1-20) $\quad V = S * \sqrt{250} = 1,8999\% * \sqrt{250} = 30,04\%$

Tag (i)	Kurs K_i	$i_{s,i} = \ln\left(\dfrac{K_i}{K_{i-1}}\right)$	$\left(i_{s,i} - \overline{i_s}\right)^2$
1	100		
2	101	0,995%	0,0099%
3	102	0,985%	0,0097%
4	102	0,000%	0,0000%
5	101	-0,985%	0,0097%
6	101	0,000%	0,0000%
7	99	-2,000%	0,0400%
8	98	-1,015%	0,0103%
9	96	-2,062%	0,0425%
10	100	4,082%	0,1666%
Summe		0,000%	0,2888%
Mittelwert	100	0,000%	0,0361%

Tabelle 1-14: Berechnung der historischen Volatilität

Mit unserer kleinen Datenbasis von 10 Beobachtungen schließen wir also auf eine jährliche (historische) Volatilität von rund 30%. Wie ist dieser Wert zu interpretieren? Die Volatilität ist ein Maß für die durchschnittlichen jährlichen relativen Kursschwankungen um ihren Mittelwert. Diese ehe vage Aussage kann präzisiert werden, wenn sie im nächsten Abschnitt mit einer Annahme nicht nur über Mittelwert und Streuung, sondern über die gesamte Verteilung des Kurses bzw. dessen Änderungen kombiniert wird.

---

[1] Entsprechend ist die wöchentliche Standardabweichung mit der Wurzel aus 52, die monatliche mit der Wurzel aus 12 zu multiplizieren. Vgl. Cox/Rubinstein [1985], S. 257-259; Dreesbach [1998]

Aufgabe 1-11
Berechnen Sie die historische Volatilität für die im Arbeitsblatt
angegebenen Zinsdaten.

1.4.2   Normalverteilung

Die Standardannahme in diesem Zusammenhang ist die der Normalverteilung für die Kursänderungen, eventuell auch für die Kurse selbst. Die Gaussche Glockenkurve, wie sie auch genannt wird,
ist zwar, wie die meisten theoretischen Konzepte, keine vollkom-
mene Beschreibung der Realität. Die Erfahrung lehrt insbesondere,
daß sehr kleine und sehr große Kursänderungen häufiger und entsprechend mittlere Kursänderungen weniger häufig vorkommen,
als Herr Gauss erwarten würde (vgl. Saxinger [2002] sowie Hagenstein [2002]). Dennoch liefert die Normalverteilung eine für
viele praktische Zwecke akzeptable Annäherung; sie liegt auch der
inzwischen klassischen Optionsformel von Black/Scholes ($\rightarrow$
3.1.3) zugrunde und soll deshalb hier näher erläutert werden.
Betrachten wir zunächst den einfachen Fall, daß der Kurs der
Normalverteilung unterliegt und es nur *eine Kursänderung pro
Jahr* gibt. Diese läßt sich durch zwei Parameter beschreiben: den
Durchschnittswert, meist Erwartungswert genannt, sowie die
Streuung in Form der Standardabweichung oder Varianz. Die Verteilung zeigt die möglichen Ergebnisse eines Zufallsprozesses unter definierten Bedingungen und ordnet ihnen Wahrscheinlichkei-
ten zu. Selbstverständlich kann dabei nicht vorhergesagt werden,
welche Ereignisse eintreten.

Beispiel 1-10
Die jährliche Volatilität sei wie im vorherigen Beispiel berechnet
30% und der Erwartungswert des Kurses sei $E(K) = 100$.

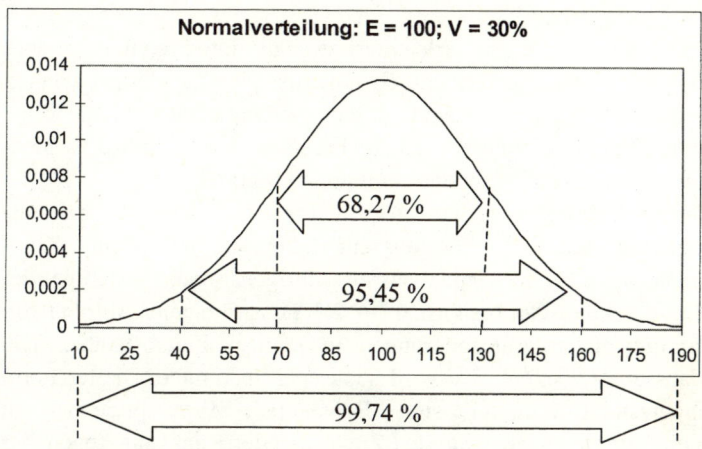

Abbildung 1-13: Normalverteilung

Damit nimmt die Glockenkurve die Form der Abbildung 1-13 an. Wahrscheinlichkeitsaussagen kommen wir näher mit der Vorstellung, die Gesamtfläche unter der Glocke sei 100%. Da sie symmetrisch ist, sind Werte bis zu 100 genau so wahrscheinlich wie solche über 100, nämlich jeweils 50%. Besonders typische Intervalle sind Vielfache der Volatilität (30) um den Mittelwert. Herr Gauss lehrt uns, daß bei unseren Vorgaben der Kurs in einem Jahr mit einer Wahrscheinlichkeit von rund 68% zwischen 70 und 130 liegen wird und mit einer Wahrscheinlichkeit von rund 95% zwischen 40 und 160.[1] Der Bereich der möglichen Werte ist dabei unbegrenzt, allerdings werden Kurse mit zunehmendem Abstand vom Mittelwert immer unwahrscheinlicher.

---

[1] Die Werte finden sich in den vielen statistischen und finanzwirtschaftlichen Lehrbüchern in Form von Tabellen (vgl. z.B. Puhani [1995] oder Heidorn [1998]), lassen sich aber auch in Excel leicht berechnen (→ 3.1.3).

1.4.3   Log-Normalverteilung

Das vorherige Beispiel erleichtert zwar die Interpretation, ist aber
in zwei Punkten offensichtlich unrealistisch. Zum einen können
negative Werte nicht ausgeschlossen werden, auch wenn sie keine
hohe Wahrscheinlichkeit haben. Ferner ändern sich Kurse nicht
nur einmal pro Jahr, sondern in liquiden Märkten stetig.
Diesen Überlegungen wird die Annahme log(arithmisch)-normal-
verteilter Kurse gerecht; aus ihr folgen normalverteilte Kursänderungen.[1] Die Gedankenwelt, übrigens auch diejenige der
Black-Scholes-Optionsformel (→ 3.1.3), ist die einer Abfolge von
infinitesimalen Kursänderungen in kleinen Zeitabständen. Die
Gaussche Glockenkurve wird sozusagen in miniaturisierter Form
angewendet. Man stelle sich z.B. vor, jede Minute bilde sich ein
Kurs mit einem *prozentualen* Zuwachs oder Rückgang gegenüber
dem vorherigen Kurs, sagen wir z.B. ±0,01%. Aus dieser einfachen Annahme folgt:

☐ Negative Werte sind nicht mehr möglich, denn auch nach einer
   Serie von Kursrückgängen um je 1/100% vom vorherigen Kurs
   bleibt immer noch ein positiver Wert.

☐ Die Verteilung der relativen Kursänderungen ist zwar symmetrisch, nicht aber die der Kurse selbst. Das liegt daran, daß Prozentwerte bei steigenden Kursen größere und bei fallenden
   kleinere absolute Werte ergeben.

☐ Aus dem Durchschnitt der relativen Kursänderungen (arithmeti-
   scher Mittelwert) kann nicht unmittelbar auf den Durchschnitt
   des Kurses, den Erwartungswert, geschlossen werden.

Ein Beispiel zu dieser keineswegs intuitiv nachvollziehbaren Aussage: Angenommen, es gebe nur zwei Kursänderungen von +10%
oder −10% (mit gleicher Wahrscheinlichkeit) bei einem Ausgangs-
kurs von 100. Der arithmetische Durchschnitt der Kursänderungen

---

[1] Siehe hier und im folgenden Hull [1997], S. 228-232 sowie Cox/Rubinstein
[1985], S. 201-204.

ist offensichtlich null, der Kurs nach den beiden Bewegungen aber dennoch nicht 100, sondern 99, die auf zwei Wegen erreicht werden können:

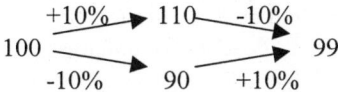

Der Kurs ergibt sich als 100*(1+0,1)*(1-0,1) = 99. Die durchschnittliche Änderungsrate des Kurse w(K) wird korrekt als *geometrisches* Mittel der einzelnen Werte w_i berechnet:

$$w(K)=\sqrt{(1+w_1)*(1+w_2)}-1=\sqrt{(1+0,1)*(1-0,1)}-1=-0,005=-0,5\%$$

Bis auf den speziellen Fall gleicher relativer Kursänderungen gilt: Das geometrische Mittel von Wachstumsraten (im Beispiel -0,5%) ist immer niedriger als das arithmetische (im Beispiel 0) ($\rightarrow$ Hull [1997], S. 232).

Eine zugespitzte Fragestellung, um die möglicherweise etwas abschreckende Zunahme des Komplexitätsgrades zu motivieren: Welche der beiden folgenden Aussagen halten Sie für realistischer:

A: Es ist gleich wahrscheinlich, daß sich ein Kurs um 100% erhöht oder um 100% verringert.

B: Es ist gleich wahrscheinlich, daß sich ein Kurs halbiert oder verdoppelt.

Eine Kursverringerung um 100% bedeutet bei einer Aktie den Konkurs. Sollten Sie dennoch Variante A vorziehen, erübrigt sich das folgende Beispiel und Sie können zum nächsten Abschnitt springen.

Beispiel 1-11

Welche Verteilungen ergeben sich für eine Laufzeit von einem Jahr unter folgenden Annahmen:

- K = 100   aktueller Kurs
- $\mu = 0$ erwartete stetige Kursänderung

- $V = 0,3$ (30% p.a.)   Volatilität
- $dt = 1$ Laufzeit in Jahren
- Der Kurs ist log-normalverteilt.
  = Der logarithmische Kurs ist normalverteilt.
  = Die Kursänderungen sind normalverteilt.

Daraus ergeben sich die folgenden Verteilungsparameter (Hull [1997], S. 228ff.):

Wir starten im Ausgangszeitpunkt t mit einem Kurs von 100 und ziehen dann in kleinen Zeitabständen Realisationen aus der vorgegebenen und konstanten (Mini-)Log-Normalverteilung. Die erwarteten stetigen relativen Kursänderungen (μ) pro inkrementaler Zeiteinheit sind null. Mit welchen Kursen können wir nach einem Jahr rechnen?

Die logarithmischen Kurse sind normalverteilt mit einem Erwartungswert von 4,5602 (Abbildung 1-14), was einem Kurs von etwa 95,60 entspricht. Inkrementale Kursänderungen von im (arithmetischen) Durchschnitt null führen also zu Kursrückgängen, die durchschnittliche Rendite r (im geometrischen Mittel) liegt bei – 4,5%. Die Verteilung der logarithmischen Kurse ist symmetrisch um ihren Mittelwert, die der nichtlogarithmischen Kurse dagegen ist rechtsschief (Abbildung 1-15.

Die Volatilität ist jetzt weniger elegant zu interpretieren als zuvor. Gehen wir wiederum von den logarithmischen Kursen aus, so ist der erwartete Kurs in einem Jahr 4,5602 (entspricht 95,60). Er wird mit einer Wahrscheinlichkeit von ca. 95% im Bereich von zwei Standardabweichungen (2*0,3) um diesen Erwartungswert liegen, also zwischen 3,9602 und 5,1602. In absoluten Kursen entspricht dies 52,47 und 174,20.

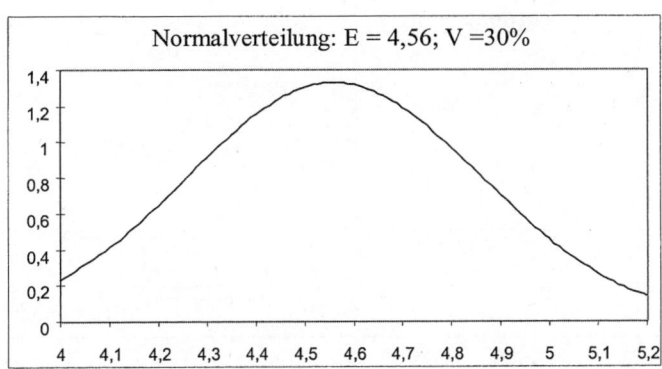

Abbildung 1-14: Verteilung der logarithmischen Kurse

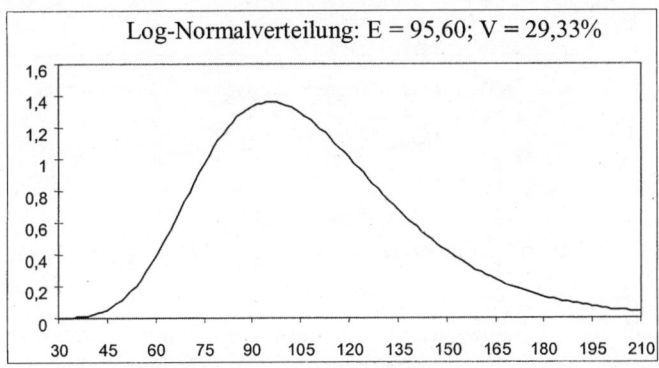

Abbildung 1-15: Verteilung der Kurse

	Erwartungswert	*Standardabweichung*
	$\mu = 0$	$V = 0{,}3$
r	$E(r) = \left(\mu - \dfrac{V^2}{2}\right)dt$ $= \left(-\dfrac{0{,}3^2}{2}\right) = -0{,}0450$	$S(r) = \dfrac{V}{\sqrt{dt}} = 0{,}3$
S	$E(S_T) = S_T * e^{E(r)*dt}$ $= 100 * e^{-0{,}045} = 95{,}60$	$S(S_T) = \sqrt{S_T^2 * e^{2E(r)*dt}\left(e^{V^2 dt} - 1\right)}$ $= \sqrt{100^2 e^{2*(-0{,}045)*1}\left(e^{0{,}3^2} - 1\right)} = 29{,}33$
ln(S)	$E[\ln(S_T)] = \ln(S_T) + \left(\mu - \dfrac{V^2}{2}\right)dt$ $= \ln(100) + \left(0 - \dfrac{0{,}3^2}{2}\right) = 4{,}5602$	$S[\ln(S_T)] = Vdt = 0{,}3$

Tabelle 1-15: Parameter der Log-Normalverteilung

1.5 Risikobetrachtung

Gemäß unserer Konzentration auf Zinsinstrumente wollen wir uns in diesem Abschnitt der Messung von Zinsänderungsrisiken widmen. Diese sind Teil der Marktpreisrisiken (→ 1.6), die dadurch entstehen, daß die Veränderungen von Marktpreisen die Vermögens- und Ertragslage negativ beeinflußen können. Für Zinsen kann dies bedeuten:

☐ Parallelverschiebungen der Zinskurve, d.h. eine Veränderung der Zinsen in gleichem Umfang in allen Laufzeiten.

☐ Drehungen der Zinskurve durch unterschiedliche Veränderungen der Zinsen in verschiedenen Laufzeiten.

☐ Veränderungen von Spreads: Derartige Risiken entstehen, falls Zinsrisiken mit ähnlichen, aber nicht identischen Instrumenten gesteuert werden.

☐ Veränderungen von Volatilitäten, falls Optionscharakteristika einbezogen sind.

Wir werden uns in diesem Abschnitt aufgrund ihrer Bedeutung auf die erste Zinsrisikokategorie beschränken und dazu als Maße die Duration, die Konvexität und den Basis Point Value vorstellen.

1.5.1 Duration und Konvexität

Die Duration ist vor allem geeignet, Zinspositionen, die einem Kurswertrisiko unterliegen, in ihren Marktrisiken zu analysieren, kann aber prinzipiell auf alle Vermögensgrößen angewendet werden, deren Wert zinsabhängig ist. Greifen wir wieder ein festverzinsliches Wertpapier als den typischen Fall eines festen Zahlungsstromes heraus, dessen Barwert, wie wir bereits wissen, bei Diskontierung mit der Rendite dem Kurs K_0 entsprechen muß

$$PV = K_0 = E_1(1+r/100)^{-1} + E_2(1+r/100)^{-2} + ... + E_T(1+r/100)^{-T}$$

Die *Duration* D gibt die mit den Barwerten gewichtete durchschnittliche Laufzeit des zukünftigen Zahlungsstromes an:

$$(1-21) \quad D = \frac{\sum_{t=1}^{T} t * E_t * (1+r)^{-t}}{\sum_{t=1}^{T} E_t * (1+r)^{-t}} = \frac{\sum_{t=1}^{T} t * E_t * (1+r)^{-t}}{K_0} = \frac{\sum_{t=1}^{T} t * PV_t}{\sum_{t=1}^{T} PV_t}$$

mit r als Rendite und PV_t als Barwert der Zahlung im Zeitpunkt t. Diese als *Macaulay-Duration* (vgl. Garbade [1996], S. 61; Hull [1997], S. 100ff. sowie Macaulay [1938]) bezeichnete Variante kann verstanden werden als gewichtetes arithmetisches Mittel der mit der Laufzeit t gewichteten Barwerte PV_t, das die durchschnittliche Kapitalbindungsdauer (incl. Zinszahlungen), üblicherweise in Jahren, angibt.[1] Die *modifizierte Duration* D_m ergibt sich als 1. Ableitung des Barwertes nach der Rendite:

$$\frac{\Delta K_0}{\Delta r} = -\sum_{t=1}^{T} E_t * (1+r)^{-t-1} * t = -\frac{1}{1+r} \sum_{t=1}^{T} E_t * (1+r)^{-t} * t$$

(1-22) $\dfrac{\Delta K_0}{\Delta r} = -\dfrac{1}{1+r} D * K_0 = -D_m * K_0$ mit $D_m = D/(1+r)$

Die modifizierte Duration gibt die Kurs- bzw. Wertänderung aufgrund einer Zinsänderung präziser wieder als die Macaulay-Version. Sie hängt offensichtlich ab von der Laufzeit oder genauer von der Verteilung des Zahlungsstromes über die Laufzeit, aber auch, nicht ganz so naheliegend, vom aktuellen Zinsniveau. Sie ist für unser festverzinsliches Wertpapier um so höher, je

☐ länger die Laufzeit,

☐ niedriger die Zinszahlung (Coupon),

☐ niedriger die Rendite, d.h. das aktuelle Zinsniveau.

Der Einfluß der Laufzeit ist intuitiv, zur Erläuterung der Wirkung von Couponhöhe und aktuellem Zinsniveau greifen wir noch einmal auf unsere drei Bonds aus Beispiel 1-7 (S. 40) zurück, die jeweils eine Laufzeit von 10 Jahren bei Coupons von A = 5%, B = 6,5% (Par-Bond) und C = 8% aufweisen. Die Investition eines gegebenen Betrages in alternativ einen von den dreien führt bei Bond A zum größten Zinsänderungsrisiko (→ Beispiel 2-27), denn im Vergleich z.B. zum Par-Bond werden 1,5% Zinsen pro Jahr ‚gestundet', die die durchschnittliche Kapitalbindung verlängern. Zur Erinnerung: Damit ist auch eine höhere (niedrigere) Rendite erfor-

---

[1] Alten Faustregeln von Praktikern in Kreditabteilungen gemäß wäre nicht der Barwert, sondern die Zahlung selbst zur Gewichtung heranzuziehen. Dies ist selbstverständlich ungenau, zumal gelegentlich auch Zinszahlungen vernachlässigt und nur die Tilgungen einbezogen wurden.

derlich bei ansteigender (fallender) Zinskurve ($\rightarrow$ 1.3.3). Umgekehrt zahlt der Bond C mehr Zinsen als der Par-Bond, dadurch reduziert sich die Kapitalbindung mit analogen Wirkungen auf die Rendite. Bei gegebener Laufzeit weist der Zero-Coupon-Bond die höchstmögliche Duration auf; mangels Zinszahlungen stimmen hier Laufzeit und Duration überein. Dies führt zur Aussage: Eine Duration von x Jahren für einen Coupon-Bond bedeutet eine Zinssensitivität, die der einer Null-Kupon-Anleihe in gleichem Volumen und einer Laufzeit von x Jahren äquivalent ist.

Die Vermutung, mit dem Kauf eines Bonds sei die mittlere Kapitalbindung eine unveränderliche Größe, da der Zahlungsstrom fest steht, ist falsch. Zum einen reduziert sie sich im Zeitablauf.[1] Zweitens ändert sich die Duration mit Änderungen des aktuellen Zinsniveaus, denn diese ändern die Barwerte. Eselsbrücke: Mit fallenden Zinsen steigt der Kurs, damit ist mehr Kapital gebunden, auch bei unverändertem ursprünglich investierten Kapitalbetrag.

Wenden wir uns nun einer präziseren Interpretation der Duration und auch ihren Grenzen zu. Aus der Gleichung (1-22) kann durch Umstellung die Zinssensitivität als Kursänderung ΔK_0 bei gegebener Änderung der Rendite Δr bestimmt werden als:

(1-23) $\quad \Delta K_0 = - D_m * K_0 * \Delta r$

Beispiel 1-12
Wie hoch ist näherungsweise das Zinsänderungsrisiko bei einer Anlage von € 100 Mio. im 10jährigen Par-Bond? (Zur Bestimmung genauer Werte siehe Beispiel 1-13.)
Zur Beantwortung unterstellt man häufig eine Zinserhöhung um einen Basispunkt ($\rightarrow$ 1.5.2). Damit läßt sich die Fragestellung konkretisieren: Wie hoch ist der Barwert der obigen Anlage zu 6,50% zusammen mit einer Refinanzierung mit 6,51%? Offensichtlich treten Verluste ein in Höhe von 0,01% oder 0,0001 =

---

[1] Couponzahlungen *erhöhen* übrigens die Kapitalbindung wieder, ein Effekt, der bei längeren Laufzeiten stärker ins Gewicht fällt, vgl. Garbade [1996], S. 50-54.

1/10.000 auf den Betrag von € 100 Mio., also € 10.000 pro Jahr. Im letzten Schritt ist nun der Barwert dieser 10jährigen Annuität zu bestimmen durch die Multiplikation mit der Duration. Diese wäre noch zu errechnen; wir wollen uns im Moment mit einem Schätzwert begnügen. Er muß unterhalb von 10 Jahren liegen, sagen wir 7 Jahre. Damit ist die Zinssensitivität unserer Anleihe ungefähr € 70.000 auf 100 Mio.:

$$\Delta K_0 = - D_m * K_0 * \Delta r \approx -7 * 100.000.000 * 1/10.000 = 70.000$$

Entsprechend läßt sich von einer Zinserhöhung um 1 bp auf einen Kursrückgang von 100 auf etwa 99,93 schließen.

Um dieses Ergebnis korrekt einordnen zu können, müssen wir uns über die Annahmen zu seiner Herleitung im klaren sein. Wir haben zur Kursbestimmung nur einen Zins, die Rendite, verändert. Dies läßt sich nur bei einer flachen Zinskurve rechtfertigen, liefert aber auch bei Parallelverschiebungen der Zinskurve gute Näherungswerte, sofern die Zinsänderungen nicht zu groß sind. Damit sind wir bei der zweiten Einschränkung: Gleichung (1-23) ist eine lineare Approximation einer eigentlich nichtlinearen Funktion, d.h., sie gibt die Steigung der Barwertfunktion nur in einem (Zins-) Punkt korrekt wieder. Je weiter sich der Markt von diesem Zinsniveau entfernt, desto ungenauer wird die tatsächliche Wertentwicklung abgebildet (Abbildung 1-16). Zur Berechnung der Wirkung größerer Zinsänderungen auf den Kurs ist sie daher ungeeignet.

Die Nichtlinearität einer Funktion kann durch ihre 2. Ableitung wiedergegeben werden, hier als *Konvexität* (CV) bezeichnet (Steiner/Bruns [2000], S. 162):

$$(1-24) \quad CV = \frac{\partial^2 K}{\partial r^2} = \frac{\sum_{t=1}^{T} PV_t * t * (t+1)}{(1+i)^2 \sum_{t=1}^{T} PV_t}$$

Sie trägt der Tatsache Rechnung, daß die Duration selbst, die erste Ableitung der Barwertfunktion, keine Konstante ist, sondern sich mit der Zinshöhe verändert. Fügt man beide, Duration und Konvexität, gemäß der Taylor-Approximation zusammen, so kann Gleichung (1-23) modizifiert und präzisiert werden zu

$$dK_0 = \frac{\partial K_0}{\partial r} * dr + \frac{1}{2} * \frac{\partial^2 K_0}{\partial r^2} * (dr)^2$$

$$= -PV * D_m * dr + \frac{1}{2} * PV * CV * (dr)^2$$

Bevor wir uns die Wirkung dieser Risikomaße an einem Beispiel anschauen, sei ein weiteres Konzept zur Messung der Zinssensitivität vorgestellt, der Basis Point Value, um beide nebeneinander halten zu können.

1.5.2   Basis Point Value

Der *Basis Point Value (bpv)* gibt an, wie sich der Wert einer zinsreagiblen Position verändert bei einem Zinsanstieg um einen Basispunkt, den Wert eines Basispunktes also bezogen auf eine definierte Vermögensposition. Das klingt durchaus ähnlich wie im vorherigen Abschnitt, unterscheidet sich auch weniger im Ziel als vielmehr im Weg dorthin. Während die Durations-Methode die Frage der Zinssensitivität analytisch angeht und dabei vereinfachende Annahmen in Kauf nimmt, ist die bpv-Methode pragmatisch ausgelegt. Sie simuliert die Wirkung von Zinsänderungen, indem die ganze Zinskurve parallel verschoben wird, was mit moderner Software problemlos machbar ist, und die Änderung der Bewertung beobachtet wird.

Das läßt sich nicht ohne weiteres in eine Formel komprimieren, hat aber Vorteile. Die ganze Zinskurve wird benutzt, nicht nur die Rendite. Die Konvexitätsprobleme können leicht umgangen werden, indem nicht von einem Basispunkt auf größere Zinsänderungen hochgerechnet, sondern gleich die Zinskurve entsprechend verschoben wird. Damit kann auch die Wirkung von unterschiedlichen Zinsänderungen in verschiedenen Laufzeiten verfolgt werden, also nichtparallele Zinsänderungen. Halten wir jedoch fest, daß der bpv eines Vermögenswertes (für *einen* Basispunkt) nahezu identisch ist mit dem Ergebnis aus Gleichung (1-23) gemäß der Durationsmethode.

Beispiel 1-13 (Angaben wie im vorherigen Beispiel)
Sie haben den 10jährigen Par-Bond in einem Volumen von € 100 Mio. gekauft.

a) Wie hoch ist die Duration und die damit berechnete Zinssensitivität?
b) Wie hoch ist der bpv?
c) Wie ist die Wertänderung Ihrer Anlage gemäß der Durations- und der bpv-Methode für Zinsänderungen in Höhe von ±1 bp, ±10 bp und ±100 bp?
d) Wie hoch ist die Duration bei einem Zinsanstieg bzw. einer Zinssenkung in Höhe von 1 Prozent?

Zu a) Die modifizierte Duration wird gemäß üblicher Formel mit Hilfe der mit der Rendite berechneten Barwerte errechnet; dies liefert in unserem Fall einen Wert von 7,1888 Jahren. Die Zinssensitivität auf € 100 Mio. ist folglich € -71.888.

Zu b) Zur Berechnung des bpv kann entweder die Coupon-Kurve (Arbeitsblatt B1-13b) oder die Zero-Coupon-Kurve (B1-13c) verschoben werden.[1] Erstere liefert einen bpv von –73.337, die zweite –71.195. Die Verschiebung der Coupon-Kurve um einen Basispunkt hat eine etwas größere Wirkung, da dadurch die Zero-Sätze um etwas mehr als einen Basispunkt verschoben werden. Welche Angabe korrekt ist? Es hängt von den gemachten Annahmen ab.

---

[1] Verfeinert ließen sich die Durationen bzw. Sensitivitäten bezogen auf die Veränderungen einzelner Zinssätze (Key-Rate-Duration) berechnen, vgl. Deutsch [2001], S. 80.

Da die übliche Gedankenwelt sich eher auf Coupon-Sätze kapriziert, wollen wir dem hier folgen und Zinsänderungen als Änderungen von Coupon-Sätzen verstehen.

Jahre t	Cash Flow	Diskontie-rungszins	PV	PV * t
0				
1	6.500.000	6,50	6.103.286	6.103.286
2	6.500.000	6,50	5.730.785	11.461.571
3	6.500.000	6,50	5.381.019	16.143.057
4	6.500.000	6,50	5.052.600	20.210.400
5	6.500.000	6,50	4.744.225	23.721.127
6	6.500.000	6,50	4.454.672	26.728.031
7	6.500.000	6,50	4.182.790	29.279.533
8	6.500.000	6,50	3.927.503	31.420.022
9	6.500.000	6,50	3.687.796	33.190.164
10	106.500.000	6,50	56.735.323	567.353.228
		Summe:	100.000.000	765.610.419
		Duration		7,6561
		Mod. Duration		7,1888

Tabelle 1-16: Durationsberechnung

Zinsände-rung in bp	Bewertungsänderung gemäß Durationsmethode	Bewertungsänderung bei Verschiebung der Coupon-Kurve
-100	7.188.800	7.699.642
-10	718.880	737.226
-1	71.888	73.407
+1	-71.888	-73.337
+10	-718.880	-730.238
+100	-7.188.800	-7.000.090

Tabelle 1-17: Sensitivitäten für verschiedene Zinsszenarien

Zu c) Welche Wertänderungen ergeben sich für verschiedene Zinsszenarien, wenn man die Sensitivität gemäß der Durationsmethode linear umrechnet (zweite Spalte) bzw. die Coupon-Kurve tatsächlich verschiebt (dritte Spalte).

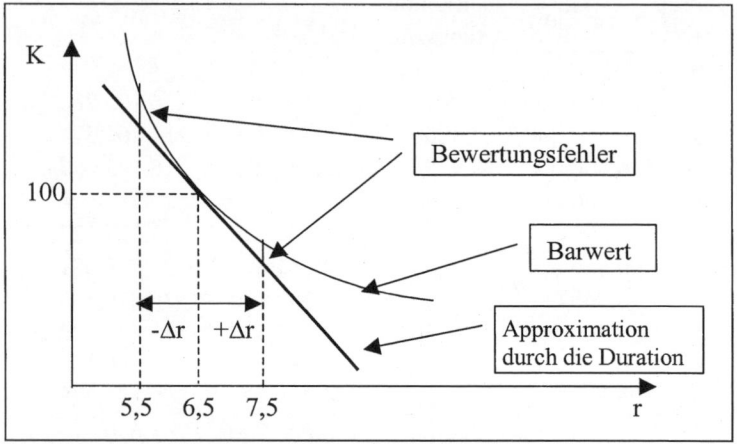

Abbildung 1-16: Bewertungskurve

Ein Blick auf die Ergebnisse zeigt, daß die mittels Durationsmethode projizierten Bewertungsänderungen um so ungenauer werden, je größer die Zinsänderungen. Zweitens ist diese Ungenauigkeit asymmetrisch: Die Verluste bei steigenden Zinsen werden überschätzt, die Gewinne bei fallenden Zinsen jedoch unterschätzt. Der Einfluß der Krümmung der Bewertungskurve (Konvexität) tritt offen zutage. Eine grafische Darstellung (Abbildung 1-16) macht dies deutlicher (Steiner/Bruns [2000], S. 162). Die Bewertungskurve zeigt eine (zur Illustration übertriebene) Krümmung, man mag dies als Reflex der Tatsache sehen, daß der Kurs nicht negativ werden kann. Die Duration ignoriert diesen Effekt und extrapoliert die Steigung in einem Punkt auf beliebige Zinshöhen.

d) Die Duration steigt auf 7,35 für eine auf 5,5% reduzierte Rendite und sinkt auf 7,03 für einen Zinsanstieg auf 7,5%.

Fazit: Die Duration als Maß für die durchschnittliche Kapitalbindung ist geeignet zur Berechnung der Bewertungsänderungen für kleine (bis 10 bp?) und in allen Laufzeiten gleiche Zinsänderungen. Die Analyse größerer Zinsbewegungen erfordert eine genaue Spezifikation der Annahmen, ihre Wirkung kann mittels bpv-Methode verfolgt werden.

1.6   Aufsichtsrechtliche Grundlagen

Das Derivate-Geschäft der Banken ist seit Anfang der 90er Jahre in mehreren Schritten einer Reihe von aufsichtsrechtlichen Regelungen unterworfen worden, die im Kern darauf abzielen, die entstehenden Risiken durch die Pflicht zur Unterlegung mit Eigenkapital zu begrenzen. Diese Regelungen im Detail zu verfolgen, würde unseren thematischen Rahmen sprengen.[1] Vielmehr soll die Grundidee der Risikobeurteilung, insbesondere des Marktrisikos, vorgestellt und Wege zur Umsetzung aufgezeigt werden. Dazu können einige der besprochenen Konzepte, vor allem die Volatilität, die Duration und der Basis Point Value, wieder zusammengeführt werden; das ist das eigentliche Lernziel.

---

[1] Vgl. dazu C&L Deutsche Revision [1998], Deutsche Bundesbank [1/1998], dieselbe [5/1998] und [10/1998], Schulte-Mattler/Traber [1997].

1.6.1   Risikoarten

Der Baseler Ausschuß für Bankenaufsicht [1994] definiert in seinen „Richtlinien für das Risikomanagement im Derivategeschäft" fünf Risikoarten:

☐ *Marktrisiko*: Risiko, das für die Finanzlage eines Instituts aufgrund von negativen Entwicklungen der Höhe und/oder der Volatilität von Marktpreisen entsteht.

☐ *Bonitätsrisiko*: Risiko, daß eine Gegenpartei eine Verpflichtung gegenüber dem Institut nicht erfüllt.

☐ *Liquiditätsrisiko*: Ein Institut sieht sich im Derivategeschäft zwei Arten von Liquiditätsrisiken gegenüber: Das eine ist mit bestimmten Produkten oder Märkten verbunden, das andere mit der allgemeinen Finanzierung des Derivategeschäfts des Instituts.

☐ *Rechtsrisiko*: Risiko, daß Kontrakte rechtlich nicht durchsetzbar oder nicht korrekt dokumentierbar sind.

☐ *Betriebsrisiko*: Risiko, daß Pannen in Informationssystemen oder internen Kontrollen zu unerwarteten Verlusten führen.

Die Reihenfolge spiegelt vermutlich auch die Bedeutung der Risiken korrekt wider. Das *Marktrisiko* sowie das *Bonitätsrisiko* (andere Bezeichnungen: Ausfallrisiko, Kontrahentenrisiko) sind die wichtigsten und offensichtlichsten im Bankgeschäft, sie hängen im Derivategeschäft auch eng zusammen. Schließt eine Bank z.B. mit einem Kunden ein Devisentermingeschäft ab, in dem sie Devisen per Termin kauft, so ergeben sich Bewertungsgewinne für steigende und Bewertungsverluste für fallende Kurse dieser Währung. Die aus Sicht der Bank mit dem Wechselkurs steigende Bewertung des Geschäftes erhöht zugleich den möglichen Schaden, falls die Gegenpartei den Vertrag nicht erfüllt. Folglich hängt auch das Ausfallrisiko von der Entwicklung der Marktpreise ab.

In aufsichtsrechtlichen Begriffen laut Kreditwesengesetz (KWG): Das *aktuelle* Kontrahentenrisiko ergibt sich aus der Bewertung einer risikobehafteten Position mit den neuesten Marktdaten; daraus ist z.B. unmittelbar ersichtlich, wie hoch der Verlust wäre, falls die Gegenpartei in diesem Augenblick ihre Zahlungen einstellen würde. Dieser Verlust könnte aber *potentiell* noch größer werden, falls sich die Marktpreise in die (für die Gegenpartei) ungünstige Richtung entwickeln.

Was *Liquiditätsrisiken* im *Sinne von Marktliquidität* sind, wird gelegentlich in turbulenten Konstellationen schmerzhaft erfahren. Denn es nutzt die beste Einschätzung und das smarteste Bewertungsprogramm nichts, wenn in kritischen Situationen keine Gegenpartei für beabsichtigte Geschäfte zu finden ist. Das bekannteste Beispiel für ein Liquiditätsrisiko im *Sinne der Finanzierung* von Geschäften hat die Metallgesellschaft geliefert, die Future-Positionen mangels Liquidität schließen mußte.

Auch für das *Rechtsrisiko* gibt es einige spektakuläre Beispiele, insbesondere im Zusammenhang mit Geschäften von Gebietskörperschaften, die dazu eigentlich nicht berechtigt waren und deshalb die Erfüllung von verlustreichen Geschäften abgelehnt haben. Ein Pendant dazu liefert im deutschen Recht *der Spiel- und Differenzeinwand*, der von Nichtkaufleuten bei Differenzgeschäften unter bestimmten Voraussetzungen vorgebracht werden kann, um die Erfüllung zu verweigern (vgl. Eilenberger [1997], S. 330).

Mit *Betriebsrisiken* sind nicht betrügerische Aktivitäten gemeint, sondern Fehlverhalten aufgrund von unvollständigen oder falschen Informationen bzw. deren inkorrekte Interpretation. Wird z.B. ein Geschäftsabschluß falsch ‚erfaßt‘ (in das Informations- und Abwicklungssystem eingegeben), wird der/die für das Risiko Verantwortliche falsche Schlußfolgerungen ziehen und eventuell in vermeintlicher Absicherung des Risikos eine zu große oder zu kleine Gegenposition aufbauen – mit entsprechenden wind-fall-profits oder -losses. Auch scheinbar kleine Fehler, wie die Fehlerfassung der Laufzeit eines Geschäftes, können Wirkung haben, insbesondere, wenn sie über längere Zeit unerkannt bleiben. Das Vier-Augen-Prinzip sowie interne Kontrollen sollten derartige

Vorgänge verhindern, aber eine perfekte Sicherheit kann es hier wie anderswo nicht geben.

1.6.2 Value at Risk

Schauen wir uns das Marktpreisrisiko, das ja mit dem Ausfallrisiko eng zusammenhängt, an. Ohne die aufsichtsrechtlichen Regelungen im Detail aufrollen zu wollen, soll wenigstens der wichtige Begriff des Value-at-Risk (VaR) definiert und für eine zinsabhängige Position illustriert werden.

Das erwähnte potentielle Risiko kann, da es von zukünftigen Ereignissen abhängt, nur abgeschätzt werden, wenn man diesbezüglich Annahmen vorgibt. Dazu können entweder die von den Aufsichtsbehörden definierten Standardmethoden oder unter bestimmten Voraussetzungen und nach Genehmigung bankinterne eigene Modelle herangezogen werden.

Zur Konkretisierung dieses Gedankenganges erfreut sich das Konzept des *Value-at-Risk (VaR)* großer Beliebtheit; es ist allgemein definiert als (vgl. Eller [1998]):

VaR = Aktueller Kurswert * prozentuale Kurssensitivität
 * Veränderung des marktwertbestimmenden Faktors.

Damit kann berechnet werden

- auf der Basis historischer Marktpreisschwankungen,
- welcher Verlust mit welcher vorgegebenen Wahrscheinlichkeit
- innerhalb einer bestimmten Haltedauer

eintritt (vgl. Bundesbank [10/1998], S.72-73). Die Erlaubnis zur Benutzung interner Modelle hat neben einigen qualitativen die quantitativen Voraussetzungen, daß die Beobachtungsperiode mindestens 250 Handelstage umfaßt. Der zu berechnende Verlust darf mit einer Wahrscheinlichkeit von maximal 1% eintreten. Die Haltedauer soll der Tatsache Rechnung tragen, daß aufgrund von Verzögerung wegen Informationsmängeln, Entscheidungsprozessen und mangelnder Marktliquidität eine Position bei Gefahr nicht unmittelbar geschlossen wird oder werden kann; hier ist ein ‚Bremsweg' von 10 Tagen angesetzt.

Beispiel 1-14
Versuchen wir uns am VaR für unseren 10jährigen Par-Bond. Wir kennen den aktuellen Kurswert (€ 100 Mio.) und auch die Kurssensitivität, sie entspricht in diesem Fall der modifizierten Duration von rund 7,2 oder 0,072% pro Basispunkt. Wir haben ferner errechnet, wie er auf Zinsänderungen reagiert: mit einem Verlust von ca. € 72.000 pro Basispunkt Zinsanstieg (→ Beispiel 1-13), damit ist das Produkt aus Kurswert und -sensitivität gefunden.

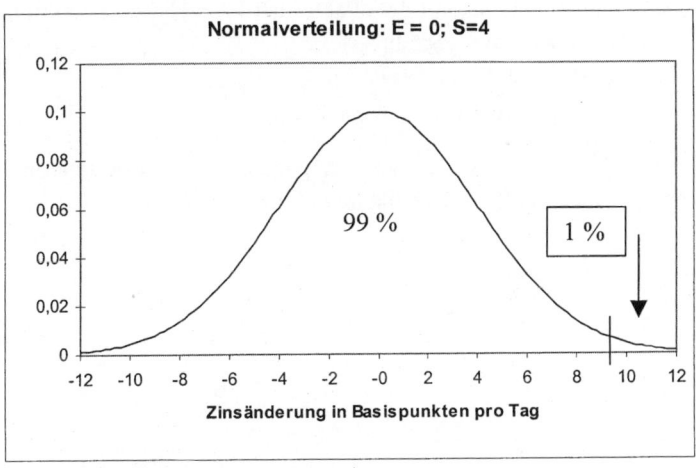

Abbildung 1-17: Normalverteilung der Zinsänderungen

Bliebe die ‚Master-Frage', welche Veränderung des marktwertbestimmenden Faktors, in diesem Fall offensichtlich der Zins (eigentlich genauer: die Zinskurve), man unterstellen sollte. Auch hier können wir auf bereits Bekanntem aufbauen. Wir wollen unterstellen, daß die Zinsänderungen einer Normalverteilung unter-

liegen mit einer durchschnittlichen Kursänderung (Erwartungswert) von E = 0 bei einer Standardabweichung von S = 4 Basispunkten[1] pro Tag (Abbildung 1-17). Dies liegt in den realistischen Größenordnungen (→ Aufgabe 1-11).
Welche Zinsänderung, hier Zinsanstieg, wird mit diesen Vorgaben
mit einer Wahrscheinlichkeit von 99% innerhalb eines Tages nicht
überschritten? Hier hilft uns wieder Herr Gauss, der die gesuchte
Grenze auf das 2,33fache der Standardabweichung legen würde,
also 9,32 bp pro Tag mit der Interpretation: Bei einer großen Anzahl von Beobachtungen der täglichen Zinsänderungen ist eine
Zinserhöhung von mehr als 9,32 bp in einem von hundert Fällen
zu erwarten. Um auf eine entsprechende Zinsänderung in 10 Tagen
zu schließen, muß dies mit dem Faktor der Wurzel aus 10 multipliziert werden, was etwa 29,5 bp ergibt.
Insgesamt folgt daraus ein VaR:

VaR = € 72.000 * 29,5 = € 2.124.000.

Er gibt den Verlust an, der aus der gegebenen Position innerhalb
von 10 Tagen in 99 % der Fälle nicht überschritten wird.

---

[1] Dies ist nicht identisch mit der Volatilität (→ 1.4.1). Zu deren Berechnung
müssen die *relativen* Kursänderungen in Jahreswerten herangezogen werden.

2   Unbedingte Produkte

Unbedingte Produkte sind solche, deren Erfüllung an keine vertragliche Bedingung geknüpft ist. Sie werden gelegentlich auch als symmetrische Produkte bezeichnet um anzudeuten, daß Wertänderungen bei steigenden Marktpreisen spiegelbildlich sind zu denen bei fallenden. Dies ist zwar nicht völlig korrekt, da die meisten Bewertungen keine lineare Funktion der Marktpreise sind, verdeutlicht aber den augenscheinlichsten Unterschied zu den Optionen.

Die besprochene Produktpalette (zur Systematisierung vgl. Abbildung 1-1) umfaßt die wichtigsten Arten von Termingeschäften, wie sie von Banken angeboten und an Börsen gehandelt werden. Der Schwerpunkt liegt wiederum auf den Zinsinstrumenten, aber auch Devisentermingeschäfte, Devisenfutures und Aktienfutures werden besprochen. Die innere Logik des Kapitels folgt der Überlegung, von den einfacheren zu den komplexeren und z.T. damit von den kurzfristigen zu den langfristigen Termingeschäften überzuleiten. Wir starten mit den Geldmarkttermingeschäften in Kreditform (Forward-Forward-Geschäften) zu denen in Form von Differenzgeschäften (FRAs). Zinsswaps können als Ketten von FRAs verstanden werden, man mag sie aber auch als Kassegeschäfte einordnen, da die Kette von Zahlungen unmittelbar beginnt. Die Diskussion der Devisentermingeschäfte leitet über zu den Währungsswaps, die Zins- und Währungsaspekte beinhalten. Der Abschnitt über die Zinsfutures enthält einige grundlegende Überlegungen zum Börsentermingeschäft und geht neben den Geldmarktfutures vor allem auf die Bondfutures ein. Es folgen die Devisen- und Aktienfutures.

2.1 Herleitung von Terminkursen

Einer der wesentlichen Gedankengänge dieses Kapitels besteht in der Herleitung von Terminkursen bzw. Terminzinsen, um zu einer marktgerechten Preisbildung der einzelnen Instrumente zu gelangen. Deshalb sei hier das Grundprinzip erläutert.

Stellen wir uns zunächst die einfache Situation vor, ein Wirtschaftsakteur möchte aus nicht näher zu betrachtenden Gründen ein Wirtschaftsgut erwerben, für eine gewisse Zeit in seinem Besitz halten und anschließend zu einem bereits heute vereinbarten Terminkurs wieder veräußern – wie hoch ist der marktgerechte Terminkurs, so daß für diesen Akteur keine außerordentlichen Gewinne oder Verluste entstehen? ‚Außerordentlich' soll hier nicht im bilanztechnischen Sinn des Wortes verwendet werden, sondern ökonomisch ungerechtfertigte Ergebnisse ausschließen. Da unser Muster-Akteur durch den Kauf und den gleichzeitigen Verkauf keinerlei Marktrisiken mehr trägt und wir von Ausfallrisiken absehen wollen, sollte der wirtschaftliche Erfolg seiner Transaktionen alle übernommen Kosten abgelten unter Abzug eventueller zwischenzeitlichen Erträge.[1] Folglich ist der Terminkurs dann marktgerecht, wenn zum Kassekurs alle Kosten addiert und alle Erträge abgezogen werden (Steiner/Bruns [2000], S.439):

Terminkurs	=	Kassekurs
	+	Refinanzierungskosten und sonstige Kosten
	-	zwischenzeitliche Erträge

Tabelle 2-1: Herleitung von Terminkursen

---

[1] Im Sinne des Capital Asset Pricing Models (CAPM) sollte unter den genannten einfachen Bedingungen nur die sogenannte sichere Verzinsung erzielt werden.

Wir können für spätere Zwecke die Fragestellung zusammenfassen. Die zur Bestimmung des Terminkurses notwendige Arbitrage folgt dem Grundprinzip:

- Kauf des Wirtschaftsgutes per Kasse,
- Refinanzierung des zum Kauf verwendeten Betrages,
- Verkauf des Wirtschaftsgutes per Termin.

2.2 Forward-Forward-Geschäfte

Forward-Forward-Geschäfte sind Termingeschäfte auf Kredite oder Einlagen mit Laufzeiten im Geldmarktbereich. Ihre Bedeutung hat aufgrund der Konkurrenz durch die FRAs als reines Differenzgeschäft erheblich abgenommen. Sie sind aber als Einstieg in den außerbilanziellen Bereich gut geeignet, da sie nahe an konventionellen Formen liegen.

Mit *Forward-Forward-Kredit* wird eine Ausleihung bezeichnet, deren Laufzeitbeginn in der Zukunft liegt, das Gegenstück auf der Einlagenseite ist das *Forward-Forward-Depot*.

Beispiel 2-1
Versetzen Sie sich in die Lage des Treasurers einer Bank, der von einem Kunden vor die Frage gestellt wird, was ein Kredit kostet, der in 6 Monaten startet und eine Zinslaufzeit von 6 Monaten hat. Die Zinskondition soll heute festgelegt werden, der Betrag ist 100.

Einstand:
‚faire' Kondition, meist mit Interbankenkondition gleichgesetzt

Marge:
Differenz zwischen Kunden- und Interbankenkondition

Lösung:
Gesucht ist der ‚faire' Zins, der dem Kunden zuzüglich einer (Kredit-)Marge in

Rechnung gestellt wird.[1] Der Königsweg zur Konditionsfindung ist wie immer die Frage, welche Gegengeschäfte zur Refinanzierung bzw. zur Neutralisierung des Risikos notwendig sind. Dazu können wir auf die Methode zurückgreifen, die wir bei der Forward-Zinskurve angewendet haben (→ Beispiel 1-8). Die Glattstellung erfordert eine Refinanzierung über 12 Monate sowie eine zwischenzeitliche Anlage für die ersten 6 Monate, da erst danach die Kreditziehung des Kunden greift. Der Einstand für den Kundenkredit ist dann gefunden, wenn die aus der Rückzahlung des Kredites fließenden Mittel genau die Bedienung der Refinanzierung incl. Zinsen erlaubt.

Die ‚Langversion' der Lösung bestimmt die Kreditkondition über die genauen Zahlungsströme. Dies ist zwar umständlich, aber ein gutes Training.

Monat	0	6	12
Zins		3 5/8	4,0
Kundenkredit		-100 ⬚1	*+102,1486* ⬚6
Anlage	-98,2198 ⬚3	+100 ⬚2	
Refinanzierung	+98,2198 ⬚4		-102,1486 ⬚5
Summe	**0**	**0**	**0**

Tabelle 2-2: Forward-Forward-Kredit

Ausgangspunkt dabei ist der Wunsch des Kunden, im Monat 6 einen Kredit in Höhe von 100 ausgezahlt zu erhalten (Feld 1). Dazu muß im Monat 0 ein Betrag so angelegt werden, daß nach 6 Mona-

---

[1] Da die Marge von der Bonität des Kunden, weniger von der Konstruktion des Kredites abhängt, beschränken wir unsere Überlegungen hier und im folgenden auf den Einstand, sofern nicht ausdrücklich anders angegeben.

ten mit Zinsen genau 100 (Feld 2) zurückfließen. Der gesuchte Betrag für eine Laufzeit von 180 Tagen ist

$$\frac{100}{1 + \dfrac{3,625 * 180}{36.000}} = 98,2198 \, .$$

Dieser Betrag wird im Monat 0 angelegt (Feld 3) und muß daher refinanziert werden (Feld 4). Die Refinanzierung ist nach 12 Monaten incl. Zinsen mit 102,1486 zu bedienen (Feld 5), folglich ist genau dieser Betrag dem Kunden in Rechnung zu stellen (Feld 6). Welchem Zins entspricht das? Nennen wir den gesuchten Zins C und verwenden die Geldmarktzinsrechnung, so gilt für die Rückzahlung des Kredites incl. Zinsen die Aufzinsungsformel

$$100 * \left(1 + \frac{C * 180}{36.000}\right) = 102,1486 \, .$$

Nach dem Zins gelöst ergibt sich (vgl. Formel (1-11)):

$$C = \left(\frac{102,1486}{100} - 1\right) * \frac{36.000}{180} = 4,2971 \, .$$

Die elegantere ‚Kurzversion‘ der Lösung setzt die in Abbildung 2-1 illustrierte Überlegung der Glattstellung in eine Gleichung um.

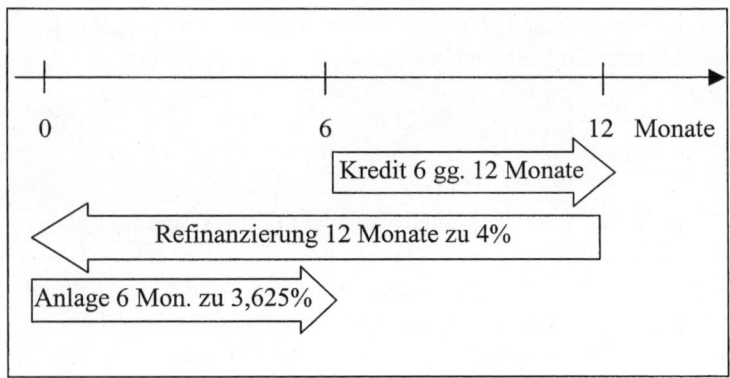

Abbildung 2-1: Forward-Forward-Kredit

Der Zahlungsstrom aus dem Kredit nach 12 Monaten muß die Tilgung der Refinanzierung erlauben, jeweils incl. Zinsen:

$$\underbrace{\left(1 + \frac{i_l * L}{36.000}\right)}_{\text{Refinanzierung}} = \underbrace{\left(1 + \frac{i_s * S}{36.000}\right)}_{\text{Anlage}} * \underbrace{\left(1 + \frac{i_f * F}{36.000}\right)}_{\text{Kredit}}$$

mit i_l, i_s, i_f Zins für die lange / kurze / Forward-Periode

L, S, F: Anzahl der Zinstage für die lange / kurze / Forward-Periode mit $L = S + F$

Die Formel kann nach der Unbekannten, dem Forwardzins, umgestellt werden:

$$(2\text{-}1) \qquad i_f = \left[\frac{1 + \dfrac{i_l * L}{36.000}}{1 + \dfrac{i_s * S}{36.000}} - 1 \right] * \frac{36.000}{F}$$

$$i_f = \left[\frac{1 + \dfrac{4 * 360}{36.000}}{1 + \dfrac{3,625 * 180}{36.000}} - 1 \right] * \frac{36.000}{180} = 4,2971$$

Diese Formel gilt *nur im unterjährigen Bereich*, eine entsprechende Variante für längere Laufzeiten wird im nächsten Abschnitt vorgestellt.

2.3   Forward Rate Agreements

Forward Rate Agreements (FRAs) sind Zinstermingeschäfte auf zukünftige Geldmarktzinsen. Käufer und Verkäufer vereinbaren
- eine Zinslaufzeit,
- einen Nominalbetrag sowie
- einen *FRA-Satz* (Terminzins).

Dieser FRA-Satz wird am Abrechnungstag (im Beispiel nach 6 Monaten) mit dem dann tatsächlichen Geldmarktsatz verglichen. Als Vergleichssatz (Referenzzins) wurde in der Vergangenheit meistens der Libor verwendet, mit der Einführung des Euro setzt sich zunehmend der kontinentaleuropäische Euribor durch.

FRAs sind reine Differenzgeschäfte, d.h., es werden keine Einlagen oder Ausleihungen in Höhe des Nominalbetrages getätigt, dieser dient lediglich als Rechengröße zur Bestimmung des Zinsbetrages. Darin liegt der wesentliche Unterschied zu den Forward-Forward-Geschäften. Gleichwohl werden bei beiden Formen im wesentlichen die gleichen Effekte erzielt, wie wir am Beispiel 2-2 sehen werden.

FRA-Geschäfte unterliegen einem Zeitraster, das am Beispiel einer Laufzeit vom Monat 6 zum Monat 12 (sprich: 6 gegen 12 Monate) illustriert wird (Abbildung 2-2).

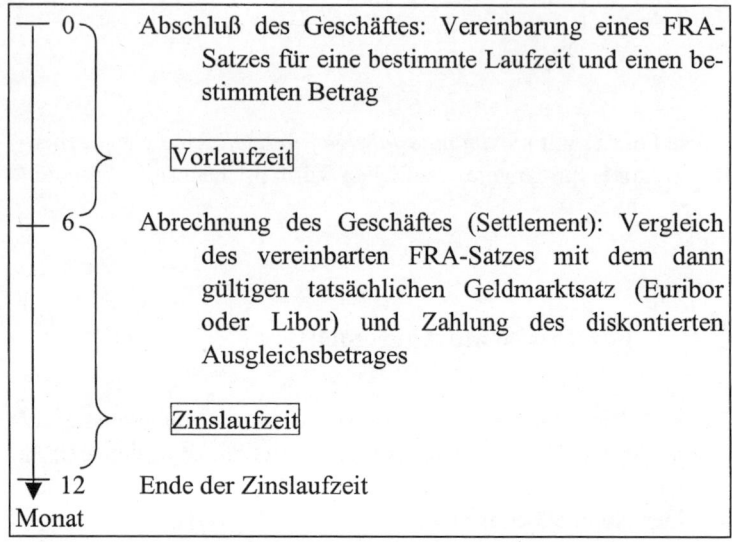

Abbildung 2-2: Zeitraster bei FRA-Geschäften

Die Feststellung des Ausgleichsbetrages erfolgt zwei Arbeitstage vor Beginn der Zinslaufzeit aus der Vergleich des FRA-Satzes mit dem Euribor mit folgender Interpretation des Vorzeichens:

FRA-Satz < Euribor ⇒ Verkäufer zahlt
FRA-Satz > Euribor ⇒ Käufer zahlt

Daher gilt für den Einsatz von FRAs:

	Absicherung gegen	Spekulation auf
FRA-Kauf	steigende Zinsen	steigende Zinsen
FRA-Verkauf	fallende Zinsen	fallende Zinsen

Tabelle 2-3: Einsatz von FRAs

Der Ausgleichsbetrag hat eigentlich die Valutierung des Endes der Zinslaufzeit. Da aber nach der Zinsfeststellung alle Einzelheiten des Geschäftes fixiert sind und weitere Zinsbewegungen keinen Einfluß

Valutierung (val.):
(= valuta = Wertstellung)
Zahlungszeitpunkt

mehr haben, wird der Ausgleichsbetrag fast immer diskontiert und mit der Valutierung des Beginns der Zinslaufzeit gezahlt:

$$(2\text{-}2) \quad \text{Ausgleichsbetrag} = \frac{\left(i - i_f\right) * B * \dfrac{T}{36.000}}{1 + i * \dfrac{T}{36.000}}$$

mit i_f als dem FRA-Satz, i als Referenzzins und B als Betrag. Das Vorzeichen ist *aus der Sicht des Käufers* zu interpretieren.

Beispiel 2-2

Sie wissen als Finanzchef eines Unternehmens aus Ihrer Finanzplanung, daß Sie in 6 Monaten einen Liquiditätsbedarf von € 10 Mio. für 6 Monate haben. Damit ist ein Zinsänderungsrisiko begründet. Die Alternativen sind:

1. Sie unternehmen nichts, d.h., Sie tragen das Risiko selbst. Bei steigenden Zinsen verteuert sich Ihre Finanzierung, bei fallenden Zinsen verbilligt sie sich.
2. Sie kaufen einen FRA 6 x 12 Monate zu 4,30% und nehmen in 6 Monaten einen Kredit auf zum dann gültigen Euribor + 0,5%.

Was ist Ihre effektive Zinsbelastung, falls der 6-Monats-Euribor in 6 Monaten...

	Kredit	FRA-Abrechnung	Gesamt
a).. auf 5% steigt	-(5 + 0,5)	5 – 4,3	-4,8%
b).. auf 3% fällt	-(3 + 0,5)	3 – 4,3	-4,8%

(Vorzeichen aus Sicht des Kreditnehmers)

Bei steigenden Zinsen (Fall a) verteuert sich zwar der Kredit auf 5,5%, aber aus dem FRA-Kauf erwächst eine Ausgleichszahlung von 0,7%, die die Gesamtkosten auf 4,8% senkt. Fallen die Zinsen dagegen (Fall b), verbilligt sich zwar der Kredit auf 3,5%, aber im FRA-Settlement ist nunmehr eine Zahlung zu leisten in Höhe von 1,3%, die die Gesamtbelastung auf ebenfalls 4,8% stellt. Der FRA-Kauf erfüllt also die ursprüngliche Absicht, zu von der zukünftigen Zinsentwicklung unabhängigen Kreditkosten zu kommen und damit das Zinsänderungsrisiko auszuschließen.[1]

Aufgabe 2-1
Erstellen Sie ein Arbeitsblatt zur Berechnung von FRA-Sätzen im unterjährigen Laufzeitenbereich gemäß Gleichung (2-1) und berechnen Sie die fehlenden Sätze:

Laufzeit in Monaten	*3*	*6*	*9*	*12*
Geldmarktsätze	3,5	3,625	3,75	4
Laufzeit		3x6	6x9	9x12
FRA-Sätze		3,717		

---

[1] Die Kalkulation könnte ungenau erscheinen mit dem Argument, die Ausgleichsbeträge von 0,7% bzw. 1,3% seien in Wirklichkeit niedriger aufgrund der Diskontierung. Diese Überlegung ist insofern falsch, als die Zinszahlungen auf den Kredit erst am Ende der Zinslaufzeit anfallen, wie eigentlich auch der Settlementbetrag. Wir können unsere Rechnung dann als exakt bezeichnen, wenn ein zu zahlender (empfangender) Ausgleichsbetrag zu Euribor finanziert (angelegt) werden kann. Diese Annahme, die wir noch des öfteren benutzen werden, ist für Banken unkritisch, für Unternehmen allerdings insofern nicht, als diese Margen zahlen in dem Sinne, daß teurer finanzieren und schlechter anlegen können als Banken. Um den Fehler abzuschätzen im Fall b: Der Kunde zahlt im Monat 6 nicht 130 Basispunkte als Ausgleich, sondern diskontiert nur 128,08 bp. Werden diese nicht zu 3%, sondern zu 3,5% finanziert, ergibt sich nach 6 Monaten eine Belastung von 130,32 bp. Fazit: Auch bei Existenz von Margen erreichen wir gute Ergebnisse, sofern nicht die Margen und/oder die Zinsänderungen exorbitant sind.

Zur Kontrolle ist bereits ein Ergebnis eingetragen, wir wollen es einer Plausibilitätsüberlegung unterziehen. Die (fiktiven) Gegengeschäfte bestehen in einer Refinanzierung für 6 Monate mit 3,625% und einer zwischenzeitlichen Anlage mit 3,5% für 3 Monate, also mit einem Verlust von 1/8 % in den ersten drei Monaten. Das Gegengewicht dazu muß in den zweiten 3 Monaten folglich ein Zins sein, der in etwa gleichem Umfang über dem 6-Monats-Zins liegt, vermutlich bei etwa 3,75%. Daß es etwas weniger ist, hat einen Grund: Die Verwendung der refinanzierten Mittel in zwei Teilperioden bringt einen Zinseszinseffekt mit sich aufgrund der Zinseinnahmen nach 3 Monaten, daher kann die Terminperiode etwas billiger angeboten werden als der vermutete Satz.

An dieser Stelle sei erwähnt, daß die vorgestellte Art von Refinanzierungstransaktionen in der Praxis so gut wie nie stattfindet. Der Hauptgrund dafür ist die Tatsache, daß die FRA-Sätze in der Regel auf einem Niveau sind, auf dem unter Einbeziehung der Transaktionskosten der Benutzung von Geldmärkten eine Arbitrage sinnlos ist. Dennoch muß mit der Möglichkeit jederzeit gerechnet werden, falls gewisse Bedingungen verletzt sind. Deshalb kann die besprochene Preisfindungs-Methode benutzt werden, auch wenn die Transaktionen fiktiv sind. Denn wie heißt es: Nicht der Förster hält den Wald sauber, sondern die Angst vor dem Förster.

Wir haben unsere Logik aber noch auf *längere Laufzeiten* zu verallgemeinern. Der wesentliche Unterschied besteht darin, daß nun zwischenzeitliche Couponzahlungen anfallen. Dem können wir jedoch durch die Verwendung von Zero-Coupon-Sätzen leicht begegnen.

Beispiel 2-3

Gesucht ist der Coupon-Satz für die folgende Struktur, die der Einfachheit halber an Future-Daten orientiert ist: [1]

---

[1] Im Händler-Jargon würde man dies als Laufzeit ‚18 gegen 24 über die IMM-Dates' bezeichnet. Die Chicagoer Terminbörse IMM (International Monetary

Handel per: 03.03.2003
Laufzeit: 15.09.2004 - 16.03.2005   (18 x 24 Monate)

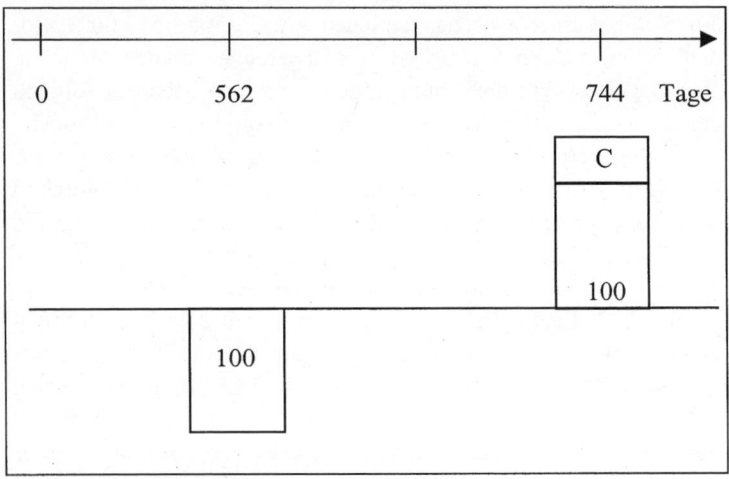

Abbildung 2-3: FRA 18 gegen 24 Monate

Wir verwenden zur Lösung die aus den Euribor-Futures zusammengestellte Zinskurve (→ 1.3.2). Der gesuchte FRA-Satz läßt sich als Coupon-Satz interpretiert analytisch bestimmen aus der Überlegung, daß der gesamte Zahlungsstrom eines Kredites von 100, der nach 18 Monaten ausgezahlt und nach 24 Monaten zurückgezahlt wird, einen NPV von null aufweisen muß:

$$-100 * D_{18} + 100 * (1 + \frac{C * T}{36.000}) * D_{24} = 0 \,.$$

Daraus läßt sich der Terminzins gewinnen als

Market) hat als erste die Kalender-Regel des dritten Mittwochs der Quartalsendmonate verwendet.

$$C = i_f = \left(\frac{D_{18}}{D_{24}} - 1 \right) * \frac{36.000}{T}, \quad \text{bzw. im Beispiel}$$

$$C = i_f = \left(\frac{0,93675}{0,91376} - 1 \right) * \frac{36.000}{182} = 4,9759.$$

eine Gleichung, die unmittelbar mit der Formel (2-1) korrespondiert, wobei wir hier die Abzinsungsfaktoren D_i (mit Zero-Sätzen) verwenden gegenüber vorher Aufzinsungsfaktoren. Für beliebige Laufzeiten gilt:

$$(2\text{-}3) \quad C(t_{i-1} : t_i) = \left(\frac{D_{t_{i-1}}}{D_{t_i}} - 1 \right) * \frac{36.000}{t_i - t_{i-1}}$$

Fazit: FRA-Sätze werden gewonnen aus dem Quotienten von Zero-Coupon-Diskontierungsfaktoren, umgerechnet auf die gesuchte Laufzeit. Sie liegen über (unter) den aktuellen Zinssätzen, wenn die Zinskurve ansteigt (fällt). Dabei ist ein Zinseszinseffekt zu berücksichtigen, der bei flacher Zinskurve dazu führt, daß die Terminzinsen unter den aktuellen liegen.

Aufgabe 2-2
Sie haben Geld anzulegen für 6 Monate (180 Tage). Ihre Alternativen sind:
a) Anlage am Geldmarkt zu 3,625% für 6 Monate,
b) Anlage am Geldmarkt zu 3,5% für 90 Tage, geplante Wiederanlage für weiter 90 Tage und Abschluß eines FRAs zu 3,75%. (Kaufen oder verkaufen Sie den FRA?)
Welche Alternative wählen Sie?

Aufgabe 2-3

Sie haben einen Kunden aus der Baubranche mit einem stark saisonabhängigen Cash-Flow, der zu Jahresbeginn seine Zinsrisiken absichern möchte. Seine Liquiditätsplanung sieht wie folgt aus:

Monat	Tage	Euribor	Cash Flow	Absicherungsgeschäft
3	91	4,0	-50	
9	273	3 7/8	+100	
12	365	3 3/4		

Die Kundenmargen für Aufnahme und Anlage seien jeweils 0,5% gegenüber Euribor. Der Liquiditätsbestand am Anfang sei null.

a) Welche Absicherungsgeschäfte schlagen Sie vor? Zu welchen Sätzen? Nehmen Sie das Arbeitsblatt aus Aufgabe 2-1 zu Hilfe.

b) Wie ist der genaue Liquiditätsbestand am Ende des Jahres?

2.4   Zinsswaps

2.4.1   Entwicklungsstand und Arten von Swaps

Ein *Zinsswap* beinhaltet den Tausch von Zinszahlungsströmen, die auf einem nominalen Bezugsbetrag basieren, der selbst nicht ausgetauscht wird. Der mit Abstand wichtigste Fall ist der des Austauschs von festen (langfristigen) gegen variable (kurzfristige) Zinsen; ihn werden wir deshalb besonders herausstellen. Ferner können in einer in Deutschland eher seltenen Variante auch zwei variable Referenzzinsen getauscht werden.

Fallen die getauschten Zahlungsströme in verschiedenen Währungen an, spricht man von *Währungsswaps*, wobei der Begriff vor allem den Austausch von festen Zinsen in beiden Richtungen bezeichnet.

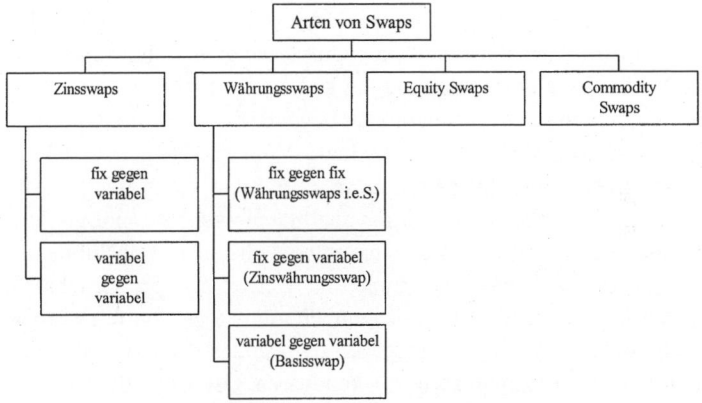

Abbildung 2-4: Arten von Swaps

Equity bzw. *Commodity Swaps* arbeiten nach dem gleichen Strickmuster: Ein an Aktienkursen oder Güterpreisen, vor allem für Rohstoffe und Edelmetalle, orientierter fester Zahlungsstrom wird gegen einen entsprechenden variablen Zahlungsstrom getauscht. Die Bedeutung der Varianten nimmt in dieser Reihenfolge schnell ab mit einem deutlichen Übergewicht zugunsten der Zinsswaps (→ Tabelle 1-1).

Die Entstehungsgeschichte des Swapmarktes wird üblicherweise auf die frühen 80er Jahre datiert. Als Vorläufer gelten die Parallelkredite, die sich Konzerneinheiten verschiedener Nationalität gegenseitig zur Umgehung von Kapitalverkehrsbeschränkungen einräumten. Währungsswaps brachten dies in eine einheitliche Rechtsform. Die *Produkteinführung* basierte in aller Regel auf einer Kapitalmarktarbitrage, z.B. in Form einer Fremdwährungsanleihe, die in die Heimatwährung ‚geswapt' wurde. Es handelte sich um individuelle Transaktionen in geringer Stückzahl und mit einem ganz konkreten Hintergrund. Bald realisierte man auf Bankenseite, daß Zinsswaps ein ideales Instrument zur Steuerung der Fristentransformation darstellen.

Damit begann die *Wachstumsphase* des Swapmarktes etwa in der zweiten Hälfte der 80er Jahre, die Umsatztätigkeit nahm rapide zu. Die Verbindung der Transaktionen zu konkreten einzelnen Gegengeschäften wurde aufgegeben, man begann, Zinsrisiken gesamthaft zu steuern (*Makro-Hedge*). Das hatte Voraussetzungen und Folgewirkungen. Eine Infrastruktur in Form von Controlling-, Abwicklungs- und Risikosteuerungsfazilitäten wurde benötigt. Die Rechtsfragen wurden geklärt, es entwickelte sich eine blühende Softwareindustrie zur Steuerung und Bewertung der Geschäfte. Die organisatorischen Voraussetzungen mußten geschaffen werden durch die Einrichtung entsprechender Handelseinheiten, die mit qualifiziertem Personal zu bestücken waren. Oft folgte die Bildung einer ‚Aktiv-Passiv-Steuerung-' oder ‚Asset-Liability-Management-Einheit' als Kompetenzzentrum zur Steuerung der Fristentransformation; Produkt- und Organisationsentwicklung gingen hier Hand in Hand.

Nach dem Aufbau von Infrastruktur und Know-how ist es nur noch ein kleiner Schritt, entsprechende Dienstleistungen für Kunden anzubieten. Als *Marktreife,* wie sie Ende der 80er Jahre erreicht wurde, ist es insofern zu bezeichnen, wenn individuelle Kundenwünsche in Form von strukturierten (customized) Swaps angeboten werden, der Swaphandel einen Strauß von Möglichkeiten bereithält, aus dem ausgewählt werden kann (Ware-Housing-Prinzip). Als strukturiert gilt im weitesten Sinn ein Swap dann, wenn er von den Standardvarianten abweicht.

Damit sind wir bei den Spezialformen, von denen wenigstens die wichtigsten genannt seien. *Asset Swaps* sind solche, denen ein Aktivum zugrunde liegt; dieses Segment hat eine erhebliche Bedeutung im Wertpapierbereich. Das Gegenstück auf der Passivseite ist der *Liability Swap*. Der *Forward Swap* oder *Deferred Swap* hat einen Laufzeitbeginn in der Zukunft. In Abhängigkeit von Veränderung des Nominalbetrages unterscheidet man den *Amortizing* und den *Step-up-Swap*. Der *Fiona-* (Frankfurt Index Overnight Average) bzw. jetzt *Eonia-Swap* (Euro Overnight Index Average) ist ein Geldmarktswap mit der Besonderheit, daß sich der variable Zinsstrom am Monatsdurchschnitt des Tagesgeldsatzes orientiert.

2.4.2 Details eines Zinsswap-Abschlusses

Ein Zinsswap ist in der Standardform der Austausch eines festen, langfristigen Zinsstromes gegen einen variablen geldmarktorientierten Zinsstrom. Die wesentlichen Details dabei sind:

- Der nominale Bezugsbetrag, er stellt die rechnerische Basis zur Bestimmung der Zinszahlungen dar, wird aber selbst nicht ausgetauscht.
- Der Zins, der gezahlt werden muß.
- Der Zins, der empfangen wird.
- Die Laufzeit.

Bezüglich der Zinsen haben sich in verschiedenen Währungen unterschiedliche marktübliche *Usancen* herausgebildet. Diejenigen im Euro entsprechen den zuvor in DM üblichen, zum Vergleich ist in der folgenden Tabelle der US-Dollar aufgeführt:

Währung	Fixing-Lag	Floating-Seite	Fix-Seite
EUR	-2	Halbjährlich Act/360	Jährlich 360/360
USD	-2	Halbjährlich Act/360	Jährlich Act/360

Tabelle 2-4: Usancen für EUR- und USD-Swaps

Mit Fixing-Lag ist der zeitliche Abstand zwischen dem Beginn der Zinslaufzeit und der Zinsfestsetzung in Arbeitstagen gemeint; minus 2 bedeutet also die Verwendung des zwei Tage vor dem Beginn der Zinslaufzeit festgestellten Euribor-Satzes für die entsprechende Laufzeit. Dafür werden im Standard die 6 Monate verwendet, häufig auch 3 Monate, selten der Monat oder die 12 Monate (zur Tageszählweise → 1.2.1). Die Standardusancen sind durchaus nicht unausweichlich festgeschrieben, im Gegenteil, davon wird nicht selten abgewichen, z.B. in Form halbjährlicher Zinszahlungen auf der Fixseite oder Änderungen in der Tageszählweise. Sie bezeichnen lediglich den Standard, falls nichts anderes abgesprochen wird. Abweichungen können allerdings auch Preisanpassungen erfordern, um eventuelle wirtschaftliche Vor- und Nachteile zu kompensieren.

Tabelle 2-5 zeigt die von einem Makler über den Nachrichtendienst Reuters verbreiteten Marktkonditionen für Zinsswaps (IRS - Interest Rate Swaps) für verschiedene Währungen. Bemerkenswert ist, wie gering die Geld-Brief-Spanne inzwischen geworden ist und wie lange die Laufzeiten sind.

Wir wollen uns in die Lage des Swaphandels versetzen, dessen Aufgabe es ist, auf Anfrage jederzeit Preise zu nennen, die auf unserer Zinskurve C-1 basieren. Unsere Verdienstspanne besteht

> *Quotierung (engl. quote):* Nennung von Kauf- und Verkaufskursen auf Anfrage

darin, daß wir 2 bp weniger zahlen, aber 2 bp mehr verlangen als unsere Musterkurve. Die Geld-Brief-Spanne (bid-offer-spread) beträgt also 4 Basispunkte.

> *Market Maker:* derjenige, der Quotierungen abgibt

```
FullQuote – RSFRecord CKLUX

15:54 22MAY02      CARL KLIEM LUXEMBOURG        LU28021         CKLUX
**** USD IRS ******|**** EURO IRS ****|**** GBP IRS ****|**** CHF IRS *******|
17:56    ACT/360   |17:49  30/360     |16:59 Ann ACT/365|10:45   30/360
```

	USD IRS (ACT/360)	EURO IRS (30/360)	GBP IRS (Ann ACT/365)	CHF IRS (30/360)
2 YR	3.550-3.590	4.410-4.440	5.21-5.24	2.310-2.350
3 YR	4.125-4.165	4.645-4.675	5.40-5.43	2.620-2.660
4 YR	4.520-4.560	4.815-4.855	5.49-5.52	2.840-2.880
5 YR	4.810-4.850	4.960-5.000	5.53-5.56	3.010-3.050
6 YR	5.040-5.080	5.080-5.120	5.55-5.58	3.160-3.200
7 YR	5.215-5.255	5.175-5.215	5.56-5.59	3.280-3.320
8 YR	5.360-5.400	5.255-5.295	5.57-5.60	3.390-3.430
9 YR	5.485-5.525	5.320-5.360	5.57-5.60	3.480-3.520
10 YR	5.585-5.625	5.370-5.410	5.58-5.61	3.560-3.600
12 YR	5.750-5.790	5.450-5.490	5.58-5.61	3.690-3.730
15 YR	5.940-5.980	5.535-5.575	5.57-5.60	3.810-3.850
20 YR	6.075-6.115	5.620-5.660	5.51-5.54	3.900-3.940
25 YR	6.095-6.135	5.630-5.670		3.920-3.960
30 YR	6.110-6.150	5.610-5.650	5.37-5.40	3.890-3.930

```
**************************** 40 YR | 5.560-5.600 ** EURO MM SWAPS *|*** USD MM SWAPS ***|
                            50 YR | 5.520-5.560       17:40       |      17:56
2YJUN 3.68                        | ****** BU:90 B0:89 3M AG  3.42-3.46| 3M AG 1.83-1.87
2YSEP 4.095                       | 1 YR  4.025       6M AG  3.56-3.60| 6M AG 2.00-2.04
2YDEC 4.48   CL                   | 2 YR  4.430       9M AG  3.74-3.78| 9M AG 2.25-2.29
--www.carlkliem.lu--              | 3 YR  4.675       1Y AG  3.90-3.94| 1Y AG 2.53-2.57
********* IRS Phone +352-459595 Fax 459765 /  Reuter Dealing <CKDP> ************
```

Tabelle 2-5: Zinsswap-Konditionen vom 22.05.2002

Jahre	Quotierung
1	3,98 - 4,02
2	4,48 - 4,52
3	4,98 - 5,02
4	5,38 - 5,42
5	5,73 - 5,77
6	5,98 - 6,02
7	6,18 - 6,22
8	6,33 - 6,37
9	6,43 - 6,47
10	6,48 - 6,52

Tabelle 2-6: Swap-Quotierungen

Greifen wir als Beispiel die Laufzeit 2 Jahre heraus, so sind wir als Market Maker bereit,

- den festen Satz von 4,48% zu zahlen gegen Euribor, bzw.
- den festen Satz von 4,52% zu empfangen gegen Euribor.

Was bedeutet das genau? Spielen wir dazu folgendes durch:

Beispiel 2-4
Wir erhalten eine Kundenanfrage nach der Laufzeit 2 Jahre. Unsere Anwort (ohne Kenntnis, ob der Kunde den Festzins zahlen oder empfangen will): 4,48-4,52%. Der Kunde kann nun wählen, ob er den Festzins zahlen oder empfangen will für einen handelsüblichen Betrag.[1]

---

[1] Voraussetzung ist natürlich, daß eine entsprechende Bonität gegeben ist. In Bankersprache: Es muß eine (Kredit-),Linie' vorhanden sein.

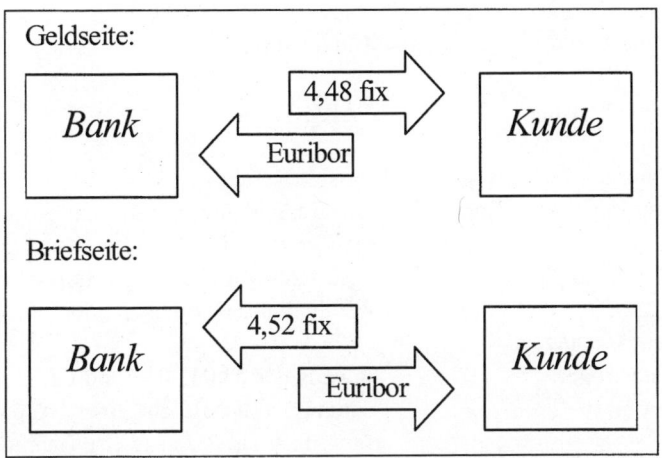

Abbildung 2-5: Geld- und Briefseite bei Swapquotierungen

Wir wollen den Fall weiterverfolgen, daß der Kunde den Festzins zahlt für einen Betrag von € 100 Mio. Der entsprechende Vertrag könnte dann etwa folgendes Aussehen haben:

Swapabschluß

Sehr geehrte Damen und Herren,

wir bestätigen Ihnen den am 03.03.2003 erfolgten telefonischen Abschluß eines Zinsswaps auf der Grundlage unseres Rahmenvertrages vom 8.8.88. Für diesen Einzelabschluß gelten die folgenden Regelungen und Begriffsbestimmungen:

Abschlußdatum:	28.02.2003
Anfangsdatum:	03.03.2003
Enddatum:	03.03.2005

Vertragswährung: Euro
Bezugsbetrag: 100.000.000.-

Bankarbeitstag: TARGET-Days

Zahler der Festbeträge: Muster-Kunde
Höhe der Festbeträge: Die Berechnung erfolgt gemäß Rah-
                            menvertrag auf der Grundlage des
                            Festsatzes von 4,52% p.a. unter An-
                            wendung des Quotienten 360/360.
Fälligkeitstage der
Festbeträge: Jeweils der 03.03.2004 und das End-
                            datum, vorbehaltlich einer Anpas-
                            sung nach Nr. 3 Abs. 5 des Rahmen-
                            vertrages gemäß Variante folgender
                            Bankarbeitstag modifiziert.

Zahler der
variablen Beträge: Muster-Bank
Variabler Satz: Euribor-Satz
Fälligkeitstage für
variable Beträge: Der 03.09.2003, der 03.03.2004 und
                            der 03.09.2004 sowie der 03.03.2005
                            vorbehaltlich einer Anpassung ge-
                            mäß der Variante folgender Bankar-
                            beitstag modifiziert.

Berechnung der
variablen Beträge: Die   Berechnung   erfolgt   unter
                            Anwendung des Quotienten 365/360.

Die Zahlungen werden abgewickelt über .....
Wir bedanken uns für den Abschluß...

Einige Details des Swapvertrages benötigen Erläuterung:

☐ Der *Rahmenvertrag* enthält Definitionen aller wesentlichen technischen Begriffe und regelt Verfahrensfragen bei Nichterfüllung (Jahn [1997]). Der handfeste wirtschaftliche Vorteil seiner Benutzung liegt darin, daß im Konkursfall, sofern vereinbart, alle einbezogenen Abschlüsse als eine wirtschaftliche Einheit behandelt und damit potentiell Kompensationen zwischen positiven und negativen Bewertungen vorgenommen werden können. Meist wird der vom Bankenverband bereitgestellten Rahmenvertrag verwendet, auch die darauf basierenden Einzelabschlüsse sind weitgehend standardisiert.

☐ Die Bezeichnung des Volumens als *,nominalen Bezugsbetrag'* macht deutlich, daß dieser lediglich als Basis einer Rechenoperation zur Bestimmung der Zinsbeträge dient, nicht aber selbst ausgetauscht wird.

☐ Die präzise Festlegung der Valutierungen der Zahlungen erfordert, insbesondere im internationalen Geschäft, die Definition des Begriffes *,Bankarbeitstag'*. Standard sind hier für Euro die Tage, an denen das Abrechnungssystem TARGET arbeitet. Dieses ist derzeit außer an den Wochenenden nur am ersten Weihnachtsfeiertag sowie am Neujahrstag nicht operabel.

☐ Ferner ist zu regeln, wie verfahren wird, falls ein Zahltag auf einen Nicht-Bankarbeitstag fällt. Die häufigste Variante ist hier die Regel *,folgender Bankarbeitstag modifiziert* (modified following)': Es wird der nächstfolgende Arbeitstag, falls dieser in einem neuen Monat liegt, der vorhergehende verwendet. Der Zinsbetrag wird (anders als bei festverzinslichen Wertpapieren) an die geänderte Laufzeit angepaßt.

Noch einmal: Die Einzelheiten sind keineswegs unabänderlich, sondern verhandelbar zwischen den Vertragsparteien. Wir haben die Standardvariante behandelt und sind damit nun in der Lage, den Zahlungsstrom zu bestimmen.

2.4.3   Zahlungsstruktur

Obwohl lediglich Zinszahlungen auf den sogenannten nominalen Bezugsbetrag ausgetauscht werden, kann man sich die Zahlungsstruktur so vorstellen, als ob die Nominalbeträge ausgetauscht würden. Dies erleichtert insofern den Zugang und später auch die Bewertung, als auf bekannte bilanzwirksame Instrumente zurückgegriffen werden kann. Dies bedeutet, daß die beiden Teile des Swaps (der Fixteil und der Floating-Teil, häufig ‚legs‘ genannt) gedanklich behandelt werden, als entsprächen sie:

- einem Festsatz-Wertpapier sowie
- einem Floater mit einem Coupon von Euribor.

Bleiben wir bei unserem Ausgangsbeispiel und interpretieren die Vorzeichen aus Sicht der Bank:

☐ Betrag: € 100 Mio.

☐ Laufzeit: 2 Jahre

☐ Kunde zahlt: 4,52% fix

☐ Wir zahlen: 6-Monats-Euribor

Der Zahlungsstrom hat das in Abbildung 2-6 dargestellte Aussehen. Auf beiden Seiten ist der Nominalbetrag in Klammern einbezogen. Man erkennt unschwer, warum dies unkritisch ist: die fiktiven Zahlungen kompensieren sich. Wir bleiben aus den genannten Gründen bei der ‚Bruttodarstellung‘ und werden hinfort auch die Klammern weglassen.

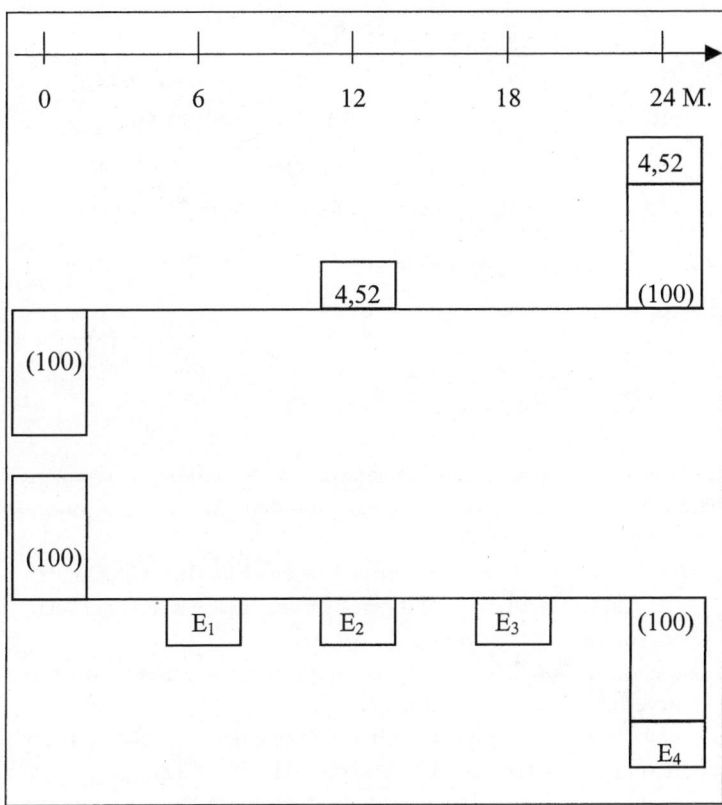

Abbildung 2-6: Zahlungsstruktur eines 2-jährigen Zinsswaps

Der Zahlungsstrom auf der Fixseite ist fest definiert, auf der Floatingseite ist bei Abschluß nur der erste Euribor-Satz bekannt, die folgenden drei werden im Abstand von 6 Monaten festgestellt und nachschüssig gezahlt (Tabelle 2-7).

Euribor	Zins-Feststellung (Fixing)	Zahlung
E_1	Laufzeitbeginn (-2 Tage)	nach 6 Monaten
E_2	nach 6 Monaten (-2 Tage)	nach 12 Monaten
E_3	nach 12 Monaten (-2 Tage)	nach 18 Monaten
E_4	nach 18 Monaten (-2 Tage)	nach 24 Monaten

Tabelle 2-7: Fixing und Zahlung der Euribor-Sätze bei Swaps

2.4.4 Swapbewertung

Zur Bewertung von Swaps existieren zwei Methoden, die zum gleichen Ergebnis führen, obwohl sie vom Ansatz sehr unterschiedlich sind:

1. Die Bewertung über die Terminzinsen: Für die unbekannten zukünftigen Euribor-Zahlungen werden die FRAs angesetzt. Die Nominalbeträge bleiben außer Ansatz.
2. Bewertung von Fix- und Floatingseite mit der Zero-Coupon-Kurve inklusive der Nominalbeträge.

Die erste Variante ist universeller verwendbar. Der Vorteil der zweiten liegt in der Anschaulichkeit, da die beiden ‚legs' des Swaps wie entsprechende On-Balance-Geschäfte bewertet werden können. Beide sollen vorgestellt, die zweite dann weiter verwendet werden.

1. Methode: Bewertung über die Forward-Kurve

Ohne die Nominalbeträge hat der Cash-Flow-Plan unseres Beispiels folgendes Aussehen:

Monat	Fix-Seite	Floating-Seite
6		$-E_1$
12	+4,52	$-E_2$
18		$-E_3$
24	+4,52	$-E_4$

Tabelle 2-8: Zahlungsstrom eines Swaps ohne Nominalbetrag

Die Bewertung erfolgt in den Schritten:
- Die unbekannten Euriborsätze 2 - 4 werden durch die entsprechenden FRA-Sätze ersetzt.
- Der Barwert der Floating-Seite wird gebildet durch die Diskontierung mit den Zero-Coupon-Sätzen.
- Die beiden Zahlungen auf der Fixseite werden ebenfalls mit der Zero-Coupon-Kurve diskontiert und dadurch deren Barwert berechnet.
- Der Gesamtwert des Swaps ist die Summe der beiden Barwerte.

Um z.B. den fairen Coupon-Satz für eine Laufzeit von 2 Jahren mit dieser Methode zu berechnen, muß gelten:

Barwert der Fixseite = Barwert der Floatingseite

$$C*D_{12} + C*D_{24} = E_1 * D_6 + F_{6:12} * D_{12} + F_{1218} * D_{18} + F_{1824} * D_{24}$$

mit $F_{t-i:t}$ als FRA-Satz für die zukünftige Laufzeit von t-i bis t.
Nach C gelöst ergibt sich:

$$C = \frac{E_1 * D_6 + F_{6:12} * D_{12} + F_{12:18} * D_{18} + F_{18:24} * D_{24}}{D_{12} + D_{24}}$$

2. Methode: Bewertung inklusive der Nominalbeträge

Mit den Nominalbeträgen ergibt sich folgender Cash-Flow:

Monat	Fix-Seite	Floating-Seite
0	-100	+100
6		$-E_1$
12	+4,52	$-E_2$
18		$-E_3$
24	+4,52+100	$-E_4$-100

Tabelle 2-9: Zahlungsstrom eines Swaps mit Nominalbetrag

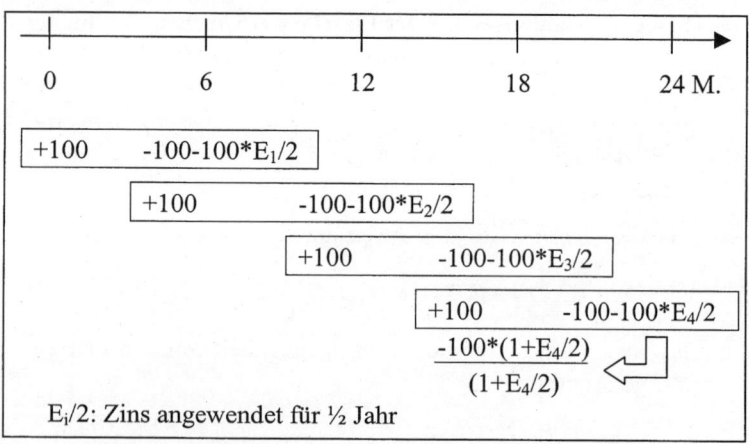

$E_i/2$: Zins angewendet für ½ Jahr

Abbildung 2-7: Bewertung der Floating-Seite von Swaps

Der Wert des Zahlungsstrom der Fix-Seite kann mit bereits bekannten Methoden berechnet werden. Zur Bewertung der Floating-Seite, die derjenigen einer *Floating Rate Note (FRN, Floater)* in Wertpapierform entspricht, zerlegen wir unsere Laufzeit von 2

Jahren in vier 6-Monatsperioden, um sie einzeln analysieren zu können (Abbildung 2-7). Dazu stellen wir uns vor, daß der Betrag wie bei einem Roll-Over-Kredit nach jeder Halbjahresperiode zurückgezahlt und revolvierend neu angelegt bzw. aufgenommen wird. Die Bewertung erfolgt rekursiv mit der letzten Tranche beginnend.

Versetzen Sie sich in die Lage des Geldhandels einer erstklassigen Bank, die sich jederzeit zu Interbankenkonditionen (Euribor) refinanzieren kann. Wenn heute eine andere Bank verspricht, in 18 Monaten Geld für 6 Monaten bei Ihnen zum dann gültigen 6-Monats-Euribor anzulegen: Was ist der Barwert dieses Versprechens? Die intuitive Anwort ist hier richtig: nichts, der Barwert ist null; es ist weder Gewinn noch Verlust entstanden, da nach 18 Monaten die gleiche Transaktion auch ohne vorherige Absprache getätigt werden könnte. Dahinter steht allerdings die Annahme, daß sich die Bonität Ihrer Bank und damit die Refinanzierungsmöglichkeiten inzwischen nicht verändert haben. Technisch ausgedrückt: Es darf kein Spread bzw. keine Spreadänderung vorliegen.

Da der zukünftige Geldmarktsatz unbekannt ist, könnte er durch den 18x24-FRA-Satz ersetzt und dann der Zahlungsstrom der vierten Tranche auf den heutigen Zeitpunkt diskontiert werden - mit dem Ergebnis eines NPV von null. Man könnte auch die Zahlung im Monat 24 diskontieren auf den Monat 18 mit dem für diese Laufzeit gültigen Zins E_4, der zwar unbekannt, aber dennoch als Rechengröße verwendbar ist. Dann würde mit dem gleichen Satz auf- wie abgezinst; der auf den Monat 18 diskontierte Wert der Zahlung im Monat 24 ergibt -100, der Gesamtwert der vierten Tranche ist offensichtlich null. Damit läßt sich das Feld von hinten aufrollen, auch die dritte und die zweite Tranche können vernachlässigt werden. Fazit: Der Barwert aller zukünftigen variablen Zinsperioden ist null; sie können daher bei der Bewertung vernachlässigt werden, sofern kein Spread (Auf- oder Abschlag) gegenüber Euribor besteht.

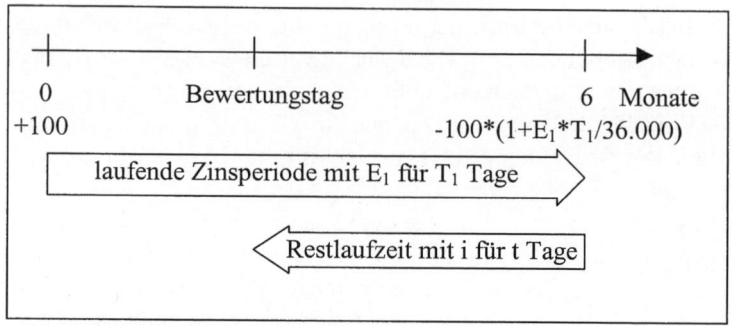

Abbildung 2-8: Bewertung einer laufenden Roll-Over-Periode

Die einzige Periode, für die das im allgemeinen nicht gilt, ist die aktuelle. Aus zwei Gründen: Für eine bereits laufende Zinsperiode
- ergibt sich ein Zeiteffekt;
- kann sich der Bewertungszins nach dem Fixing ändern.

Der Wert einer laufenden Zinsperiode, wie er sich an einem beliebigen Bewertungstag darstellt, ergibt sich gemäß unserer Bruttobetrachtung als Rückzahlung des Nominalbetrages, verzinst mit E_1 für T_1 Tage, diskontiert mit dem aktuellen Zins i für die Restlaufzeit von t Tagen:

$$100 \; - \; \frac{100 \; * (1 + \dfrac{E_1 * T_1}{36.000})}{1 + \dfrac{i * t}{36.000}}$$

Dieser Barwert wird allenfalls am Tag der Zinsfestsetzung null oder nahe null sein ($\rightarrow$ Abbildung 2-10). Selbst im Extremfall einer flachen und konstanten Zinskurve kommt der Effekt der Reduzierung der Restlaufzeit ins Spiel mit der Wirkung, daß der unveränderliche Zahlungsstrom im Zähler mit einem geringeren Faktor im Nenner diskontiert und dadurch der NPV in unserem Beispiel negativ wird. Hier kommt indirekt zum Ausdruck, was bei Wertpapieren Stückzinsen genannt wird: Anteilige Zinsen für den abgelaufenen Teil der Zinsperiode, allerdings im Gegensatz zu Wertpapieren hier diskontiert.

Wenden wir uns der Bewertung nach der Methode der Einbeziehung der Nominalbeträge im Detail zu, wie sie im Arbeitsblatt 'bew-0' vorbereitet ist. Machen wir uns zunächst mit dessen Inhalt vertraut. Ein Vorschlag: Kopieren Sie sich dieses Arbeitsblatt für jede Aufgabe neu, um ein unmodifiziertes Original zu behalten.[1]

Anmerkungen zum File Bew-0:
(1) Die Eingabefelder für Zinssätze sind [C3-C4] für Geldmarktsätze, [C5-C16] für Future-Kurse sowie [C17-C23] für die Swapkurve für Laufzeiten ab 4 Jahren.
(2) Die genauen Laufzeiten sind eingegeben in [O5-O24].
Heutiges Datum: 28.02.2003
Valutierung: 03.03.2003
(3) Die Errechnung der Zinskurve aus den Euro-DM-Futures erfolgt in [Z2-AJ16].
(4) Die Umrechnung der Coupon-Kurve in eine Zero-Coupon-Kurve erfolgt in [AM3-AR14].
(5) Die Ergebnisse aus den Schritten 3 und 4 werden zu Zinskurven zusammengefaßt, bei denen jedem Zinssatz eine Anzahl von Tagen zugeordnet wird. Die Coupon-Kurve für die Zinsrechnung 360/360 stehen in [P3-P24] und für die Geldmarktzinsrechnung in [Q3-Q24]. Diskontiert wird mit den Jahreseffektivzinsen in Spalte [U] bzw. [W].
(6) Die Interpolation für gebrochene Laufzeiten wird wie folgt durchgeführt (am Beispiel der Fixseite):
a) Im Bereich [K31-N50] werden für die in Spalte [B] eingegebene Valutierung zwei Laufzeiten in Tagen sowie zwei Zinssätze aus dem Bereich [U3-V24] gesucht.

---

[1] Gehen Sie dazu mit dem Cursor in der unteren Führungsleiste auf ‚bew-0' und drücken Sie die rechte Maustaste. Entsprechend können Sie die kopierte Version umbenennen.

b) Diese Zwischenergebnisse werden in [I] linear tagegenau
   interpoliert.

(7) Die Eingabe der Cash-Flows erfolgt im Bereich [C31-C50] für
    die Fixseite und entsprechend ab [C59] für die Floatingseite.
    Dabei enthält die Spalte [C] den (fiktiven) Cash Flow; die
    Spalte [D] den am Ende der jeweiligen Periode ausstehenden
    Betrag als Basis für die Berechnung des Zinsbetrages. Die
    Spalten [E-G] enthalten Zwischenrechnungen für den Zinsbe-
    trag, wobei der Coupon in [F30] bzw. [F58] eingegeben wird.
    Der gesamte Cash-Flow erscheint in Spalte [H] als Summe
    aus [C] und [G].

(8) In Spalte [J] wird für jede Zahlung der Barwert berechnet und
    in [J30] für die Fixseite und entsprechend in [J58] für die Flo-
    atingseite aufsummiert.

Beispiel 2-5
Mit Hilfe des Arbeitsblattes (Abbildung 2-9) ist der Zinssatz für
den folgenden Swap zu bestimmen:

☐ Betrag: € 100 Mio.
☐ Laufzeit: 2 Jahre

Dazu sind folgende Eingaben zu machen: Der Nominalbetrag auf
der Fixseite in Spalte [C] beträgt –100 Mio. am 03.03.2003 und
+100 Mio. am 03.03.2005. Der Zinssatz im Feld [F30] ist mit Hilfe
der Zielwertsuche so zu bestimmen, daß der Nettobarwert im Feld
[J30] null wird. Das Ergebnis von 4,50% entspricht natürlich unseren Vorgaben, betrachten wir es als Kontrollrechnung.

Beispiel 2-6
Stellen wir uns vor, wir haben auf der Basis der vorherigen Berechnung eine Quotierung von 4,48 – 4,52% abgegeben und einen
Abschluß mit 4,52% getätigt (wie Beispiel 2-4). Diesen gilt es
nunmehr zu bewerten. Dazu ist über die bisherigen Eingaben hinaus die Floating-Seite einzubeziehen mit +100 Mio. im Feld [C59]

und –100 Mio. im Feld [C60] sowie einem Zins von 3,5625%, dem aktuellen 6-Monats-Euribor, in [F58]. Beachten Sie, daß

- die Nominalbeträge auf Fix- und Floatingseite immer gegenläufige Vorzeichen haben müssen, da ein Zinsstrom gezahlt, der andere empfangen wird;
- auf der Floatingseite nur die laufende, in diesem Fall erste, Zinsperiode einzubeziehen ist, sofern kein Spread besteht.

Der Wert des Swaps beträgt aus Sicht der Bank € 36.595 auf der Fixseite und € 1.118 auf der variablen. Die Summe (€ 37.713), der Gesamtwert, stellt die Gebühr dar, die die Gegenpartei indirekt für die Dienstleistung des Swaphandels zahlt.

Wie kommen die Zahlen zustande? Der Kunde zahlt einen Festsatz, der 2 bp über der zur Bewertung benutzten Marktmitte von 4,50% liegt. In absoluten Zahlen macht dies auf € 100 Mio. einen Vorteil von € 20.000 pro Jahr; ein Barwert von unter € 40.000 ist also plausibel. Warum aber entsteht auf der variablen Seite bei Abschluß ein Verlust, wo doch der Marktsatz Euribor von uns gezahlt wird? Die Antwort liegt in unserer Methode der Herleitung von Bewertungszinsen aus den Euribor-Futures, die nicht unbedingt exakt mit den Sätzen der physischen Geldmärkte übereinstimmen.[1] Unser 6-Monatszins beträgt zwar 3,5896% [AD6], aber bis zum 17.09.2003. Für unseren 03.09.2003 ergibt sich aus der Zielwertsuche ein Wert von 3,5647%. Der positive Barwert macht klar, daß wir mit 3,5625% etwas weniger zahlen, als diese Laufzeit wert ist.

---

[1] Die Abweichungen bleiben normalerweise in einer Bandbreite, die eine Arbitrage aufgrund der Transaktionskosten unattraktiv macht. Außergewöhnliche Situationen wie die EWS-Währungskrise im Sommer 1992 können allerdings die enge Verbindung zwischen den physischen und den Terminmärkten für kurze Zeit außer Kraft setzen. Die Abweichungen betrugen für einige Stunden bis zu einem halben Prozent. Auch der Jahresultimo hat auf die Geldmärkte eine erhebliche Wirkung, die die Terminmärkte beachten müssen.

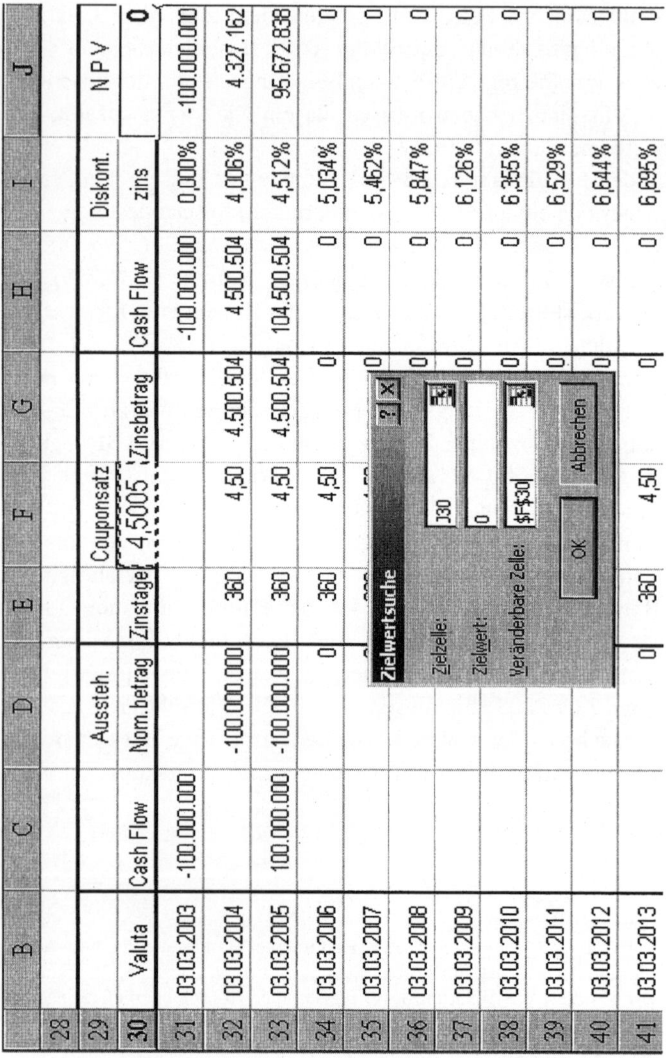

		Aussteh.		Couponsatz				Diskont.	
	Valuta	Cash Flow	Nom.betrag	Zinstage	4,5005	Zinsbetrag	Cash Flow	zins	N P V
30									0
31	03.03.2003	-100.000.000	-100.000.000				-100.000.000	0,000%	-100.000.000
32	03.03.2004		-100.000.000	360	4,50	4.500.504	4.500.504	4,006%	4.327.162
33	03.03.2005	100.000.000	-100.000.000	360	4,50	4.500.504	104.500.504	4,512%	95.672.838
34	03.03.2006		0	360	4,50	0	0	5,034%	0
35	03.03.2007					0	0	5,462%	0
36	03.03.2008					0	0	5,847%	0
37	03.03.2009					0	0	6,126%	0
38	03.03.2010					0	0	6,355%	0
39	03.03.2011					0	0	6,529%	0
40	03.03.2012			360	4,50	0	0	6,644%	0
41	03.03.2013		0			0	0	6,895%	0

Zielwertsuche [?][X]

Zielzelle: J30
Zielwert: 0
Veränderbare Zelle: F30

OK   Abbrechen

Abbildung 2-9: Berechnung von Swapsätzen

	B	C	D	E	F	G	H	I	J
28									
29			Aussteh.		Couponsatz			Diskont.	NPV
30	Valuta	Cash Flow	Nom.betrag	Zinstage	4,5200	Zinsbetrag	Cash Flow	zins	**36.595**
31	03.03.2003	-100.000.000					-100.000.000	0,000%	-100.000.000
32	03.03.2004		-100.000.000	360	4,52	4.520.000	4.520.000	4,006%	4.345.907
33	03.03.2005	100.000.000	-100.000.000	360	4,52	4.520.000	104.520.000	4,512%	95.690.688
34	03.03.2006		0	360	4,52	0	0	5,034%	0
57			Aussteh.		Couponsatz			Diskont.	NPV
58	Valuta	Cash Flow	Nom.betrag	Zinstage	3,5625	Zinsbetrag	Cash Flow	zins	**1.118**
59	03.03.2003	100.000.000					100.000.000	0,000%	100.000.000
60	03.09.2003	-100.000.000	100.000.000	184	3,56	-1.820.833	-101.820.833	3,647%	-99.998.882
61	03.03.2004		0	182	3,56	0	0	4,004%	0

Abbildung 2-10: Swapbewertung

2.4.5 Anwendungsbeispiele

Die Motive zum Abschluß von Swapgeschäften können wie generell für Derivate aus Sicht der Kreditinstitute sein:

- Die Erzielung von Erträgen im Kundengeschäft durch Provisionseinnahmen bei börsengehandelten Produkten bzw. von ,bid-offer-spreads' im OTC-Geschäft.
- Die Verbilligung der eigenen Refinanzierung bzw. seltener die Verbesserung des Anlageerfolges.
- Die Nutzung der entsprechenden Möglichkeiten, um Emissionen für Kunden zu führen.
- Die Erzielung von Handelserträgen durch
  - Arbitrage zwischen verschiedenen Märkten,
  - Eigenhandel.

Grundsätzlich ist für derivative Produkte im Vergleich zu konventionellen hervorzuheben:

- Die Transaktionskosten sind niedriger.
- Die Separierung einzelner Risiken wird erleichtert.
- Die Märkte sind liquider.
- Die Produkte haben oft eine Hebelwirkung.

Bleiben wir aber bei der wichtigsten Einsatzmöglichkeit für Swaps, der Umstrukturierung von Zinsrisiken und betrachten wir zwei Beispiele zum Einsatz im Unternehmensbereich.

Beispiel 2-7

Ein Unternehmen hat vor einem Jahr einen Festzinskredit zu 6,25% aufgenommen für eine Laufzeit von 6 Jahren. Aufgrund der heutigen Marktlage möchte man jedoch an den niedrigen Geldmarktsätzen partizipieren und lieber variabel verzinslich schulden. Zwei Alternativen sind denkbar:

1. Vorzeitige Tilgung des Festzinskredites und Neuaufnahme eines variabel verzinslichen Roll-Over-Kredites.

2. Umstrukturierung des Zinsänderungsrisikos durch Abschluß eines Zinsswaps auf der Basis der Quotierungen gemäß Tabelle
2-6.

Die erste Alternative dürfte im Normalfall teurer sein aus Gründen, die wir anhand des nächsten Beispiels noch besprechen wollen; analysieren wir also die zweite (Abbildung 2-11).

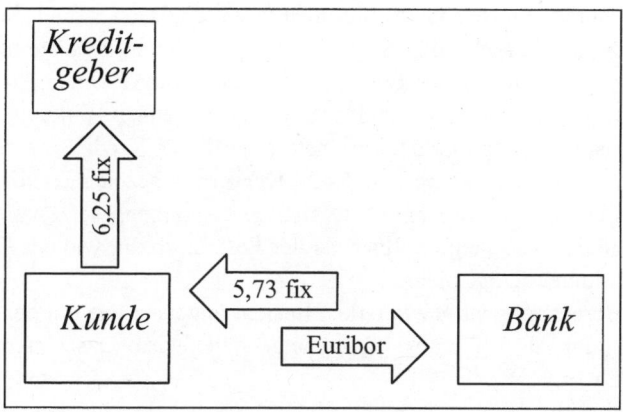

Abbildung 2-11: Zinsswap zur Umstrukturierung von Zinsrisiken

Die Unternehmung sucht sich einen Swap-Partner, der den festen
Zins (5,73%) zahlt gegen Euribor. Der ursprüngliche Kredit bleibt
bestehen, es gibt auch keine rechtliche Verbindung zwischen ihm
und dem Swap, ja der Swappartner muß nicht einmal von der Existenz des Kredites erfahren. Daraus ergeben sich folgende Effektiv-
kosten für das Unternehmen:

Unternehmen	zahlt	6,25% fest	Kredit
	empfängt	5,73% fest	Swap
	zahlt	Euribor	Swap
	zahlt	Euribor + 0,52%	effektiv

Tabelle 2-10: Swapergebnis (Näherungslösung)

Das Unternehmen zahlt weiterhin die Kreditzinsen, erhält davon 5,73% aus dem Swap ‚erstattet', die Differenz ergibt näherungsweise den Spread über Euribor. Die beabsichtigte Umstrukturierung der Zinsrisiken ist erzielt worden mit folgenden Wirkungen:

☐ Aus einem fest- ist ein variabel verzinslicher Kredit geworden, den man als synthetischen Roll-Over-Kredit bezeichnen könnte, da er aus zwei getrennten Geschäften zusammengesetzt wurde.

☐ Dieser ist so lange billiger als der Festzinskredit, wie der Euribor unter 5,73% bleibt.

Die Berechnung ist in zweierlei Hinsicht ungenau, wie mit der Bezeichnung als Näherungslösung angedeutet wird. Das Unternehmen:

☐ zahlt auf der Festseite netto 0,52% aus, da der Swapmarkt für die (Rest-) Laufzeit von 5 Jahren niedriger ist als der Festsatz für den Kredit. Dieser Spread hat

⇒ den Zahlungsrhythmus: jährlich,

⇒ die Tageszählweise : 360/360;

☐ zahlt auf der Floatingseite (und damit als Basis für die effektive Zinsbelastung für den Kredit) Euribor. Dieser hat

⇒ den Zahlungsrhythmus: halbjährlich,

⇒ die Tageszählweise: 365/360.

Der Euribor als Basis für die effektive Zinsbelastung auf den Kredit und der Spread können also nicht ohne weiteres addiert werden, da sie unterschiedliche Zahlungsrhythmen und Tageszählweisen haben. Die Umrechnung erfolgt, indem man[1]

☐ den zu bestimmenden annualisierten Spread x fiktiv für ein halbes Jahr wieder anlegt mit dem laufzeitgemäßen Zins:

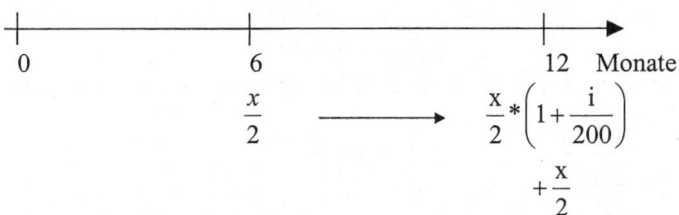

Für i = 5,75% ergibt sich:

$$\frac{x}{2} + \frac{x}{2}*\left(1+\frac{5,75}{200}\right) = 52 \rightarrow x*\left(\frac{1}{2}+\frac{1}{2}*1,02875\right) = 52$$

$$x = \frac{52}{1,014375} = 51,26$$

☐ die Zinsrechnungsart umrechnet: 51,26 *360/365 =50,56.
Die Näherungsrechnung liegt also etwa 1,5 bp daneben. Zu hoch deshalb, weil wir mit dem Euribor-Spread eine halbjährliche Zahlung mit 365 Zinstagen pro Jahr suggerieren. In Wirklichkeit fällt die Differenz der beiden Festzinsen aber nur einmal im Jahr mit 360 Zinstagen an.
Die Ungenauigkeit der einfachen Rechnung ist offensichtlich proportional zur Höhe des Spreads, so daß man die Faustregel aufstellen kann: Sie ist hinreichend genau für Spreads im einstelligen Bereich.

---

[1] Auch diese Umrechnung ist nicht perfekt, wie wir im Abschnitt 1.2.2 festgestellt haben, liefert aber brauchbare Ergebnisse.

Beispiel 2-8

Versetzen Sie sich in die Lage des Finanzchefs eines Unternehmens, das sich für 5 Jahre zu festen Zinsen finanzieren möchte. Sie haben zwei Alternativen identifiziert:

1. Festsatzkredit zu 6,30%
2. Eurokredit plus Zinsswap (synthetischer Festsatzkredit) mit
   a) Eurokredit zu Euribor + 0,50%
   b) Zinsswap: Unternehmen zahlt fix 5,77% gegen Euribor

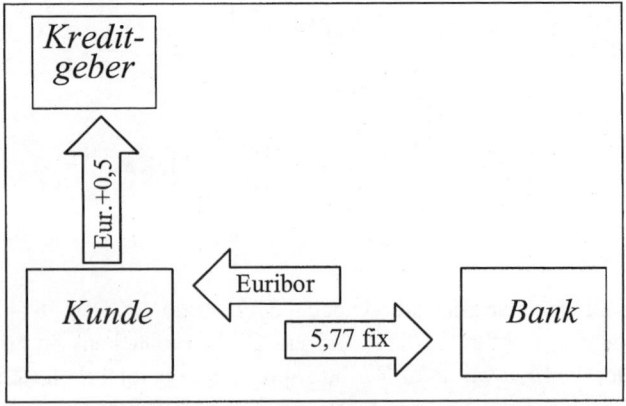

Abbildung 2-12: Synthetischer Festzinskredit

Die Konstruktion beinhaltet im Ergebnis eine Finanzierung zu festen Zinsen, der variable Geldmarktzins ist ein durchlaufender Posten, der vom Swappartner empfangen und an den Kreditgeber gezahlt wird (Abbildung 2-12). Nutzen wir diese Entscheidungssituation, um verschiedene Facetten konventioneller und derivativer Finanzkonstruktionen gegeneinander zu halten.

(1) Die erste und vielleicht wichtigste Frage ist die nach den *Kosten*. Diese sind bei der ersten Alternative vorgegeben; bei der zweiten sind sie zu berechnen:

Unternehmen	zahlt	Euribor + 0,5%	Kredit
	empfängt	Euribor	Swap
	zahlt	5,77% fest	Swap
	zahlt	6,27% fix	effektiv

Tabelle 2-11: Swapergebnis (Näherungslösung)

Die rechnerische Ungenauigkeit wird, so dürfen wir in Anlehnung an das vorherige Beispiel vermuten, bei etwa 1,5 bp liegen, da der Spread in der gleichen Größenordnung von einem halben Prozent liegt. Das korrekte Ergebnis wäre dann 6,285%, damit ist Alternative 2 etwas billiger.

Gibt es andere Argumente außer den Kosten, oder, um die Frage zuzuspitzen, welche Variante ist vorzuziehen bei gleicher Zinsbelastung?

(2) Das zweite Argument, um zwischen den Alternativen zu diskriminieren, ist die *Flexibilität*, die eine Rolle spielt, falls die getroffene Finanzierungsentscheidung potentiell an geänderte Rahmenbedingungen angepaßt werden soll, sei es, weil eine andere Zinsbindung gewünscht (wegen geänderter Zinseinschätzung) oder der Kredit gar vorzeitig abgelöst wird (z.B. aufgrund eines besser als erwarteten Cash Flows).

Konkret: Aus welcher Alternative kommt man leichter wieder heraus? Nehmen wir dazu an, diese Frage stelle sich nach einem Jahr und die Zinsen seien inzwischen um 1% gefallen. Die vorzeitige Tilgung bedeutet für:

☐ Alternative 1: Der Kreditgeber wird entgangene Zinsen in Höhe von etwa 1,5% p.a. in Rechnung stellen, die sich aus dem Zinsrückgang zuzüglich der entgangenen Marge zusammensetzen. Letztere ist in einer Höhe wie auch beim Euro-Kredit angenommen, d.h., der ‚Einstand' war ursprünglich bei 5,8%. Die Bank wird argumentieren, daß bei einer vorzeitigen Tilgung diese Mittel nur noch zu ca. 4,8% angelegt werden können, woraus sich ein zu kompensierender Schaden ergibt.[1]

☐ Alternative 2: Der variabel verzinsliche Kredit kann bei jeder Zinsanpassung getilgt werden. Dies folgt aus der juristischen Bestimmung des §609 BGB, ist aber auch ökonomisch insofern naheliegend, als kein Schaden aus der Tilgung entsteht, da ein neuer Kredit genau so verzinst würde wie der alte. Auf der Erfüllung des Swapvertrages wird die Gegenpartei allerdings bestehen, da sie einen Zinssatz empfängt, der 1% über dem neuen Marktniveau liegt. Der Swappartner wird folglich der Vertragsauflösung nur zustimmen, wenn er den Barwert von 1% p.a. als Ausgleich erhält.

Entsprechende Beispiele könnte man auch für steigende Zinsen aufbauen, die Ausgleichszahlung würde damit das Vorzeichen drehen. Als Ergebnis bleibt festzuhalten, daß die vorzeitige Tilgung bei Alternative 2 kostengünstiger zu bewerkstelligen ist.

(3) Manche Verträge für Euro-Kredite sehen unter gewissen Voraussetzungen die Möglichkeit vor, die *Kredit-Marge zu verändern*. Damit wäre der resultierende Zins nicht wirklich fest. Allerdings könnte ein Firmenkunde umgekehrt eine aufgrund des Wettbewerbs oder der Verbesserung seiner Bonität veränderte Lage auch zu seinen Gunsten nutzen.

(4) Im Derivategeschäft wenig erfahrene Unternehmen mögen die zweite Alternative als *umständlicher* empfinden. Es sind Verträge zu prüfen, durchlaufende Zinszahlungen zu überwachen usw. Bei einem mittelständischen Unternehmen mag das unangenehme Gefühl unnötigen Aufwands entstehen, während bei einem Großunternehmen mit entsprechender Erfahrung die Grenzkosten eines Swapgeschäftes gering sind.

---

[1] Die neuere Rechtsprechung legt Lösungen zwischen 1,0 und 1,5% nahe (Wenzel [1997]). Die vorzeitige Tilgung kann jedenfalls für Festzinskredite bis zu 10 Jahren nur mit Zustimmung des Gläubigers erfolgen.

(5) Der *Bilanzausweis* kann gegen die Alternative 2 sprechen, denn hier zeigt die Bilanz je nach Vertragsgestaltung eine kurzfristige Finanzierung. Die konventionelle Bilanzanalyse kann hier bei Ignoranz des außerbilanziellen Absicherungsgeschäftes zu ungünstigeren Ergebnissen kommen.

(6) Alternative 2 beinhaltet für die Unternehmung ein zwar kleines, aber immerhin wahrnehmbares *Ausfallrisiko*, denn sie hat bei steigenden Zinsen Anspruch auf eine Ausgleichszahlung, sofern der Swap aufgelöst wird.

2.4.6 Swapauflösung

Im vorherigen Abschnitt wurde die Flexibilität als einer der Vorteile der Derivate herausgestellt im Vergleich zu konventionellen Finanzierungsformen. Zinsswapgeschäfte können auf folgende Weise neutralisiert (im Sinne der Marktpreisrisiken) werden:

a) Es wird ein *Gegengeschäft* mit spiegelbildlichem Austausch der Zinsströme abgeschlossen.

b) Beide Parteien *lösen den Vertrag* in gegenseitigem Einvernehmen *auf.* Die Seite, zu deren Gunsten sich die Zinsen entwickelt haben, wird dem natürlich nur bei entsprechender Kompensation zustimmen.

c) Eine Partei gibt mit Zustimmung der zweiten alle Rechte und Pflichten an eine dritte Partei weiter, sie tritt ('verkauft') den Vertrag ab (*Assignment*). Auch hier wird ein (positiver oder negativer) Ausgleich des Marktwertes des Swaps stattfinden zwischen dem aus dem Vertrag austretenden und dem neu eintretenden Vertragspartner.

Gegen die erste Variante spricht, daß zwar die Marktpreisrisiken abgebaut, die Ausfallrisiken jedoch durch den Neuabschluß erhöht werden. Die Varianten b) und c) erfordern die Bewertung des bestehenden Geschäftes, der wir uns nun zuwenden.

Beispiel 2-9
Sie werden als Swaphändlerin von einem Ihrer Kunden gefragt, ob
und unter welchen Bedingungen Sie bereit sind, den folgenden
Swap aufzulösen:
- Betrag: € 100 Mio.
- Laufzeit: 10.06.2005
- wir erhalten: 5,5% fix
- wir zahlen: 6-Monats-Euribor, z.Zt. 4%
                     für die Laufzeit 10.12.2002-10.06.2003

(1) Die *Bewertung* führen wir wieder mit unserem (zuvor kopier-
ten) Arbeitsblatt 'bew-0' durch. Bei der Generierung des Zah-
lungsstroms ist zu beachten, daß bei der Auflösung keine Stückzinsen anfallen. Für den nächsten Zinstermin sind dennoch die jeweiligen Zinsbeträge in voller Höhe anzusetzen. Dazu sind die
entsprechenden Zinslaufzeiten einzugeben, auf der Fixseite also ab
dem 10.06.2002 und auf der Floating-Seite ab dem 10.12.2002.
Der Gesamtwert des Swaps von € 4.794.309 ergibt sich aus der
Summe der Barwerte von Fix- und Floating-Seite. Sind diese Zahlen in einer plausiblen Größenordnung? Wir erhalten einen Festzins von 5,5%; das Marktniveau für eine Restlaufzeit von 2 ¼ Jahren würde bei etwa 4,62% liegen, wenn wir linear zwischen dem
2- und dem 3-Jahreszins von 4,5% bzw. 5% interpolieren.
Der Barwert eines Vorteils von ca. 0,9% oder € 0,9 Mio. p.a. auf €
100 Mio. dürfte bei knapp € 2 Mio. liegen. Ferner ist zu beachten,
daß wir noch drei volle Zinszahlungen erwarten, obwohl die Restlaufzeit nur noch 2 ¼ Jahre beträgt. Die ,Stückzinsen' für die ver-
gangenen 9 Monate der laufenden Zinsperiode, diskontiert von Juni bis März, können wir mit etwa € 4 Mio. schätzen. Damit sind
wir in der Summe bei knapp € 6 Mio. – unser Ergebnis ist also
nachvollziehbar.

	B	C	D	E	F	G	H	I	J
28								Gesamtwert:	4.794.309
29			Aussteh.		Couponsatz			Diskont.	N P V
30	Valuta	Cash Flow	Nom.betrag	Zinstage	5,5000	Zinsbetrag	Cash Flow	zins	5.873.870
31	10.06.2002	-100.000.000					-100.000.000	0,000%	-100.000.000
32	10.06.2003		-100.000.000	360	5,50	5.500.000	5.500.000	3,498%	5.449.279
33	10.06.2004		-100.000.000	360	5,50	5.500.000	5.500.000	4,196%	5.220.358
34	10.06.2005	100.000.000	-100.000.000	360	5,50	5.500.000	105.500.000	4,629%	95.204.233
56									
57			Aussteh.		Couponsatz			Diskont.	N P V
58	Valuta	Cash Flow	Nom.betrag	Zinstage	4,0000	Zinsbetrag	Cash Flow	zins	-1.079.561
59	10.12.2002	100.000.000					100.000.000	0,000%	100.000.000
60	10.06.2003	-100.000.000	100.000.000	182	4,00	-2.022.222	-102.022.222	3,482%	-101.079.561
61	03.03.2004		0	267	4,00	0	0	4,004%	0

Abbildung 2-13: Swapauflösung

Aufgabe 2-4

Versuchen Sie, mit entsprechenden Überlegungen die Bewertung auf der variablen Seite zu überprüfen.

(2) Entspricht die Bewertung dem *Ausgleichsbetrag bei Auflösung*? Fast! Der Unterschied besteht darin, daß die Bewertung mit den Zinsen der Marktmitte vorgenommen wurde, der Auflösung wird die Bank aber vermutlich nur auf der Basis der Geld- und Briefkurse zustimmen, also mit einer ‚Bearbeitungsgebühr' von 2 Basispunkten.

(3) Wie hoch ist das *aktuelle Kontrahentenrisiko* (→ 1.6.1)? Es entspricht der aktuellen Bewertung. Wenn unser Kunde seinen vertraglichen Pflichten nicht nachkommt, haben wir einen Schaden in dieser Höhe.

(4) Angenommen, die Marktzinsen fallen: Wird das Ausfallrisiko größer oder kleiner? Der Swap wird um so wertvoller, je geringer die Bewertungszinsen. Man erkennt hier den Zusammenhang zwischen Marktpreis- und Kontrahentenrisiko.

(5) Unterstellt, die Marktzinsen ändern sich nicht: Wie ändert sich das Kontrahentenrisiko im Zeitablauf? Antworten wir vorsichtig: Es hängt davon ab. In der Tat spielen mehrere Effekte eine Rolle:

a) Den Einfluß der Zeit kann man sich in reiner Form am besten bei einer flachen Zinskurve vorstellen. Die Reduzierung der Restlaufzeit erhöht (absolut) den Barwert eines gegebenen Zahlungsstromes, da die Diskontierungsfaktoren größer werden.

b) Bei ansteigender (inverser) Zinskurve sinken (steigen) die Bewertungszinsen im Zeitablauf bei unverändertem Marktniveau. In unserem Beispiel führt dies zu einem Wertanstieg. Der Bewertungszins auf der Festseite, diese ist aufgrund der Laufzeit dominierend, sinkt um ca. 1 bp pro Woche, da der Abstand zwischen dem Zins für 2 und 3 Jahre 50 bp beträgt.

c) Von beträchtlichen Einfluß sind natürlich die Zinstermine. Unser Swap sinkt am 10.06.2003 um € 3,5 Mio. im Wert, da wir in dieser Höhe netto Zinsen erhalten. Der Betrag ist nicht nur deshalb so hoch, weil der Festsatz höher ist als der variable, sondern auch, weil wir jeweils im Dezember Zinsen vorleisten für ein halbes Jahr aufgrund der unterschiedlichen Zahlungszyklen auf Fix- und Floatingseite. Das Kontrahentenrisiko folgt insofern einem saisonalen Muster.

2.5 Devisentermingeschäfte

Devisentermingeschäfte sind Vereinbarungen über den Austausch von Währungsbeträgen zu einem zukünftigen Zeitpunkt, wobei alle Details, vor allem Betrag, Preis und Erfüllungszeitpunkt vorab festgelegt werden. Man unterscheidet:

- *Outright-Geschäfte* als reine Termingeschäfte,
- *Devisenswaps* als Kombination von gegenläufigen Kasse- und Termingeschäften.

Die Laufzeiten reichen von einem Tag bis zu 10 Jahren, eventuell länger, sofern entsprechende Kapitalmärkte in den involvierten Währungen existieren. Als kurzfristig werden in der Praxis meist Laufzeiten bis zu einem Jahr bezeichnet.

Ziel dieses Abschnittes ist es, zu den Währungsswaps überzuleiten, zum einen da Devisentermingeschäfte teilweise zur Absicherung von Währungsswaps herangezogen werden, und zweitens weil letztere als Ketten von Devisenswaps verstanden werden können.

2.5.1 Kurzfristige Devisentermingeschäfte

Devisentermingeschäfte im Laufzeitenbereich des Geldmarktes werden zur Steuerung der Zahlungsströme aus dem internationalen Geld- und Güterverkehr eingesetzt sowie, z.T. als dessen Reflex, zur Disposition von Fremdwährungskonten der international agierenden Banken, zunehmend auch von Unternehmen des nichtfinanziellen Sektors. Das Spektrum der Devisenswaps beginnt mit den Laufzeiten von heute auf morgen (*overnight*), von morgen auf übermorgen, *tom(orrow)* next genannt, sowie vom Tag 2 auf den Tag 3 (*spot next*).

Wie kommt der Devisenterminkurs für eine bestimmte Laufzeit zustande?

Beispiel 2-10

Sie sind nun im Rahmen Ihres Trainee-Programms im Devisenhandel und haben folgende Kundenanfrage zu bearbeiten: Ihr Kunde, ein deutscher Importeur, möchte in 6 Monaten einen bestimmten Euro-Betrag von Ihnen kaufen. Wie ist der Terminkurs, bzw. welchen USD-Gegenwert werden Sie dafür verlangen?

Wie immer hilft die Vorstellung der notwendigen Transaktionen zur Glattstellung. Dazu gelten die folgenden Marktdaten:

- ☐ Laufzeit: 184 Tage (T)
- ☐ 6-Monatszins in EUR: 3,75% (i*)
- ☐ 6-Monatszins in USD: 5,00% (i)
- ☐ Kassekurs: 1,20 USD pro EUR (S)

Die Gegengeschäfte sind:

a) Sie legen heute einen Euro-Betrag an, um die Zahlen einfach zu halten, sagen wir € 1. Diesen Betrag incl. Zinsen stellen Sie ihrem Kunden in 6 Monaten zur Verfügung. Bliebe die Frage, welchen USD-Gegenwert Sie dafür in Rechnung stellen .

b) Um Euro anlegen zu können, müssen Sie diese am Devisenkassemarkt kaufen und zahlen dafür USD S*1, also USD 1,2.

c) Den USD-Gegenwert aus dem vorherigen Schritt finanzieren Sie für 6 Monate am USD-Geldmarkt. Der zur Tilgung incl. Zinsen notwendige Betrag ergibt den fairen USD-Gegenwert der € 1 der Transaktion.

Wir können unsere im Abschnitt 2.1 entwickelte und in Tabelle 2-1 zusammengefaßte Logik anwenden, nach der der Terminkurs

dem Kassekurs zuzüglich der Kosten abzüglich der Erträge entspricht. Der Zinsaufwand ergibt sich aus dem Kassekurs multipliziert mit dem zugehörigen Zinsfaktor. Der Zinsertrag entspricht
dem Zinsfaktor in Euro, der auf einen Betrag von 1 angewendet
wird; da dies in Euro in 6 Monaten anfällt, ist mit dem (noch unbekannten) Terminkurs zu multiplizieren, damit alle Zahlungen
einheitlich in Dollar ausgedrückt werden können, wie es der seit
der Einführung des Euro verwendeten Notierung Dollar pro Euro
entspricht:

$$F = S \quad + S * \frac{i*T}{36.000} \quad - F * \frac{i^{*}*T}{36.000}$$

$$\text{Zinsaufwand} \qquad \text{Zinsertrag}$$

Bringt man den Zinsertrag auf die linke Seite der Gleichung, folgt
eine Form, die sich elegant interpretieren läßt. Geht man davon
aus, im Besitz eines Euro zu sein und möchte in 6 Monaten Dollar
erhalten, so müssen folgende beiden Strategien zum selben Ergebnis führen:

a) Anlage des Euro bei gleichzeitigem Verkauf incl. Zinsen zum
   Terminkurs (linke Seite), oder

b) Verkauf des Euro zum Kassekurs und Anlage des Gegenwertes
   in USD (rechte Seite).

$$F + F * \frac{i^{*}*T}{36.000} = S + S * \frac{i*T}{36.000}$$

Klammert man links den Terminkurs und rechts den Kassekurs aus
und löst nach F, haben wir nunmehr eine Gleichung zur Bestimmung des fairen Devisenterminkurses:

$$(2\text{-}4) \quad F = S * \frac{1 + \dfrac{i * T}{36.000}}{1 + \dfrac{i^* * T}{36.000}}$$

In Merkform: Der Quotient von Termin- zu Kassekurs entspricht dem Quotienten der Aufzinsungsfaktoren. Im Beispiel:

$$F = 1{,}2 * \frac{1 + \dfrac{5 * 184}{36.000}}{1 + \dfrac{3{,}75 * 184}{36.000}} = 1{,}2075 \, .$$

Der Euro muß hier per Termin teurer bezahlt werden als per Kasse, er wird mit einem Aufschlag gehandelt. Entsprechend wird der Dollar mit einem Abschlag gehandelt. Der Hintergrund ist die Zinsdifferenz, in unserem Fall mit einem Zinsvorteil von 1,25% p.a. zugunsten des Dollar. Unser Zinsaufwand in USD ist entsprechend höher als der Zinsertrag in €. Folglich müssen wir die € per Termin teurer verkaufen.

Die Differenz zwischen Kasse- und Terminkurs wird im Devisenhandel in zehntausendstel als *Swapstellen* bezeichnet, im Beispiel wird der Euro mit einem Aufschlag von 75 (Swap-)Stellen gehandelt. Ob es sich um einen Auf- oder Abschlag handelt, ist auch daran ersichtlich, ob die Quotierung für Devisenswaps mit der kleineren Zahl (Aufschlag) oder der größeren Zahl (Abschlag) beginnt (→ Beispiel 2-12).

2.5.2   Arbitrage zwischen Geld- und Devisenmärkten

Die Arbitragemöglichkeiten zwischen Geld- (bzw. Kapital-) und Devisenmärkten sind in der folgenden Abbildung zusammengefaßt. Die vier Eckpunkte bezeichnen Beträge in € oder USD per

Kasse oder per Termin (später). Zwischen den Polen kann man sich bewegen mit Hilfe der Geldmärkte und der Devisenmärkte. Da diese insgesamt vier Märkte Transaktionen in beiden Richtungen zulassen, gibt es für jede gewünschte Bewegung von A nach B immer zwei Möglichkeiten.

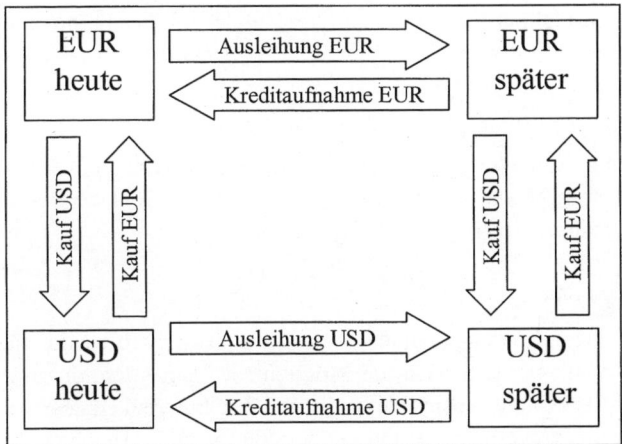

Abbildung 2-14: Arbitrage zwischen Geld- und Devisenmärkten

Beispiel 2-11
Ein deutscher Importeur möchte einen per Termin zu leistenden USD-Betrag absichern. Er verfügt heute über €-Liquidität. Welche Möglichkeiten gibt es?
Der Importeur befindet sich im Nordwesten und möchte zum südöstlichen Pol. Dazu kann er
a) seine €-Liquidität anlegen und per Termin gegen USD verkaufen, oder
b) USD per Kasse kaufen und den Gegenwert in USD anlegen.
Beides liefert ihm USD-Liquidität zum gewünschten zukünftigen Zeitpunkt.

Aufgabe 2-5
Eine deutsche Bank, die über €-Liquidität verfügt, möchte einen USD-Kredit refinanzieren. Welche Möglichkeiten gibt es?

Aufgabe 2-6
Ein €-Geldmarktfonds möchte aus steuerlichen Gründen kurzfristige Yen-Geldmarktanlagen tätigen. Welche Absicherungsmöglichkeiten gibt es?

Aufgabe 2-7
Ihr Kunde möchte zu heute vereinbarten Konditionen einen USD-Kredit vom Monat 3 zum Monat 6 aufnehmen. Welche Refinanzierungsalternativen gibt es für Sie als Euro-Haus?

Beispiel 2-12 (vgl. Abbildung 2-15)
Einer Ihrer Kunden möchte einen Betrag von € 100 Mio. für 6 Monate anlegen und dazu die Möglichkeit überprüfen, durch Anlage im USD und Absicherung der Wechselkursrisiken sein Anlageergebnis zu verbessern. Verwenden Sie folgende Angaben:

- ☐ Laufzeit: 184 Tage
- ☐ 6-Monatszins in EUR: 3,75%
- ☐ 6-Monatszins in USD: 5,00%
- ☐ Kassekurs: 1,20 USD pro EUR
- ☐ Devisenswap: 68-73

Der Betrag von EUR 100 Mio. ist per Kasse in USD 120 Mio. zu tauschen und diese sind anzulegen. Nach 6 Monaten (184 Tagen) fließen daraus incl. Zinsen USD 123.066.667 zurück, die bereits heute am Terminmarkt zu einem Kurs von 1,2073 verkauft werden. Der Devisenswap bedeutet, daß der Handel Euro mit einem Aufschlag von 68 Stellen per Termin kauft und mit 73 Stellen verkauft. Der resultierende €-Betrag von 101.935.448 ergibt einen €-Effektivzins von (vgl. Formel (1-11):

$$i = \left(\frac{101.935.448}{100.000.000} - 1 \right) * \frac{36.000}{184} = 3{,}787\% \, .$$

Das Anlageergebnis ist offensichtlich etwas besser als bei direkter Anlage in €. Der eigentliche Grund dafür liegt in der Tatsache, daß wir mit 1,2073 pro Einheit € etwas weniger bezahlen, als der rechnerisch korrekte Kurs von 1,2075.

2.5.3   Langfristige Devisentermingeschäfte

Die theoretischen Devisenterminkurse können mit entsprechenden Überlegungen, die zur Formel (2-5) geführt haben, hergeleitet werden, wobei darauf zu achten ist, daß die verwendeten Zinsen Zero-Coupon-Sätze sind, denn es besteht nur eine Zahlung in der Zukunft.

$$(2\text{-}5) \qquad F_t = S * \frac{\left(1 + z_t\right)^t}{\left(1 + z_t^*\right)^t}$$

mit z und z^* als Zero-Sätze im In- und Ausland.

Aufgabe 2-8
Berechnen Sie die Devisenterminkurse EUR gegen USD für Laufzeiten von 1-10 Jahren. Der Kassekurs sei 1,20, als €-Zinskurve verwenden Sie C-1 sowie als USD-Zinskurve:

Jahr	1	2	3	4	5	6	7	8	9	10
Zins	6,00	6,05	6,10	6,15	6,20	6,25	6,30	6,35	6,40	6,45

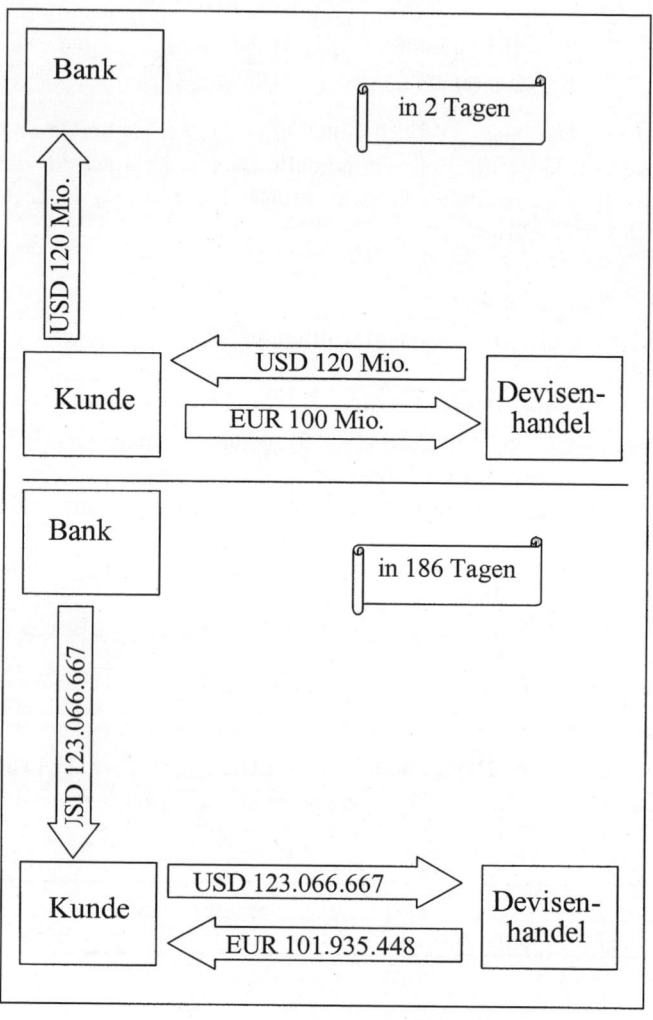

Abbildung 2-15: Devisentermingeschäfte

2.6 Währungsswaps

Währungsswaps unterscheiden sich in zwei wesentlichen Gesichtspunkten von den Zinsswaps:

- Die zu empfangenden und die zu zahlenden Zinsen fallen in verschieden Währungen an.
- In der Regel werden die Kapitalbeträge am Anfang und am Ende der Laufzeit zwischen beiden Vertragsparteien ausgetauscht, im Standardfall zum gleichen Wechselkurs.

Bei Zinsswaps hatten wir nach dem Bruttoprinzip den Nominalbetrag einbezogen, gleichzeitig aber festgehalten, daß er aufgrund der Symmetrie auf beiden Seiten saldiert werden kann. Liegen die Nominalbeträge in verschiedenen Währungen vor, ist die Saldierung nicht mehr ohne weiteres möglich.

Der Kapitalaustausch am Anfang und Ende muß nicht zu gleichen Kursen stattfinden. Abweichungen, wie sie z.B. bei Wertpapieremissionen aufgrund von Gebühren vorkommen können, führen allerdings zu spiegelbildlichen Vor- und Nachteilen für die beiden Beteiligten; sie können durch entsprechende Anpassung der Zinsen kompensiert werden.

Es kommt gelegentlich vor, daß der Kapitalaustausch am Anfang auf Wunsch einer Partei weggelassen wird. Hintergrund könnte z.B. die währungsmäßige Umstrukturierung der Refinanzierung eines internationalen Konzerns sein. Da dieser Spezialfall rechnerisch keine besonderen Probleme aufwirft, werden wir ihn nicht weiter verfolgen.

2.6.1   Zahlungsstruktur

Beispiel 2-13
- ☐ Laufzeit: 5 Jahre
- ☐ Wir zahlen: 5,75% fix in EUR, jährlich 360/360
- ☐ Betrag: EUR 100 Mio.
- ☐ Wir erhalten: 6,20% fix in USD, jährlich 365/360
- ☐ Betrag: USD 120 Mio.

Die Zahlungsströme können aus unserer Sicht verstanden werden als Kombination aus einer Einlage in € und einer Ausleihung in USD (Abbildung 2-16). Die Einlage führt zu einer Einzahlung bei Laufzeitbeginn, darauf zahlen wir €-Zinsen und nach 5 Jahren den Kapitalbetrag zurück. Umgekehrt legen wir einen USD-Kredit heraus mit einer entsprechenden Auszahlung am Anfang, Zinsein- gängen und dem Kapitalrückfluß am Ende.

Damit stellt sich die Frage nach der Sinnhaftigkeit einer solchen Konstruktion. Es wurde bereits gezeigt, daß das Volumen weit ge- ringer ist als das der Zinsswaps. Das liegt zum guten Teil daran, daß Währungsswaps in der Unterlegung mit Eigenmitteln teurer sind, folglich in der Regel nur zu bestimmten, konkreten Zwecken eingesetzt werden. Der Standardfall ist dabei eine Wertpapieremis- sion. Um das in unserem Beispiel zu diskutieren, müssen wir nunmehr die Brille des Kunden aufsetzen, um dem typischen, gleichwohl nicht allein möglichen Fall auf die Spur zu kommen.

Stellen wir uns also vor, wir hätten eine festverzinsliche Anleihe für einen Kunden geführt und den obigen Währungsswap mit ihm abgeschlossen.

a) In welcher Währung wurde die Anleihe emittiert? Da wir €- Zinsen zahlen, kann unser Kunde diese benutzen, um seine An- leihe zu bedienen. Es handelt sich also um eine €- Festzinsanleihe.

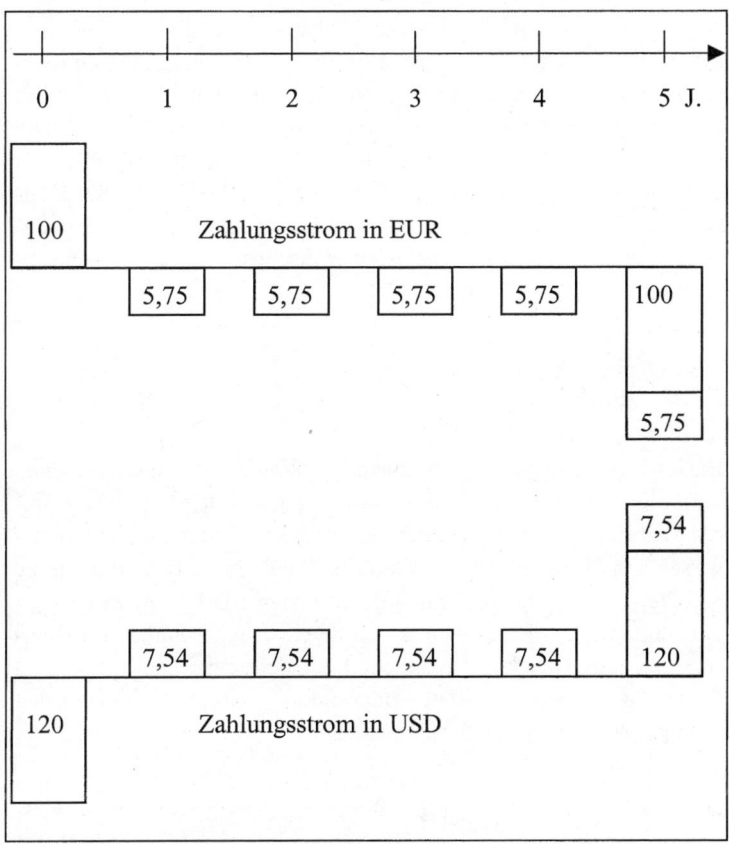

Abbildung 2-16: Zahlungsstruktur eines 5-jährigen Währungsswaps

b) Wenn wir uns den Kunden als multinationalen Konzern vorstellen: Ist die Muttergesellschaft amerikanisch oder europäisch? Beides ist denkbar, typischer ist allerdings die Emission in der Heimatwährung und am Heimatmarkt, denn dort besteht eher ein Finanzierungsvorteil aufgrund des Bekanntheitsgrades und der Bonität der Mutter im Vergleich zur ausländischen Tochter. *Fazit*: Ein typischer Hintergrund für unser Beispiel könnte eine europäische bzw. deutsche Muttergesellschaft sein, die US-Dollar zur Finanzierung einer ausländischen Konzerneinheit benötigt. Die eigene Mittelaufnahme der Tochter in der benötigten Währung ist zwar denkbar, im Normalfall aber teurer. Deshalb nutzt die Konzernzentrale ihren Vorteil in Form einer Emission in der ‚falschen‘ Währung, und erzielt mit Hilfe des Währungsswaps das gewünschte Ergebnis.

2.6.2   Basisswaps

Basisswaps sind eine Spezialform der Währungsswaps, bei denen variable Zahlungen in einer Währung gegen solche in einer anderen Währung getauscht werden. In der Regel findet ein Kapitalaustausch am Anfang und am Ende der Laufzeit statt, und zwar zu gleichen Wechselkursen. Ein auf den ersten Blick schwieriger Gedankengang: Ein Basisswap ist vergleichbar einer Kette von Devisentermingeschäften mit Laufzeiten, die den jeweiligen Roll-Over-Perioden entsprechen. Die Begründung folgt, doch zunächst schauen wir uns die Zahlungsstruktur an.

Beispiel 2-14
Der Basisswap USD gegen EUR wird mit 0 - 4 bp quotiert, jeweils verstanden gegenüber dem USD-Libor ohne Auf- oder Abschlag. Dies bedeutet:

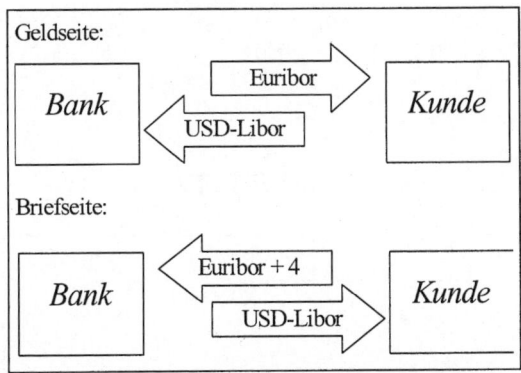

Abbildung 2-17: Quotierung für Basisswaps

Die Quotierungen für Basisswaps schwanken relativ wenig, da auf beiden Seiten variable Zinsen getauscht werden.

Beispiel 2-15
- ☐ Laufzeit: 2 Jahre
- ☐ Wir zahlen: 6-Monats-Euribor + 4 bp
- ☐ Betrag: EUR 100 Mio.
- ☐ Wir erhalten: 6-Monats-USD-Libor
- ☐ Betrag: USD 120 Mio.

Die Zahlungsstruktur beinhaltet den Austausch der Liquidität am Anfang und am Ende der Laufzeit sowie variable Zinszahlungen. Es gilt nun zu zeigen, daß diese Zahlungsstruktur (nahezu) identisch ist mit einer Kette von Devisentermingeschäften, genauer Devisenswaps, mit einer Laufzeit von jeweils 6 Monaten. Diese Kette könnte etwa dem Zahlungsstrom der Abbildung 2-19 entsprechen.

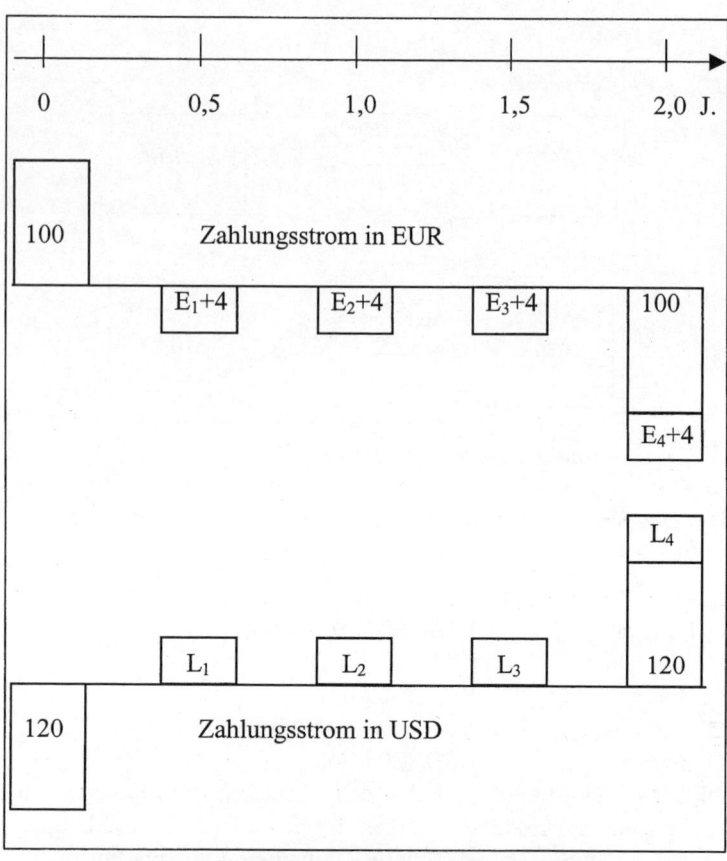

Abbildung 2-18: Zahlungsstruktur eines 2-jährigen Basisswaps

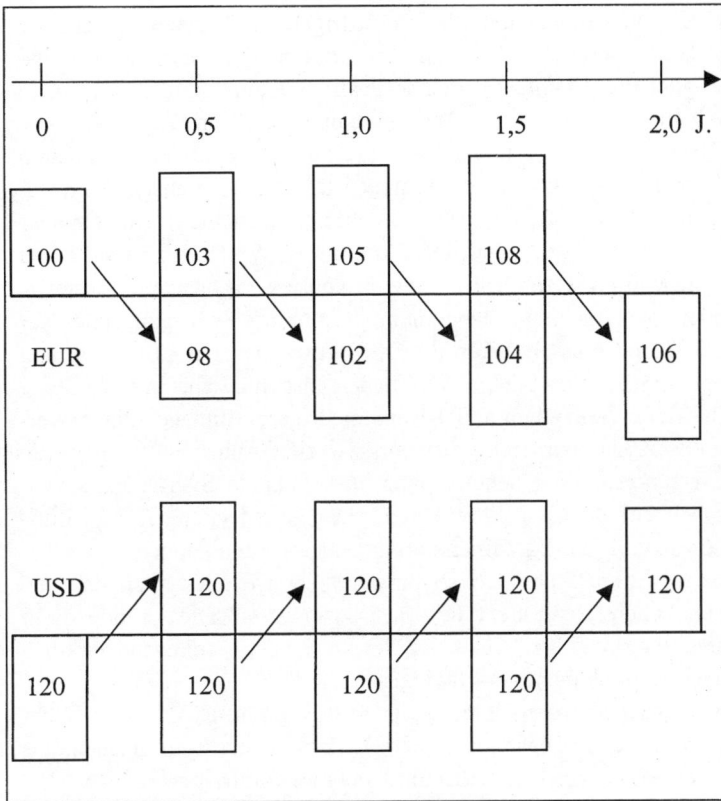

Abbildung 2-19: Zahlungsstruktur einer Kette von 4 Devisenswaps

Der erste Devisenswap besteht im Verkauf von USD 120 gegen €
100 bei gleichzeitigem Rückkauf per Termin in 6 Monaten für €
98.[1] Wir haben damit implizit die Währung mit dem höheren Zins

---

[1] Die Annahmen über den Kasse- und den Terminkurs sind willkürlich und gerundet, um auf glatte Millionenbeträge zu kommen. Der Kassekurs für das erste Geschäft ist USD 1,20 pro EUR, der Terminkurs ist 1,2245.

(USD) ausgeliehen und dies zu niedrigeren €-Zins refinanziert, der ‚Verlust' von € 2 gleicht den Zinsvorteil aus. Der Devisenswap hat folglich insgesamt das gleiche Profil wie eine gleichzeitige Ausleihung in der einen und Aufnahme in der anderen Währung.

Bleibt ein Detailproblem: Der Kassekurs hat sich nach 6 Monaten verändert. Wir können einen neuen Devisenswap abschließen, indem wir USD 120 per Kasse verkaufen (= ausleihen), erhalten aber jetzt € 103 (als Einlage). Der Euro hat an Wert verloren auf einen Kurs von ca. 1,1650. Ein Gewinn von € 3 zu unseren Gunsten – oder? Nein, denn wir haben nunmehr implizit Zinsen zu zahlen auf € 103 und müssen außerdem den Betrag, um den USD-Abschlag bereinigt, zurückzahlen. Wir haben also nur eine etwas höhere (bzw. bei fallendem USD-Kurs niedrigere) Einlage, die bewertungsmäßig unkritisch ist, wenn wir eine Annahme machen, die wir schon einmal benutzt haben (→ Fußnote S. 84): Falls zwischenzeitliche Cash-Flow-Unter- oder Überdeckungen zum Euribor- bzw. Libor-Satz finanziert/angelegt werden können.

Aber warum eigentlich so umständlich, wenn es doch das viel handlichere Instrument des Basisswaps gibt? Die Gründe dafür sind für das Verständnis der Produkte eher fernliegend, können aber dennoch nicht verschwiegen werden:

- Die Kosten der Unterlegung mit Eigenmitteln sind im Währungsbereich besonders hoch. Es kann daher Sinn machen, aus einem langfristigen Abschluß mehrere kurzfristige zu machen.

- Jede Bank wird versuchen, möglichst viel Geschäft im Haus zu halten durch Zerlegung in Teilrisiken und deren Konzentration in einem Handelsbereich, hier dem Devisenhandel. Dies spart nicht nur Eigenkapitalkosten, sondern auch Geld-Brief-Spannen und Ausfallrisiken.

2.6.3 Risikosteuerung

Der Währungsswap ist ein typischer Fall eines Produktes, bei dem die Risiken in ihre Komponenten zerlegt und getrennt gesteuert werden. Diese Teilrisiken sind (bezogen auf Beispiel 2-13):

- Ein Zinsänderungsrisiko in Euro, das dem eines Zinsswaps entspricht.
- Ein Zinsänderungsrisiko in Dollar, das ebenfalls mit einem Zinsswap neutralisiert werden kann.
- Ein Wechselkursrisiko, vergleichbar einem Basisswap.

Damit können wir den Zahlungsstrom mit dem Kunden (rechts in der Abbildung 2-20) gedanklich zerlegen und zugleich die faktische Risikosteuerung darstellen.

Nach außen tritt die Bank als Kontrahent des Kunden auf, zerlegt aber intern das Risiko in die angesprochenen Teile. Im Norden arbeitet der €-Swaphandel, der einen Zinsswap beisteuert, aus dem €-Festzinsen gezahlt werden gegen Euribor. Damit ist das Festzinsrisiko in der Heimatwährung neutralisiert, aber der variable Teil bleibt zunächst offen. Er wird mit einem Basisswap (sprich: Kette von Devisentermingeschäften) mit dem Devisenhandel geschlossen, von dem Euribor empfangen und an den USD-Libor gezahlt wird. Letzterer wird vom Dollar-Zinsswaphandel empfangen gegen einen entsprechenden Festzins. Damit schließt sich der Kreis, zu jedem Zinsstrom gibt es einen entsprechend gegenläufigen, so daß das Risiko bis auf eventuelle Margen geschlossen ist.

Was wir als Gegengeschäfte bezeichnen, kann verschiedene Härtegrade haben:

a) Es sind rein gedankliche Abgrenzungen von Verantwortungsbereichen ohne realen Gehalt im Sinne von tatsächlichen Geschäften.

b) Es handelt sich um hausinterne Geschäfte zwischen verschiedenen Handelseinheiten, die diese in ihrer Risikosteuerung und Bewertung jedoch als reale Abschlüsse behandeln.

c) Es werden externe Geschäfte mit dritten Parteien abgeschlossen.

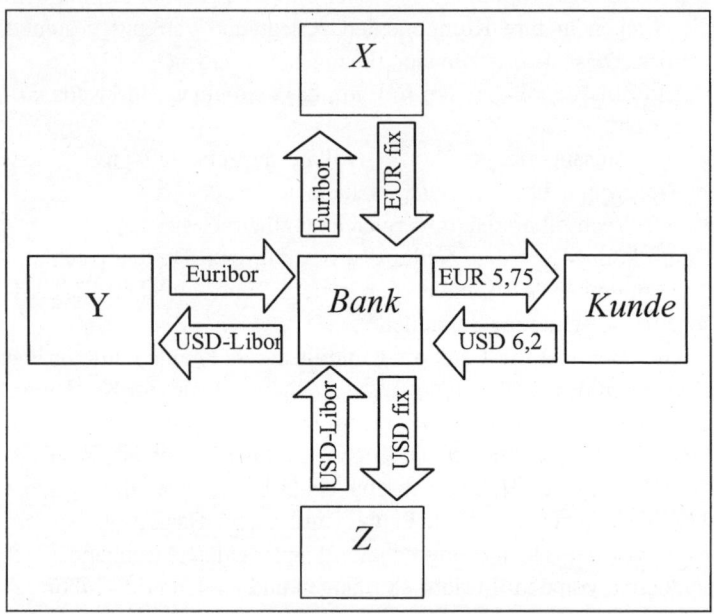

Abbildung 2-20: Risikomäßige Zerlegung eines Währungsswaps

Für die Variante b) sprechen die gewichtigsten Argumente, hier sind die Handelseinheiten klar als Profit Center abgegrenzt und es wird möglichst viel Geschäft im Haus gehalten. Denkbar ist auch eine Mischung aus b) und c) dergestalt, daß die Teile mit Außengeschäften abgesichert werden, in denen man nicht selbst aktiv ist. Es darf allerdings mit einiger Sicherheit geschlossen werden, daß eine Bank, die nur die letzte Methode verfolgt, auf die Dauer nicht wettbewerbsfähig ist.

2.6.4 Pricing

Die Preisbildung bei Währungsswaps bedeutet in der Regel, einen vorgegebenen Zahlungsstrom in einer Währung in einen solchen in einer anderen Währung, beim Zins-Währungsswap auch in einer anderen Zinsbindung, umzuwandeln. Es wurde schon erwähnt, daß der typische Fall eine Wertpapieremission ist.

Beispiel 2-16
Sie haben im Rahmen Ihres Trainee-Programms nunmehr die Konsortialabteilung erreicht und werden dort gebeten zu berechnen, welcher €-Festzins sich aus der Emission eines USD-Wertpapieres eines Kunden ergibt.

Konditionen der Anleihe	Marktkonditionen
Laufzeit: 5 Jahre	EUR-Zinsswaps 5,73-77%
Betrag: USD 100 Mio.	USD-Zinsswaps 6,18-22%
Coupon: 6,15% jährlich 365/360	Basisswap:
Rückzahlungs- und Ausgabekurs: 100	0-4 bp gg. USD-Libor

Tabelle 2-12: Anleihe- und Swapkonditionen

☐ Ausgangspunkt ist der Coupon des Bonds, den der Emittent von uns ersetzt haben will. Anders als in früheren Beispielen (→ 2.4.5) wird exakt dieser Satz gezahlt, unabhängig vom Marktniveau, also hier USD 6,15 fix. Um die Berechnung etwas einfacher zu halten, ist die Zinsrechnung 365/360 gewählt, obwohl das nicht üblich ist.
☐ Das erste Gegengeschäft dient der Glattstellung des Zinsänderungsrisikos in Dollar. Dazu lassen wir uns von Mr. X, Swaphändler bei unserer Filiale in New York, den USD-Festzins in Höhe von 6,18% in Form eines Zinsswaps gegen Libor zahlen.
☐ Im Devisenhandel hilft uns Fr. Y weiter, die uns USD-Libor zahlt gegen Euribor + 4 bp. Damit geht zugleich der Austausch der Kapitalbeträge einher. Es wurde mehrfach erwähnt: Wir nennen es

Basisswap, in Wirklichkeit wird daraus eine Serie von Devisenswaps. Damit sind auch die USD-Libor-Zahlungen neutralisiert.

☐ Im letzten Schritt wird mit der Handelseinheit Z, dem €-Zinsswaphandel, vereinbart, daß wir den €-Festzins von 5,77 zahlen gegen Euribor.

Damit besteht zu jedem Zahlungsstrom ein gegenläufiger, die Risiken sind folglich wie beabsichtigt neutralisiert. Welchen Zins stellen wir unserem Kunden in € in Rechnung? Zählen wir zusammen: In den USD-Festzinsen haben wir einen Vorteil von 3 bp (6,18% - 6,15%), der Basisswap kostet 4 bp, macht einen Verlust von 1 bp, den wir über den €-Festzins hinaus verlangen müssen, also 5,78%.

Doch war das nicht zu arg vereinfacht? Kann man denn Basispunkte in verschiedenen Währungen ohne weiteres gegeneinander verrechnen und noch dazu die Unterschiede in der Zinsmethode vernachlässigen? Die Bedenken sind im Prinzip berechtigt, fallen aber aufgrund der geringen Anzahl von Basispunkten praktisch nicht ins Gewicht. Was die Zinsrechnung anbetrifft: Die 3 bp in USD müßten eigentlich mit 365/360 multipliziert werden, um sie mit €-Basispunkten vergleichen zu können. Für alle praktischen Zwecke gibt das immer noch 3 bp.

Die Umrechnung von Spreads in verschiedenen Währungen wird im nächsten Abschnitt näher zu diskutieren sein. Um die Pointe vorwegzunehmen: Für unser Beispiel ist auch dieser Effekt vernachlässigbar.

Aufgabe 2-9
Lösen Sie die Fragestellung von Beispiel 2-16, indem Sie bei den drei benötigten Gegengeschäften anstatt der Geld-Brief-Konditionen jeweils die Marktmitte verwenden.

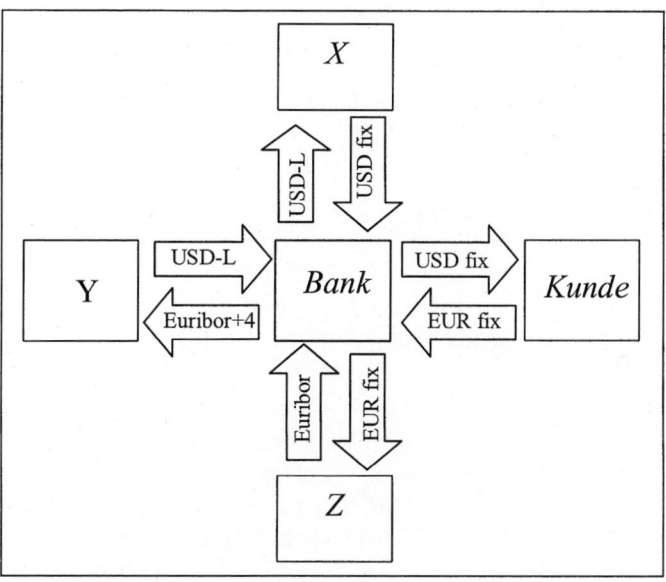

Abbildung 2-21: Währungsswap einer Anleihe: Zinsströme

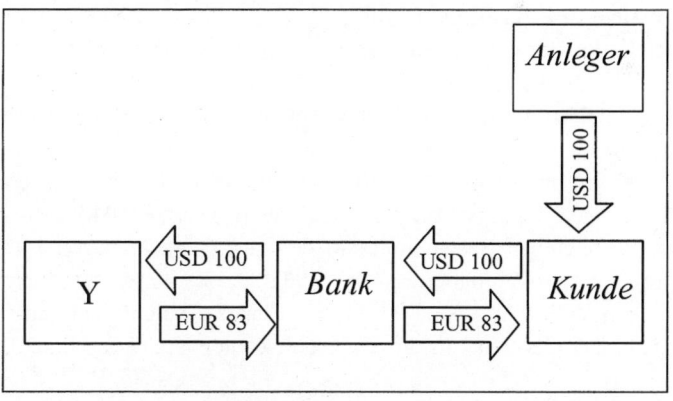

Abbildung 2-22: Währungsswap einer Anleihe: Kapitalströme

2.6.5   Konversion

Unter Konversion versteht man in diesem Zusammenhang die Umrechnung eines Spreads im Sinne einer Differenz zum Marktniveau von einer in eine andere Währung.

Beispiel 2-16 (Fortsetzung)
Wir haben unserem Kunden in Dollar einen Coupon (6,15%) zu zahlen, der 3 bp unter dem Marktniveau (6,18%) liegt. Was ist der genaue, in Zinsen ausgedrückte Gegenwert in €? Der Zugang zur Lösung liegt, wie schon häufiger, im Rückgriff auf mögliche Gegengeschäfte:

☐ Man könnte einen USD-Dollar-Zinsswap abschließen, dessen Festzins 3 bp über dem marktüblichen Satz liegt. Damit hätten wir das Problem verlagert, aber nicht gelöst.

☐ Wir verkaufen den USD-Differenzbetrag am Devisenterminmarkt. Den Gegenwert können wir in unseren €-Zinssatz einbeziehen.

Dazu kann ein Umrechnungsfaktor (Conversion Factor) berechnet werden, der mit der Anzahl der USD-Basispunkte multipliziert das Äquivalent in €-Basispunkten angibt. Dieser Faktor ergibt sich als Quotient der Barwerte einer gleichen Anzahl von Basispunkten in beiden Währungen (Tabelle 2-13).

3 Basispunkte auf USD 100 Mio. entsprechen USD 30.000 pro Jahr, wenn wir vereinfachend die Zinsrechnung 360/360 unterstellen. Diese mit den laufzeitgemäßen Terminkursen multipliziert ergeben einen Zahlungsstrom in €, dessen Barwert € 104.922 beträgt. Die gleichen Basispunkte auf den zum Kassekurs von 1,20 umgerechneten Kapitalbetrag von € 83.333.333 führen zu einem jährlichen Vorteil von € 25.000. Deren Barwert beläuft sich auf € 107.528. Der Quotient aus diesen beiden Zahlen ist der gesuchte

$$\text{Umrechnungsfaktor: } \frac{104.922}{107.528} = 0,976$$

Jahr	Cash Flow in USD	Devis- entermin- kurse	Cash Flow in €	Disk. faktoren	PV
1	30.000	1,2231	24.528	0,9615	23.585
2	30.000	1,2356	24.279	0,9155	22.228
3	30.000	1,2371	24.251	0,8630	20.929
4	30.000	1,2320	24.351	0,8084	19.685
5	30.000	1,2209	24.572	0,7527	18.495
					104.922

a) Zahlungsstrom in US-Dollar

Jahr	Cash Flow in €	Diskontierungs- faktoren	PV
1	25.000	0,9615	24.038
2	25.000	0,9155	22.888
3	25.000	0,8630	21.575
4	25.000	0,8084	20.210
5	25.000	0,7527	18.817
			107.528

b) Zahlungsstrom in Euro

Tabelle 2-13: Berechnung des Conversion Factors

Interpretation: Ein Vorteil von 100 Basispunkten jährlich für eine Laufzeit von 5 Jahren auf einen Dollar-Betrag hat den gleichen Barwert wie ein Vorteil von 97,6 bp auf den Gegenwert in €. Der Umrechnungsfaktor ist offensichtlich über die Devisenterminkurse von der Zinsdifferenz abhängig und damit auch bei gegebenen Zinskurven im Normalfall für jede Laufzeit unterschiedlich. Zusammenfassend und ergänzend sei angemerkt, daß zwei Rechenwege bzw. Handelsstrategien in vollkommenen Märkten zum gleichen Ergebnis führen (Abbildung 2-23):

(1) Umrechnung eines USD-Zahlungsstromes in Euro unter Verwendung der Devisenterminkurse und anschließende Diskontierung mit Euro-Zinsen; dies enspricht dem Verkauf der einzelnen Zahlungen am Devisenterminmarkt.

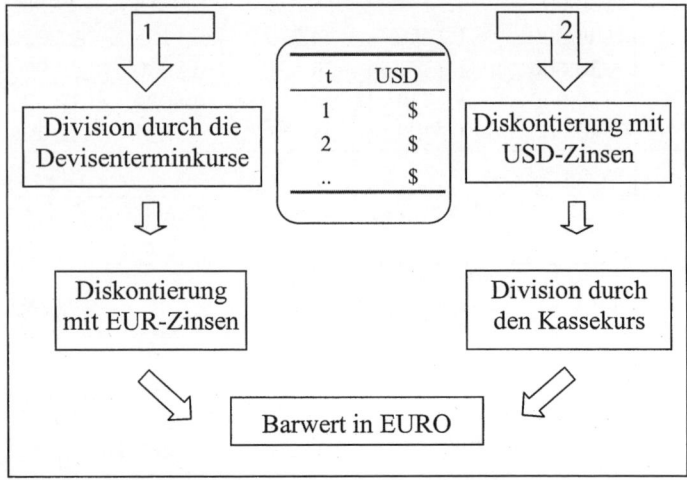

Abbildung 2-23: Euro-Barwert von Dollar-Zahlungsströmen

(2) Diskontierung des Dollar-Zahlungsstromes mit USD-Zinsen und anschließender Umrechnung des resultierenden Barwertes zum Kassekurs. In Markttransaktionen ausgedrückt: Verkauf des Zahlungsstromes am USD-Kapitalmarkt und Verwendung des Gegenwertes zum Kauf von Euro am Devisenkassamarkt.

Um unser Beispiel abzuschließen: Die 3 USD-Basispunkte sind mit dem Faktor 0,976 zu multiplizieren, um sie in €-Basispunkte zu konvertieren. Wie schon vorweggenommen, ist das Ergebnis für praktische Zwecke ebenfalls 3 Basispunkte. Wir können nunmehr auch den Effekt dieser Rundung genau angeben: Es ist die Differenz der beiden Barwerte in Tabelle 2-13 a) und b).

2.6.6 Bewertung

Mit vergleichbaren Überlegungen wie im vorherigen Abschnitt läßt sich auch ein Währungsswap (-Buch) insgesamt bewerten in folgenden Schritten:

(1) Bewertung des Cash-Flows in der Fremdwährung mittels der Zero-Coupon-Kurve in Fremdwährung.

(2) Der resultierende Nettobarwert wird zum Kassekurs in die Bilanzwährung umgerechnet.

(3) Bewertung des Cash-Flows in der Heimatwährung mittels der Zero-Coupon-Kurve der Heimatwährung.

(4) Berechnung des Barwertes des Basisswaps.

(5) Bildung der Gesamtsumme aus den Schritten 1-4.

Um einem Mißverständnis vorzubeugen: Die risikomäßige Zerlegung eines Währungsswaps in Komponenten und deren getrennte Steuerung bedeutet nicht, daß sich die Frage der Bewertung des Geschäftes gar nicht erst stellt. Trotz interner Aufteilung besteht dieses Geschäft und ist zu bewerten.

Aufgabe 2-10
Berechnen Sie den Barwert des Währungsswaps (das mit dem Kunden abgeschlossenen Grundgeschäft aus Beispiel 2-16).

2.7   Zinsfutures

2.7.1   Vor- und Nachteile von Terminbörsen

Verlassen wir den Bereich der OTC-Märkte und wenden uns den Terminbörsen und speziell den Terminkontrakten zu. Bevor wir in die technischen Details einsteigen, sind einige grundsätzliche Überlegungen über die Funktionsweise dieser Börsen angebracht. Um der Konkurrenz der OTC-Märkte und den dort von Banken angebotenen Instrumenten standhalten zu können, müssen Dienstleistungen bereitgestellt werden, die wettbewerbsfähig sind. Worin liegen eigentlich die Unterschiede zwischen einem börsengehandelten Terminkontrakt (Future) und einem außerbörslichen (Forward)?[1] Der wesentliche Unterschied besteht in der individuellen Gestaltung beim OTC-Geschäft gegenüber der Standardisierung des Börsengeschäfts. Allein schon die anonyme Kommunikation in Form von Computer-Netzen oder auch durch Handzeichen an den Präsenzbörsen bedingt, daß alle Marktteilnehmer ein einheitliches Verständnis dessen haben, was dort per Termin gehandelt wird. Das setzt Standardisierungen voraus, die als *Future-Design* bezeichnet werden; die wichtigsten sind:

☐ Die *Fälligkeiten* sind auf eine geringe Anzahl gegrenzt (häufig 4 oder 12 pro Jahr) und an feste kalendarische Regeln geknüpft, z.B. jeweils der dritte Mittwoch des Fälligkeitsmonats. Dies dient der Konzentration der Handelstätigkeit.

☐ Das *Kontraktvolumen* ist definiert; gebrochene Vielfache sind nicht möglich.

---

[1] Vgl. zur Systematisierung Abschnitt 1.1.1.

☐ Die *Eigenschaften des zugrundeliegende Basiswertes* (Underlyings) ist festgelegt. Das kann die Laufzeit eines Wertpapiers oder die Qualität eines Rohstoffes bedeuten.

☐ Auch das *Ausfallrisiko* ist insofern standardisiert, als die Börse, genauer deren Clearing-Stelle,[1] als Vertragspartner für Käufer und Verkäufer auftritt. Diese wiederum reduziert das Ausfallrisiko durch ein System von Hinterlegungen (*Margins*).

Zum Verständnis des letzten Punktes sind die folgenden Begriffe wichtig:[2]

• Die *Initial Margin* (Additional Margin) ist der Mindesteinschuß bei Eröffnung einer Futures-Position. Sie wird von der Börse in einer Höhe und mit dem Ziel festgelegt, auch bei größeren ungünstigen Kursbewegungen Verluste für eine gewisse Zeit, in der Regel für einen Tag, auffangen zu können. Die Hinterlegung muß und wird normalerweise auch nicht in bar erfolgen, sondern in Form von bestimmten Wertpapieren, vor allem öffentlichen Anleihen. Dadurch werden Zinsverluste vermieden.

• Die *Variation Margin* entsteht aus der täglich zum Schlußkurs (genauer dem Settlement-Kurs) erfolgenden Bewertung und der Buchung der Gewinne oder Verluste im Vergleich zum Vortag zugunsten bzw. zu Lasten (*Margin Call*) des für diesen Zweck eingerichteten Kundenkontos.

Beispiel 2-17

Die Technik der Börsen-Termingeschäfte soll am Beispiel eines Farmers illustriert werden, der Weizen produzieren möchte und das Preisrisiko durch den Verkauf von Weizenfutures an der Warenterminbörse absichert.

1. Der Weizenproduzent entscheidet sich vor der Aussaat im Herbst zum Verkauf von Futures in einem Volumen, das seiner

---

[1] Für die deutsche Terminbörse Eurex Deutschland (früher: Deutsche Terminbörse, DTB) ist dies die Eurex Clearing AG.

[2] Vgl. DTB [1993]. Die Verfahrensweise ist je nach Produkt unterschiedlich.

erwarteten Ernte entspricht. Damit hat er eine sichere Kalkulationsgrundlage, verkauft aber etwas, was er erst noch produzieren muß (Leerverkauf).

2. Die Gegenseite dieses Verkaufes kann typischerweise jemand sein, der
   - Weizen kauft und verarbeitet und damit das entgegengesetzte Preisrisiko hat;
   - auf steigende Weizenpreise spekuliert und damit das Preisänderungsrisiko übernimmt in der Hoffnung auf eine Risikoprämie.

3. Sollte die Future-Position bis zur Fälligkeit des Kontraktes aufrechterhalten werden, was eher die Ausnahme ist, kann die Abrechnung erfolgen in Form
   - der *physischen Lieferung* (*physical delivery*) des Weizens an den Käufer;
   - des *Differenzausgleichs* (*cash settlement*) für die täglichen Preisbewegungen incl. der Preisbewegung vom vorletzten auf den letzten Handelstag.

   Beides sichert den Produzenten gegen zwischenzeitliche Preisänderungen ab.

Die Handelstechnik, insbesondere die Standardisierungen, führen zu Vor- und Nachteilen. Worin liegen die spezifischen *Vorteile* der Terminbörsen?

☐ Die wichtigen Terminkontrakte wie z.B. der Bundfuture sind durch ein *hohe Liquidität* im Sinne einer großen Umsatztätigkeit gekennzeichnet, die eine *schnelle Orderausführung* auch für größere Volumina sicherstellt.

☐ Die *Transparenz* ist vergleichsweise hoch insofern, als die Preisentwicklung jederzeit verfolgt und die Ausführung von Aufträgen nachvollzogen werden kann. Ob dagegen z.B. ein Devisenterminkurs fair ist, wird ein Kunde durch den Vergleich mit Konkurrenzangeboten überprüfen müssen. Die Börse liefert diesen Vergleich sozusagen automatisch.

☐ Das *Kontrahentenrisiko* ist weit geringer durch die Zwischenschaltung der Clearingstelle.

	Forwards	Futures
Fälligkeiten	Individuell	Standardisiert
Längste Laufzeit	Bis zu 10 Jahren	Meist bis ca. 1 Jahr, Geldmarktfutures länger
Volumen	Individuell	Standardisiert
Transaktionskosten	Gering	Sehr gering
Ausfallrisiko	Individuell	Nahezu null
Margins	Nein	Ja
Abrechnung	In einer Transaktion bei Fälligkeit	Tägliche Bewertung mit Schlußabrechnung
Markttransparenz	Hoch	Sehr hoch
Marktliquidität	Unterschiedlich	Unterschiedlich

Tabelle 2-14: Vergleich Forwards und Futures

Dem stehen allerdings auch *Nachteile* gegenüber, die von professionellen und großen Marktteilnehmern durchaus anders gewichtet werden als von solchen, die nur fallweise Börsengeschäfte tätigen.

☐ Die *Standardisierung* der Kontrakte verhindert individuelle Lösungen. Unser Farmer im letzten Beispiel muß sich mit einer bestimmten Stückelung und auch einer vorgegebenen Laufzeit abfinden.

☐ Der *Abwicklungsaufwand* wird durch die Hinterlegung und die täglichen Abrechnungen höher als bei einem außerbörslichen Termingeschäft.

☐ Es besteht ein *Cash-Flow-Risiko* im Sinne eines möglichen Abflusses von Zahlungsmitteln aufgrund von Nachschußpflichten. Dieser Fall kann selbst dann eintreten, wenn das Futuregeschäft zur Absicherung getätigt wurde und das Marktpreisrisiko aus Grund- und Hedgegeschäft insgesamt null ist. Der Weizenproduzent wird bei steigenden Preisen Verluste aus dem Verkauf von Weizenfutures durch zusätzliche Hinterlegungen ausgleichen müssen; sein Gewinn in Form höherer Verkaufspreise für seine Produktion wird er erst später realisieren können.[1]

☐ Sogenannte *Spreadrisiken* bestehen dann, wenn der dem Future zugrundeliegende Basiswert in irgendeiner Eigenschaft nicht exakt dem Absicherungsbedürfnis entspricht. Ein im Finanzbereich besonders wichtiger Fall ist der, daß sich Zinsen auf verschiedene Instrumente bzw. für verschiedene Schuldner nicht exakt parallel entwickeln, selbst bei gleicher Laufzeit. Dem schon erwähnten Bundfuture liegen langfristige öffentliche Anleihen zugrunde. Benutzt ein Unternehmen diesen, um etwa das Risiko steigender Zinsen für einen zukünftig aufzunehmenden Kredit abzusichern, so wird das gewünschte Ziel nur dann exakt erreicht, wenn sich die Rendite von Bundesanleihen und die Kreditkonditionen dieses Schuldners vollkommen parallel entwickeln.

Fazit: Werden Absicherungsmöglichkeiten gesucht, so bieten Terminbörsen preisgünstige Lösungen von der Stange, für die maßgeschneiderte und etwas teurere Variante kommt eher der OTC-Markt in Frage.

2.7.2   Geldmarktfutures

Was einen Future definiert, wollen wir uns anhand der für den deutschen Bereich wichtigsten Zinskontrakte näher anschauen. Diese können zunächst in Geld- sowie Kapitalmarktfutures unter-

---

[1] Mit dieser Konstellation ist vereinfachend auch das Hauptproblem der Metallgesellschaft in deren Ölgeschäft beschrieben.

teilt werden in Abhängigkeit von der zugrundeliegenden Zinslaufzeit.[1]

Tabelle 2-15 zeigt die Euribor-Sätze vom 22.05.2002 mit Laufzeiten von einer Woche bis zu 12 Monaten. Tabelle 2-16 enthält die Kurse der 3-Monats-Euribor-Futures am gleichen Tag bei Börsenschluß. Schlußkurs (Last) und Abrechnungspreis (Settle) stimmen nahezu überein; Unterschiede resultieren aus der Durchschnittsbildung der letzten Kurse. Der größte Umsatz (Volume) wurde an diesem Tag im September-Kontrakt (SEP2) gemacht; 143.000 Kontrakte entsprechen € 143 Mrd. Das Volumen der offenen Positionen (*Open Interest*) lag hier sogar bei € 380 Mrd. Der letzte Kurs an diesem Tag war 96,190 (= 3,81%).

Das wichtigste Charakteristikum eines Kontraktes ist der zugrundeliegende *Basiswert*, der per Termin gehandelt wird. Bei Geldmarktfutures ist dies ein Zinssatz für Termingelder mit einer Laufzeit von einem bzw. drei Monaten auf eine *Kontraktgröße* von € 3 bzw. 1 Mio. (→ Eurex [1999]).

Die *Fälligkeiten* der Kontrakte bestehen in einer Serie von Verfallmonaten, die sich bei dem Ein-Monats-Future auf maximal 6 Monate und bei dem Drei-Monats-Future bis auf 3 Jahre ausdehnen (→ 1.3.2). Innerhalb dieser Verfallmonate ist der dritte Mittwoch als Beginn der Zinslaufzeit definiert, der *letzte Handelstag* liegt 2 Arbeitstage davor. Die *Erfüllung (Settlement)* erfolgt hier in Form des Barausgleichs, d.h., es werden keine tatsächlichen Termingelder ausgetauscht. Vielmehr werden alle bestehenden Kauf- und Verkaufspositionen auf der Basis der täglichen Abrechnungspreise, die sich aus den letzten Umsätzen ergeben, neu bewertet und die daraus folgenden Gewinne bzw. Verluste über die Konten

---

[1] Wir werden uns auf die Varianten in Euro, wie sie an der Eurex Deutschland gehandelt werden, konzentrieren, da die DM-Kontrakte im Laufe des Jahres 1999 auslaufen und die Libor-basierten Geldmarktfutures an Bedeutung verloren haben.

```
FullQuote — RSFRecord EURIBOR01                                    ▣ ✕
09:10 22MAY02      EURIBOR RATES          UK31108          EURIBOR01

              LS TIME
              ACT/ 360                VALUE DATE 24/05/02
                                      FIXING ALERTS <FIXALERT>
<EURIBOR5WD=>    1WK    3.343  =========================================
<EURIBOR2WD=>    2WK    3.367  =========================================
<EURIBOR3WD=>    3WK    3.373  EURIBOR  (Euro Interbank Offered Rate)
<EURIBOR1MD=>    1MO    3.383  is the rate at which Euro interbank
<EURIBOR2MD=>    2MO    3.442  term deposits within the Euro zone are
<EURIBOR3MD=>    3MO    3.487  offered by one Prime Bank to another
                              Prime Bank.It is computed as an average
<EURIBOR4MD=>    4MO    3.526  if daily quotes provided for thirteen
<EURIBOR5MD=>    5MO    3.571  maturities by a panel of 57 of the most
<EURIBOR6MD=>    6MO    3.627  active Banks in the Euro zone.
                              It is quoted on an act/360 day count
<EURIBOR7MD=>    7MO    3.678  convention,and is fixed at 11:00am(CET)
<EURIBOR8MD=>    8MO    3.741  displayed to three decimal places.
<EURIBOR9MD=>    9MO    3.801  =========================================
                              See <EURIBOR> for details of Panel Bank
<EURIBOR10MD=>  10MO    3.855  contributions and historical recap
<EURIBOR11MD=>  11MO    3.911  displays
<EURIBOR1YD=>   12MO    3.971  =========================================
EUREPO <EUREPO> EONIA <EONIA>, LIBOR master index see <BBALIBORS> Composite
displays: (a/360) see <EURIBOR=>, (a/365) <EURIBOR365=>, <EURIBORMA>
```

Tabelle 2-15: Euribor-Sätze vom 22.05.2002

FullQuote – RSFRecord 0#FEI:

O#FEI:

| | | LIFFE EURIBOR | | | LIF/ | EUR | | | | | |
Mth	Last	Net.Ch	Bid	Ask	Settle	Open	High	Low	Volume	Op.Int	Time
JUN2	↓96.470	0.015	96.465	96.475	96.465	96.460	96.485	96.460	93984	425787	16:14
JUL2	↑96.390	0.015	96.300	96.380	96.375	96.380	96.390	96.350	653	3050	11:35
AUG2		0.015			96.250							12:54
SEP2	↓96.190	0.025	96.185	96.190	96.185	96.170	96.215	96.165	143236	380680	16:13
DEC2	↓95.845	0.045	95.845	95.850	95.840	95.810	95.875	95.800	126110	285968	16:13
MAR3	↓95.610	0.045	95.605	95.610	95.600	95.580	95.635	95.575	71816	189057	16:13
JUN3	↓95.420	0.035	95.415	95.420	95.415	95.395	95.445	95.390	21336	152863	16:14
SEP3	↑95.310	0.035	95.305	95.310	95.300	95.280	95.330	95.275	19501	123086	16:13
DEC3	↑95.195	0.040	95.185	95.190	95.180	95.160	95.210	95.160	9720	81690	16:13
MAR4	↓95.145	0.035	95.140	95.150	95.135	95.110	95.165	95.110	7285	42709	16:14
JUN4	↑95.080	0.045	95.055	95.075	95.055	95.055	95.085	95.035	1554	31133	16:13
SEP4	↑95.020	0.055	94.975	95.040	94.985	94.980	95.020	94.980	389	27375	16:13
DEC4	↓94.870	0.020	94.870	94.990	94.870	94.870	94.885	94.870	395	13681	15:06
MAR5	↓94.845	0.020	94.845	94.885	94.845	94.845	94.870	94.840	277	14013	16:04
JUN5	↓94.770	-0.010	94.770	94.910	94.790	94.790	94.800	94.770	53	11474	16:04
SEP5		0.010			94.730						1722	07:24
DEC5		0.010			94.630						607	15:14
MAR6		0.010			94.570						249	15:14
JUN6		0.010			94.525						65	16:24
SEP6		0.010			94.490						1410	10:41
DEC6		0.010			94.435							:
MAR7		0.010										:

Tabelle 2-16: Euribor-Future-Kurse vom 22.05.2002

der Marktteilnehmer gebucht (*Future Style*). Am letzten Handelstag bleibt dann lediglich noch der Schlußabrechnungspreis festzustellen und mit der sich aus der Kursbewegung zum Vortag ergebenden Wertänderung entsprechend zu verfahren.

Future	Euribor (1 Monat)	Euribor (3 Monate)
Basiswert	Zinssatz für Einmonats-Termingelder in Euro	Zinssatz für Dreimonats-Termingelder in Euro
Kontraktgröße	€ 3.000.000	€ 1.000.000
Fälligkeiten	die nächsten 6 aufeinanderfolgenden Kalendermonate	die nächsten 3 aufeinanderfolgenden Kalendermonate sowie die nächsten 11 Quartalsendmonate
letzter Handelstag	2 Tage vor dem 3. Mittwoch in den Fälligkeitsmonaten	2 Tage vor dem 3. Mittwoch in den Fälligkeitsmonaten
Erfüllung	Barausgleich	Barausgleich
Preis-Notierung	in Prozent auf 3 Dezimalstellen auf der Basis 100 abzüglich gehandeltem Zinssatz	in Prozent auf 3 Dezimalstellen auf der Basis 100 abzüglich gehandeltem Zinssatz
Tick	0,005% = € 12,5	0,005% = € 12,5

Tabelle 2-17: Geldmarktfutures an der Eurex Deutschland (Quelle: Eurex [1999])

Um zu einer für alle Zinsinstrumente einheitlichen Preisermittlung zu kommen, werden auch die Geldmarktfutures in Kursen ausgedrückt anstatt in Zinsen mit der Umrechnung: *100 minus Zins = Kurs*. Die kleinstmögliche Preisänderung (*Tick*) ist dabei ein halber Basispunkt oder 0,005%. Bezogen auf die Kontraktvolumina ergibt dies jeweils € 12,5 mit folgender Überlegung am Beispiel des Dreimonatskontraktes: 0,005% von 1 Mio. ergibt € 50; multipliziert mit der Laufzeit von einem Vierteljahr folgt der gesuchte Wert. Es wurde bereits an früherer Stelle erwähnt, daß die Zinslaufzeit genau 90 Tage beträgt unabhängig von der tatsächlichen Anzahl von Kalendertagen.

Wirtschaftlich entsprechen die Geldmarktfutures den bereits besprochenen FRAs (→ 2.3). Die Preisbestimmung folgt den Arbitragemöglichkeiten zwischen den verschiedenen Laufzeiten. Diese sind allerdings keine Einbahnstraße von den Geldmarktsätzen zu den Terminzinsen. Wir haben im Abschnitt 1.3.2 umgekehrt die Zinskurve aus den Futurekursen bestimmt. Rechnerisch ist beides möglich, in welche Richtung sich eine stärkere Wirkung entfaltet, hängt von den faktischen Marktgegebenheiten ab.

2.7.3   Kapitalmarktfutures

Bond- oder Kapitalmarktfutures sind börsennotierte Termingeschäfte auf festverzinsliche Wertpapiere von meist öffentlichen Emittenten.

Gegenüber den Geldmarktfutures sind vor allem folgende Unterschiede hervorzuheben. Alle hier vorgestellten Varianten sehen die *physische Lieferung* des Basiswertes vor, sofern Positionen über die Fälligkeit des Kontraktes hinaus gehalten werden. Dabei hat der Verkäufer das Recht, innerhalb definierter Kriterien zu wählen, welche Anleihe(n) er liefert (*Sellers Option*). Diese Kriterien beziehen sich vor allem auf die Laufzeit und den Schuldner (Bund, Treuhand).

Future	Euro-Schatz	Euro-Bobl	Euro-Bund	Euro-Buxl
Basiswert	Fiktive Schuldverschreibungen von Bund oder Treuhand mit 1¾-2¼ Jahren und 6%	Fiktive Schuldverschreibungen von Bund oder Treuhand mit 3,5-5 Jahren und 6%	Fiktive Schuldverschreibungen des Bundes mit 8½-10½ Jahren und 6%	Fiktive Schuldverschreibungen des Bundes mit 20-30½ Jahren und 6%
Größe	€ 100.000	€ 100.000	€ 100.000	€ 100.000
Fälligkeiten	Die nächsten 3 Quartalsendmonate	Die nächsten 3 Quartalsendmonate	Die nächsten 3 Quartalsendmonate	Die nächsten 3 Quartalsendmonate
letzter Handelstag	2 Tage vor dem 10ten Tag der Fälligkeitsmonate	2 Tage vor dem 10ten Tag der Fälligkeitsmonate	2 Tage vor dem 10ten Tag der Fälligkeitsmonate	2 Tage vor dem 10ten Tag der Fälligkeitsmonate
Erfüllung	Physische Lieferung	Physische Lieferung	Physische Lieferung	Physische Lieferung
Preisnotierung	in Prozent auf 2 Dezimalstellen	in Prozent auf 2 Dezimalstellen	in Prozent auf 2 Dezimalstellen	in Prozent auf 2 Dezimalstellen
Tick	0,01% = € 10	0,01% = € 10	0,01% = € 10	0,01% = € 10

Tabelle 2-18: Kapitalmarktfutures an der Eurex Deutschland (Quelle: Eurex [1999])

FullQuote – RSFRecord FGBMM2

FGBMM2	BOBL FUT 6% JUN2 DE0009652651 DTB/418 EUR			22MAY02 16:06

	Last 1	Last 2	Last 3	Last 4	Bid	Ask
Last	↑104.86	104.87	104.87	104.87	104.87	104.88
Net.Chng	Cls:21MAY02	Open	High	Low	Size	Bkgrnd
0.13	104.73	104.75	104.95	104.73	48x267	****
Settle21MAY02	Volume	Open.Int	Cnt.High	Cnt.Low	Ope.Bid	Ope.Ask
104.74	481588	570350	107.96	103.83	104.74	104.75
Cnt.Xpry	Lot.Size	Limit	Status	News	Cls.Bid	Cls.Ask
06JUN02	100000	/	/	/	104.73	104.74

FullQuote – RSFRecord FGBLM2

FGBLM2	BUND FUT 6% JUN2 DE0009652644 DTB/418 EUR			22MAY02 16:07

	Last 1	Last 2	Last 3	Last 4	Bid	Ask
Last	↓105.86	105.86	105.86	105.87	105.85	105.87
Net.Chng	Cls:21MAY02	Open	High	Low	Size	Bkgrnd
0.17	105.69	105.76	105.96	105.72	210x208	****
Settle21MAY02	Volume	Open.Int	Cnt.High	Cnt.Low	Ope.Bid	Ope.Ask
105.69	613620	703688	109.92	104.50	105.76	105.77
Cnt.Xpry	Lot.Size	Limit	Status	News	Cls.Bid	Cls.Ask
06JUN02	100000	/	/	/	105.68	105.69

Tabelle 2-19: Bund- und Boblfuture vom 22.05.2002

Zu liefern ist ein Nominalvolumen in Höhe der Anzahl der offenen Kontrakte multipliziert mit der Kontraktgröße von € 100.000. Der Käufer ist zur Abnahme verpflichtet, sofern die Qualitätsmerkmale eingehalten werden. Der Kaufpreis hängt natürlich davon ab, welche Anleihe gewählt wurde. Diesbezüglich wird als Vergleichsmaßstab eine fiktive Anleihe mit einem Coupon von 6% definiert; reale Anleihen werden mit von der Börse vorgegebenem *Conversion Factor* (CF) umgerechnet. Der *Abrechnungsbetrag*, der vom Käufer an den Verkäufer zu leisten ist, ergibt sich aus dem Produkt von (→ (2-6))

- Schlußabrechnungspreis,
- Conversion Factor sowie
- der Anzahl der Kontrakte.

Der für den deutschen Kapitalmarkt mit Abstand wichtigste und auch im Euro-Land führende Zinskontrakt ist der *Bund-Future*, ihn wollen wir deshalb im folgenden zur Diskussion der technischen Details heranziehen. Die anderen Kontrakte unterschieden sich im wesentlichen durch die Laufzeit, arbeiten aber ansonsten analog.

Der Bund-Future ist ein Terminkontrakt auf fiktive Schuldverschreibungen des Bundes mit einer idealtypischen Laufzeit von 10 Jahren und einem Coupon von 6%. Lieferbar sind Anleihen mit einer Laufzeit zwischen 8,5 und 10,5 Jahren. Tabelle 2-18 enthält die weiteren Details der jeweiligen Kontrakte; Tabelle 2-19 die Marktdaten für Bobl- und Bundfuture vom 22.05.2002. Der Umsatz belief sich an diesem Tag auf 481.000 Kontrakte, einem Volumen von € 48 Mrd.; in der gleichen Größenordnung lag auch das ‚Open Interest'. Das ist mehr als das jährliche Defizit des Bundeshaltes.

2.7.3.1 Preisbestimmung: Der Fair Value

Der faire im Sinne von arbitragefreie Future-Kurs kann mit einer vergleichbaren Logik wie ein Devisenterminkurs bestimmt werden. Dazu werden drei Geschäfte aus drei verschiedenen Märkten benutzt (*Cash&Carry-Arbitrage* → 2.7.3.2):

- Wir kaufen eine festverzinsliche Anleihe am *Bondmarkt*.
- Diese wird am *Futuremarkt* verkauft.
- Der benötigte Betrag wird am *Geldmarkt* refinanziert.

Wir interpretieren das Zusammenspiel dieser drei Märkte zunächst dergestalt, daß die Kurse für Bonds und ebenso die Geldmarktzinsen vorgegeben sind und behandeln den Futurekurs als zu bestimmende Residualgröße. Dies ist nicht logisch vorgegeben und wir werden die Perspektive auch später variieren. Eine neutralere Aussage ist, mit Hilfe der vorgeschlagenen Arbitragekette zu überprüfen, ob die drei Märkte im Gleichgewicht sind.

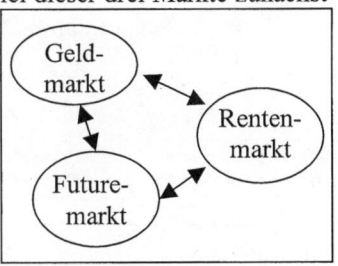

Abbildung 2-24: Arbitage zwischen Geld-, Kapital- und Futuremarkt

Beispiel 2-18

- ☐ Arbitrage wird durchgeführt per: 03.03.2003
- ☐ Geldmarktsatz für 3 Monate (i):   3,5% (365/360)
- ☐ Anleihe: Kurs (K):   99,50
              Stückzinsen: 0,50
              Coupon (C):   6% (365/365)
              Laufzeit: 01.02.2003 - 2013
- ☐ Conversion Factor (CF):   1
- ☐ Liefertag des Juni-Kontraktes: 10.06.2003

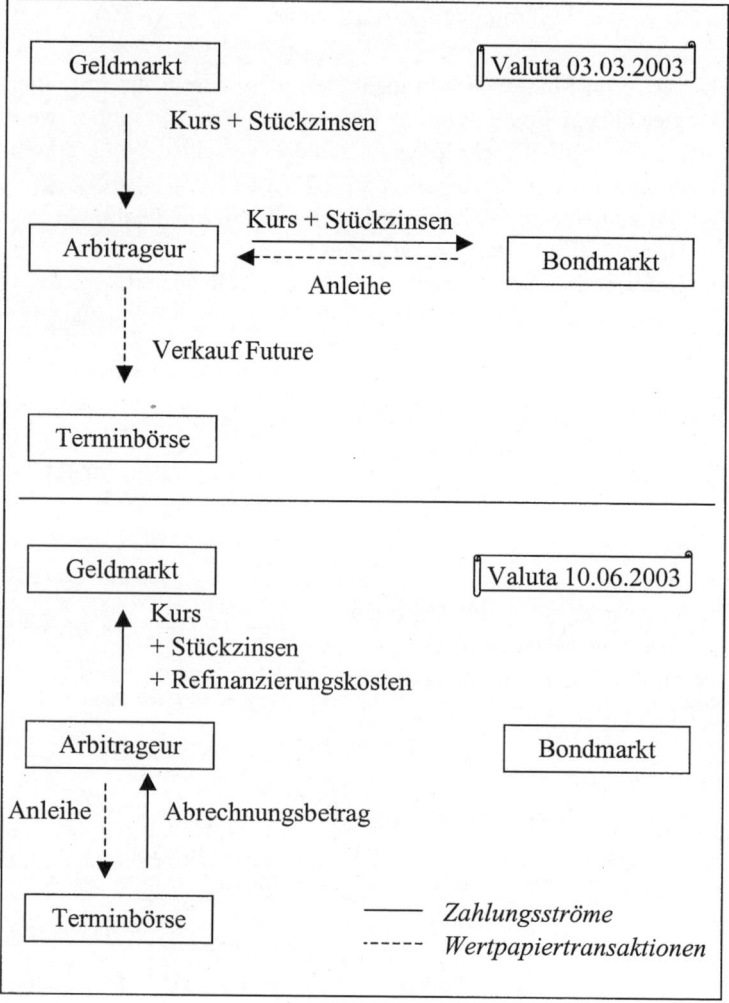

Abbildung 2-25: Arbitrage-Plan

Wir kaufen die beschriebene festverzinsliche Anleihe per 03.03.2003 in einem Nominalvolumen eines Future-Kontraktes (€ 100.000), werden allerdings in Kursgrößen rechnen, da wir denjenigen des Futures bestimmen wollen (Abbildung 2-25). Dafür müssen wir den Kassekurs von 99,50 (*clean price*) bezahlen zuzüglich der Stückzinsen, beide zusammen ergeben den *dirty price* von (nach oben gerundet) 100. Dieser Betrag ist am Geldmarkt zu refinanzieren mit 3,5%. Gleichzeitig verkaufen wir einen Future-Kontrakt an der Terminbörse zu einem Kurs, der noch zu bestimmen ist.

Am Liefertag des Futures, dem 10.06.2003, muß bei offenen Verkaufs(Short-)Positionen geliefert werden. Kein Problem für uns, wir haben einen entsprechenden Wertpapierbestand, den wir ja auch loswerden wollen, um aus dem Erlös unsere am Geldmarkt aufgenommenen Mittel zurückzahlen zu können. Der Abrechnungs- oder Andienungsbetrag (AB), den wir bei Lieferung von der Clearingstelle der Terminbörse erhalten, wird berechnet als Produkt aus dem Schlußabrechnungskurs oder Settlementpreis (SP), dem Conversion Factor (CF) sowie dem Faktor 1.000 (zur Umrechnung von der Kurseinheit 100 auf die Kontraktgröße 100.000), zuzüglich der bis dahin aufgelaufenen Stückzinsen :

(2-6) $AB = SP * CF * 1.000 + \text{Stückzinsen}$

Den Conversion Factor vernachlässigen wir noch einen Augenblick (→ 2.7.3.4), indem wir ihn auf 1 setzen, was für unser Beispiel auch annähernd realistisch ist.

Wir brauchen ferner zur Präzisierung das genaue Zeitraster (Abbildung 2-26). Dabei ist zu beachten, daß die Tageszählweise bei der Anleihe und der Geldmarktrefinanzierung unterschiedlich sind. Damit unsere Arbitrage mit einem Ergebnis von null abschließt, muß dieser Abrechnungsbetrag genau die Bedienung der Refinanzierung ermöglichen:

Kreditrückzahlung plus Zinsen = AB,

bzw. in Symbolen (in Kurseinheiten bezogen auf 100):

(2-7) $\left(K + \dfrac{C * T_0}{365} \right) * \left(1 + \dfrac{i * T_1}{36.000} \right) = SP * CF + \dfrac{C * T_2}{365}$

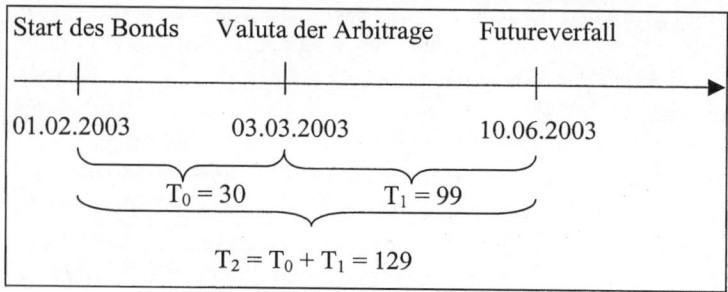

Abbildung 2-26: Arbitrageablauf

Die Gleichung enthält eine Größe, die wir nicht kennen: den Settlement-Preis bei Fälligkeit. Wenn wir einen Kontrakt verkaufen, werden aber alle Wertänderungen, die sich aus den zwischenzeitlichen Kursbewegungen von heute bis zum Verfall ergeben, über unser Konto gebucht. Erträge (bei fallenden Kursen) können wir anlegen, Verluste (bei steigenden Kursen) müssen finanziert werden. Ihnen stehen jeweils spiegelbildliche Wertänderungen in unserem Wertpapierbestand gegenüber, aus denen allerdings (noch) keine Zahlungsströme resultieren. Die Wertänderungen aus dem Bond materialisieren sich erst durch die Lieferung an die Terminbörse am Liefertag des Kontraktes. Wir können festhalten:[1]

☐ Falls die Zinsen steigen,

– fallen die Kurse des Bonds und des Futures,

---

[1] Wir ignorieren im Augenblick die Bewertungseffekte, die sich ohne Zinsänderung nur aus dem Zeitablauf ergeben.

- realisieren wir während der Laufzeit der Arbitrage Gewinne aus dem Future,
- haben wir während der Laufzeit unrealisierte Verluste aus der Bewertung der Anleihe,
- erhalten wir durch die Lieferung der Anleihe zur Begleichung der Future-Verkaufsposition weniger als deren ursprünglichen Kaufpreis.

☐ Falls die Zinsen fallen:
- steigen die Kurse des Bonds und des Futures,
- realisieren wir während der Laufzeit der Arbitrage Verluste aus dem Future,
- haben wir während der Laufzeit unrealisierte Gewinne aus der Bewertung der Anleihe,
- erhalten wir durch die Lieferung der Anleihe zur Begleichung der Future-Verkaufsposition mehr als deren ursprünglichen Kaufpreis.

Die physische Buchung der täglichen Bewertungsänderungen bilden zusammen mit den Standardisierungen den wesentlichen Unterschied zwischen einem Börsentermingeschäft und einem außerbörslichen. Für alle praktischen Zwecke kann man die Preise für beide Varianten als nahezu identisch ansehen, sofern die Laufzeit der Termingeschäfte nicht länger als einige Monate ist. Sie stimmen exakt überein, falls die Zinskurve flach und die Zinsänderungen nicht existent oder sicher vorhersehbar sind (Hull [1997], S. 55-56 sowie S. 76-77).

Wenn wir also die Zinseszinseffekte aus der zwischenzeitlichen Realisation von Gewinnen oder Verlusten vernachlässigen, können wir den Settlement-Preis in Gleichung (2-7) durch den aktuellen Future-Kurs ersetzen und dann nach dem theoretisch korrekten ‚fairen' Future-Kurs (FF) lösen:

$$(2\text{-}8) \qquad FF = \left[\left(K + \frac{C*T_0}{365} \right) \underbrace{\left(1 + \frac{i*T_1}{36.000} \right)}_{B} - \underbrace{\frac{C*T_2}{365}}_{C} \right] / CF$$

$$\underbrace{\phantom{K + \frac{C*T_0}{365}}}_{A}$$

Dieser wird vom Kaufpreis des Bonds incl. vorzuschießender Stückzinsen, dem dirty price, bestimmt (A). Jener wird aufgezinst (B), um die Refinanzierungskosten einzubeziehen. Ferner erhalten wir bei Lieferung die bis dahin aufgelaufenen Stückzinsen (C). Noch einmal mit unserer Grundlogik aus Abschnitt 2.1 betrachtet: (A) ist der Kassekurs incl. Stückzinsen, mit dem Zinsfaktor in (B) werden die Kosten addiert und mit (C) die Erträge subtrahiert. Im Beispiel:

$$FF = \left[\left(99{,}50 + \frac{6*30}{365} \right) \left(1 + \frac{3{,}5*99}{36.000} \right) - \frac{6*129}{365} \right] / CF = 98{,}84$$

Dabei haben wir zwei Fragen auf der Wiedervorlage:
- Wie wird der Conversion Factor berechnet ($\rightarrow$ 2.7.3.4)?
- Falls mehrere Anleihen für die Arbitrage in Frage kommen: Welche wählen wir ($\rightarrow$ 2.7.3.5)?

Die Wirkung der einzelnen Einflußgrößen soll anhand der folgenden Aufgaben nachvollzogen werden. LeserInnen, die an den ökonomischen Zusammenhängen, weniger an rechentechnischen Details interessiert sind, mögen zur Diskussion der Ergebnisse übergehen.

Zur Lösung der folgenden Beispiele wird jeweils nur eine Variable verändert, um die Ergebnisse vergleichen zu können (Abbildung 2-27).

Beispiel 2-19

Wie ist der theoretische Futurekurs, wenn der Kurs der Anleihe auf 101 steigt?

Beispiel 2-20
Wie ist der theoretische Futurekurs, wenn die Arbitrage bei sonst gleichen Angaben per 03.04.2003 durchgeführt wird?

Beispiel 2-21
Wie ist der theoretische Futurekurs, wenn der Drei-Monats-Zins auf 8% steigt?

Beispiel 2-22
Wie ist der theoretische Futurekurs am 10.06.2003, wenn alle Marktdaten bis dann unverändert bleiben?

Beispiel 2-23
Wie hoch ist rechnerisch der *Time-Spread* (die Kursdifferenz) zwischen dem Juni- und dem September-Kontrakt (fällig am 10.09.2003)?

☐ Unsere Anleihe wird offensichtlich in der Ausgangskonstellation am Terminmarkt mit einem Abschlag gehandelt – warum? Wenn wir die Arbitrage wie beschrieben durchführen, entstehen Refinanzierungskosten in Höhe von 3,5%. Dagegen erhalten wir zeitanteilige Stückzinsen in Höhe von 6%. Ignorieren wir für eine überschlägige Rechnung die Tatsache, daß für die Zinsen unterschiedliche Tageszählweisen Anwendung finden, so entsteht ein Zinsvorteil von 2,5% p.a. oder ca. 0,62% pro Quartal. Dies bedeutet, wir können die Anleihe 0,62 Kurspunkte auf 100 billiger per Termin verkaufen, als wir sie per Kasse eingekauft haben: 99,50 – 0,62 = 98,88, ein Ergebnis, das wir gut nachvollziehen können; der tatsächliche Wert liegt etwas niedriger, da die Laufzeit etwas länger als ein Quartal ist.

☐ Erhöhen wir den Kurs um 1,50 Punkte auf 101, so sollte der Future in etwa gleichem Umfang steigen, was er mit 151 ticks auch macht (Beispiel 2-19).

	B	C	D	E	F	G	H	I
1								
2								
3			B 2-18	B 2-19	B 2-20	B 2-21	B 2-22	B 2-23
4	Coupon	C	6	6	6	6	6	6
5	Kurs	K	99,5	*101*	99,5	99,5	99,5	99,5
6	Geldmarktsatz/Repo	i	3,5	3,5	3,5	*8*	3,5	3,5
7	letzte Couponzahlung		01.02.2003	01.02.2003	01.02.2003	01.02.2003	01.02.2003	01.02.2003
8	Valutierung		03.03.2003	03.03.2003	***03.04.2003***	03.03.2003	***10.06.2003***	03.03.2003
9	Fälligkeit des Futures		10.06.2003	10.06.2003	10.06.2003	10.06.2003	10.06.2003	***10.09.2003***
10	Conversion Factor	CF	1,0000	1,0000	1,0000	1,0000	1,0000	1,0000
11	Stückzinsen bei Valutierung	T0	30	30	61	30	129	30
12	Zinstage Geldmarkt	T1	99	99	68	99	0	191
13	Stückzinsen bei Fälligkeit	T2	129	129	129	129	129	221
14	Fairer Future-Kurs	FF	98,84	100,35	99,05	100,07	99,50	98,22

Abbildung 2-27: Reaktion des Futurekurses auf verschiedene Variable

☐ Verschieben wir die Zeit um einen Monat, so steigt der Future um 21 ticks (Beispiel 2-20). Der Zinsvorteil von 2,5% aus unserer Arbitrage ist offensichtlich proportional zur Zeit: 62 ticks pro Quartal oder 20-21 pro Monat. Verkürzen wir den Arbitragezeitraum, verringert sich der ‚Abschlag', zu dem wir die Anleihe per Termin verkaufen können. Dies bedeutet, daß der Future zum Kassekurs konvergiert, in unserem Fall von unten.

☐ Die Erhöhung des Geldmarktzinses auf 8% ändert das Bild der Zinskurve zur Inversität. Unsere Refinanzierungskosten übersteigen nunmehr die Stückzinsen. Deshalb können wir den Bond per Termin nur mit einem Aufschlag verkaufen zu einem Kurs von 100,07 (Beispiel 2-21). Bei unveränderten Marktbedingungen konvergiert der Terminkurs nunmehr von oben zum Kassekurs.

☐ Bei unveränderten Bedingungen stimmen bei Verfall Kasse- und Terminkurs überein (Beispiel 2-22). Um Mißverständnissen vorzubeugen: Wir haben den speziellen Fall von CF = 1 vor uns.

☐ Die Zeitproportionalität der Effekte zeigt sich auch, wenn man die Laufzeit der Arbitrage verlängert, um den Juni- und den September-Kontrakt vergleichen zu können. Unter ursprünglichen Marktpreisen hat der länger laufende Kontrakt den höheren Abschlag, die Differenz zwischen den beiden Terminkursen im Sinne des kürzerlaufenden (nearby) abzüglich des längerlaufenden (back month) Kontraktes beträgt 62 Ticks (Beispiel 2-23), die wir bereits in der Überschlagsrechnung als Abschlag pro Quartal erzielt hatten.

2.7.3.2 Cash&Carry-Arbitrage und Implied Repo Rate

Im vorherigen Abschnitt wurde der faire Futurekurs mit Hilfe eines Gleichgewichtes zwischen dem Geldmarkt sowie dem Wertpapier-Kasse- und dem Wertpapierterminmarkt hergeleitet. Lösen wir uns von der Vorstellung, daß Märkte immer perfekt im

Gleichgewicht sind. Das kann verschiedene Gründe haben wie z.B.
Transaktions- und Informationskosten, aber auch auf dem Einfluß
des Repo-Marktes beruhen, wie wir etwas später diskutieren werden.

Die *Implied Repo Rate* (IRR) gibt an, wie sich der bei der
Cash&Carry-Arbitrage eingesetzte Kapitalbetrag verzinst bzw. zu
welchem Zins bei der umgekehrten (Reverse) Cash&Carry-
Arbitrage Geld aufgenommen werden kann. Ist der Future fair bewertet, so entspricht die IRR genau dem Geldmarktsatz für die
Laufzeit des Futures. Weicht der Terminkurs vom rechnerisch korrekten Niveau ab, kann entweder Geld teurer angelegt oder billiger
aufgenommen werden.

	Kurse	*Zinsen*	*Arbitrage*
A	F > FF	IRR > i	Kauf des Bonds
			Verkauf des Futures
B	F = FF	IRR = i	Keine
C	F < FF	IRR < i	Verkauf des Bonds
			Kauf des Futures

Tabelle 2-20: Cash&Carry-Arbitrage

Die Tabelle 2-20 faßt die möglichen Konstellationen zusammen
mit der mittleren (B) als Maßstab, hier stimmt der faire (FF) mit
dem tatsächlichen (F) Kurs überein. Noch einmal: Bei Abweichungen davon gibt es kein durchgreifendes Argument zu sagen,
welcher von den beiden Preisen (Kasse- oder Terminkurs) falsch
ist.[1] Wir müssen uns auf die schwächere Aussage zurückziehen,

---

[1] Eher ließe sich diskutieren, welcher Markt sich anzupassen habe. Manche
Teilnehmer am Wertpapier-Kassemarkt neigen dazu, das Gewicht der physischen Ware im Vergleich zum Terminmarkt als dominierend anzusehen und
meinen, der Schwanz könne schließlich nicht mit dem Hund wedeln. Doch der
Terminmarkt hat einen Vorteil: niedrigere Transaktionskosten. Deshalb gehen

daß das Verhältnis zwischen den beiden nicht korrekt im Sinne von arbitragefrei ist.

Variante A zeigt einen überbewerteten Kontrakt (F > FF), es ist naheliegend, dies durch Kauf des relativ billigen und Verkauf des relativ teuren Vermögenswertes auszunutzen. Aber was ist hier was? Der Bond wird offensichtlich am Terminmarkt zu teuer angeboten, im Verhältnis dazu ist er am Kassemarkt zu billig. Dies kann arbitriert werden durch Kauf am Kassemarkt bei gleichzeitigem Verkauf am Terminmarkt. Durch die Gegenläufigkeit der Positionen ist man zugleich immunisiert gegen Änderungen der langfristigen Zinsen.

Der Wertpapierkauf bindet Kapital bis zum Verfall des Kontraktes, wenn die Mittel durch den Gegenwert der Lieferung des Bonds an die Terminbörse wieder frei werden. Die Arbitrage ist also einer Anlage in einer Geldmarktlaufzeit vergleichbar, deren Verzinsung der IRR entspricht. Kann der Future wie in Konstellation A über seinem rechnerischen Wert verkauft werden, dann erbringt die Arbitrage eine implizite Verzinsung, die über dem Geldmarktsatz (i) liegt. Folglich darf man vermuten, daß dies so lange ausgenützt wird, bis beide Zinsen gleich hoch sind.

Variante C beinhaltet eine zusätzliche Hürde. Hier wird die Anleihe am Kassemarkt zu teuer gehandelt und sollte folglich verkauft werden, um sie per Termin zurückzukaufen. Sofern wir die Anleihe im Depot haben, verkaufen wir sie, was einer impliziten Mittelaufnahme entspricht mit einer Tilgung durch die Begleichung der Andienung bei Future-Verfall. Die implizite Verzinsung dieses ‚Kredites' liegt in diesem Fall unter dem Geldmarktniveau.

Marktbewegungen oft vom Terminmarkt aus und der Kassemarkt muß folgen, um sich nicht der Arbitrage auszusetzen.

Was aber, wenn wir die Anleihe nicht im Bestand haben? Dann hilft der *Repo-Markt*.[1] Der Name basiert auf den *Repurchase Agreements*, die eine Kombination aus einem Wertpapierkasse-Geschäft mit einem gegenläufigen Termingeschäft beinhalten. Dies kennt man aus den Wertpapierpensionsgeschäften der Bundesbank bzw. jetzt der Europäischen Zentralbank, bei denen die Geschäftsbanken Wertpapiere an die Notenbank verkaufen bei gleichzeitig vereinbartem Rückkauf zu einem bestimmten Termin. Dadurch wird dem Bankensektor zu einem impliziten Zins für die Laufzeit der Vereinbarung befristet Liquidität zur Verfügung gestellt.[2] Warum so kompliziert? Der Unterschied zur ‚normalen' Kreditvergabe ist die Besicherung durch die Bonds, dadurch wird eine andere Qualität des Kreditrisikos erreicht.

Ein Repo-Geschäft wäre also eine Möglichkeit, unser kleines Problem zu lösen, etwas verkaufen zu wollen, was wir gar nicht haben. Wir kaufen die Anleihe mit der gleichzeitigen Vereinbarung des Verkaufs per Termin und erhalten dafür einen impliziten Zinssatz; jetzt wird auch die Bezeichnung ‚Implied Repo Rate' klarer. Eine zweite Möglichkeit wäre die befristete *Wertpapierleihe* gegen Zahlung einer Gebühr, um sie dann verkaufen zu können. Die Arbitrage folgt, in diesem Fall als *Reverse Cash&Carry-Arbitrage* bezeichnet wird, dem in Abbildung 2-28 dargestellten Schema.

Ausgangspunkt ist die in Form eines Leih- oder Repo-Geschäftes beschaffte Anleihe, die am Kassemarkt verkauft wird bei gleichzeitigem Kauf eines Terminkontraktes. Bei Kontraktfälligkeit lassen wir uns die Anleihe liefern und erfüllen damit unsere Rückgabeverpflichtung aus Leihe oder Repo.

---

[1] Zur Systematisierung der verschiedenen Formen der Wertpapierleihe vgl. Hartmann-Wendels/Pfingsten/Weber [1998], S. 311ff.

[2] Auch die Devisenswapgeschäfte beinhalten vergleichbare Transaktionen.

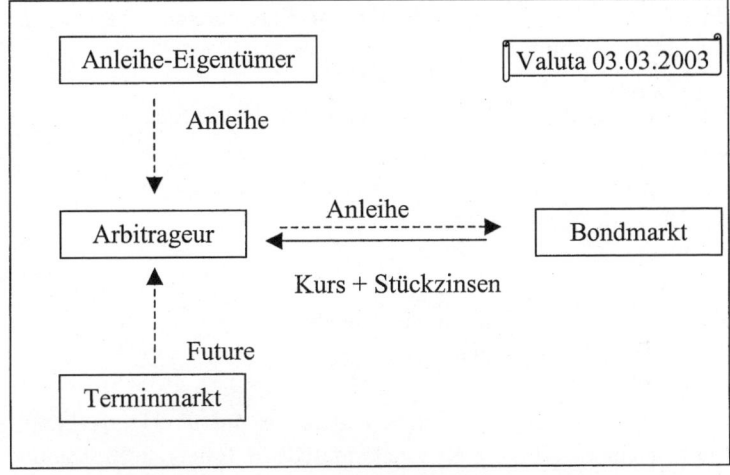

Abbildung 2-28: Reverse Cash&Carry-Arbitrage

Wir können die Konstellationen A und C noch einmal unter einer anderen Perspektive, der der Liquiditätsströme und damit des etwas vernachlässigten Geldmarktes, zusammenfassen:

☐ Die Cash&Carry-Arbitrage (A) beinhaltet eine implizite Plazierung von Kapital zur IRR durch den Kauf des Bonds. Die Refinanzierung erfolgt am Geldmarkt.

☐ Die umgekehrte Cash&Carry-Arbitrage (C) führt durch Anleihe-Verkauf zu einer impliziten Mittelaufnahme zur IRR.

Wo ist das Arbitrage-Gleichgewicht? Wie hoch sind die Implied Repo Rates in der Realität? Es ist nicht einer naheliegenden Vermutung folgend die Konstellation B mit IRR = i, sondern C mit IRR < i! Anleihen sind real am Kassemarkt etwas zu teuer, entsprechend liegt der Future unter dem theoretischen Wert. Die Arbitrage wird jedoch durch die Leihgebühr verhindert. Diese wiederum zieht ihre Existenzberechtigung aus der Tatsache, daß eine mit Wertpapieren besicherte Mittelaufnahme aufgrund des geringeren Ausfallrisikos günstiger ist. Auch unsere umgekehrte

Cash&Carry-Arbitrage ist ja im Grunde eine mit Bonds besicherte Kapitalbeschaffung.

Wir haben noch die IRR zu berechnen und verwenden dazu das folgende

Beispiel 2-24
Angaben wie in Beispiel 2-18 außer:
☐ Future-Kurs: 98,80

a) Welche Arbitrage führen wir durch?
b) Mit welchem Ergebnis?

Den arbitragefreien Terminkurs hatten wir mit 98,84 errechnet, folglich gilt F < FF, die Konstellation (C) in Tabelle 2-20. Damit ist Frage a) zu beantworten: Es kommt die Reverse Cash&Carry-Arbitrage in Frage. Unterdrücken wir die Frage der Leihgebühren mit der Annahme, wir hätten die notwendigen Wertpapiere im Bestand. Diese sind nunmehr am Kassemarkt zu verkaufen bei gleichzeitigem Rückkauf in Future-Form. Für dessen Laufzeit haben wir uns damit Liquidität beschafft – zu welchem Zins?
Um dies zu berechnen (b), greifen wir auf die Gleichung (2-8) zurück, und geben nun nicht mehr den Geldmarktzins vor und berechnen den Terminkurs, sondern benutzen den aktuellen Terminkurs und lösen nach der IRR:

$$F = \left[\left(K + \frac{C * T_0}{365} \right) \left(1 + \frac{IRR * T_1}{36.000} \right) - \frac{C * T_2}{365} \right] / CF$$

Einige Umstellungen ergeben:

$$(2\text{-}9) \quad IRR = \left[\frac{\left(F * CF + \dfrac{C * T_2}{365} \right)}{K + \dfrac{C * T_0}{365}} - 1 \right] * \frac{36.000}{T_1} \ ,$$

eine Formel, in die zwar eine Reihe von Größen einfließen, die jedoch im Kern der Renditeberechnung im unterjährigen Bereich entspricht ($\to$ (1-11). Im Zähler steht der für die Lieferung aus dem Future zu zahlende Andienungsbetrag, im Nenner der Verkaufspreis am Kassemarkt, jeweils incl. Stückzinsen. Im Beispiel erhalten wir bei Verkauf der Anleihe incl. Stückzinsen 99,9932. Der Rückkauf per Termin kostet 100,9205.[1] Dieser Zahlungsstrom entspricht einer Kreditaufnahme mit einer Effektivverzinsung von

$$IRR = \left[\frac{\left(98,80*1+\dfrac{6*129}{365}\right)}{99,50+\dfrac{6*30}{365}}-1\right]*\frac{36.000}{99} = \left(\frac{100,9205}{99,9932}-1\right)*\frac{36.000}{99} = 3,3726$$

Wir können uns also unter dem Geldmarktsatz von 3,5% für diese Laufzeit finanzieren. Die Interpretation kann auf zwei Ebenen erfolgen:

☐ Aus der Technik der Bestimmung von Terminkursen wissen wir auf unser Beispiel bezogen, daß wir unsere Anleihe etwas zu teuer verkaufen können oder, was das gleiche besagt, den Terminkontrakt etwas unter Wert kaufen. Die Kombination aus beidem erlaubt eine günstige Finanzierung.

☐ Als Besitzer der Anleihe sind wir in der vorteilhaften Lage, Kredit mit einer Besicherung durch die Hinterlegung der Wertpapiere aufnehmen zu können, was sich ebenfalls in einer Konditionsverbesserung niederschlagen sollte.

Der Umfang der Unterbewertung des Futures bzw. wie stark die IRR unter dem Geldmarktzins liegt, hängt von den Gebühren für die Wertpapierleihe sowie der Renditedifferenz zwischen einem unbesicherten und einem besicherten Kredit ab.

---

[1] Siehe Alternativrechnung im Arbeitsblatt.

2.7.3.3   Basis

Ein in der Praxis üblicher Sprachgebrauch, um die relative Lage des Kassekurses zum theoretischen sowie zum aktuellen Terminkurs zu beschreiben, benutzt den Begriff der Basis mit den Varianten (→ Diwald [1994], S. 199f.):

☐ Die *Basis* (=*Bruttobasis*) ist definiert als die Differenz zwischen dem Kasse- und dem Terminkurs einer Anleihe. Dabei ist zu berücksichtigen, daß dem Future-Kontrakt keine reale, sondern eine fiktive Anleihe mit idealtypischen Eigenschaften zugrunde liegt. Der Future-Kurs kann folglich nicht als Terminkurs einer bestimmten Anleihe interpretiert werden. Erst die Multiplikation des Future-Kurses mit dem Conversion Factor eines Bonds erlaubt den Vergleich mit dessen Kassekurs. Deshalb gilt:[1]

$$Bruttobasis = K - F*CF$$

☐ Die *Nettobasis* (=*Wertbasis*) entspricht der Differenz zwischen dem theoretischen und dem tatsächlichen Futurekurs multipliziert mit dem CF:

$$Nettobasis = (FF - F)*CF$$

Sie ist ein Maß für die Fehlbewertung des Futures, wenn eine bestimmte Anleihe zugrunde gelegt wird. Sie kann auch aus der Differenz zwischen der aktuellen und der theoretischen Basis entwickelt werden:

$$Nettobasis = (K - F*CF) - (K - FF*CF) = (FF - F)*CF$$

☐ Als *Carrybasis* wird die theoretisch korrekte Basis bezeichnet:

$$Carrybasis = K - FF*CF.$$

---

[1] Die Vorzeichen werden manchmal auch umgekehrt definiert, vgl. Steiner/Bruns [2000], S. 441

Sie spiegelt den reinen Zeiteffekt aus dem Zusammenspiel von Refinanzierungskosten und Stückzinsen wider.

In unserem Ausgangs-Beispiel 2-18 hatten wir bei einem CF = 1 einen theoretischen Terminkurs von FF = 98,84 errechnet; ferner war im Beispiel 2-24 ein aktueller Future-Kurs von F = 98,80 angenommen worden. Abbildung 2-29 stellt diese Konstellation zusammen mit der Implied Repo Rate dar.

Der aktuelle Terminkurs liegt gemäß Annahme unter seinem rechnerischen Niveau, dies geht mit einer Implied Repo Rate unter dem Geldmarktsatz einher. Die Nettobasis liegt ebenso wie die Bruttobasis im positiven Bereich. Die positive Carrybasis folgt aus der Tatsache, daß die Stückzinsen über den Refinanzierungskosten liegen.

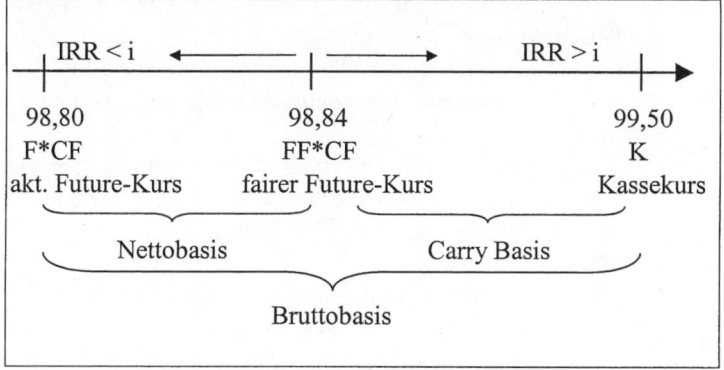

Abbildung 2-29: Brutto- und Nettobasis

Dies gibt Gelegenheit zu einem Zwischenresümee mit einer Fallunterscheidung, die am Verlauf der Zinskurve orientiert ist.

1. *Normalverlaufende Zinskurve*: Der Geldmarktsatz liegt unter der Rendite der Anleihe.

    a) Der Future wird mit einem Abschlag gehandelt. Dies ist deshalb möglich, weil der Käufer der Anleihe in der

Cash&Carry-Arbitrage zeitanteilig Erträge erzielt, die über seinen Refinanzierungskosten am Geldmarkt liegen.

b) Der Future-Kurs für eine entferntere Kontraktfälligkeit liegt unter dem der näheren Kontraktfälligkeit, d.h., der Abschlag nimmt mit der Laufzeit zu.

c) Die Bruttobasis ist positiv.

d) Der Future-Kurs steigt bei unveränderten Marktdaten im Zeitablauf.

e) Der Zeiteffekt (Carry) ist positiv, d.h., der Käufer des Futures macht bei unveränderten Marktdaten im Zeitablauf Gewinn.

2. *Inverse Zinskurve*: Der Geldmarktsatz liegt über der Rendite der Anleihe.

a) Der Future wird mit einem Aufschlag gehandelt. Dies ist deshalb notwendig, weil der Käufer der Anleihe in der Cash&Carry-Arbitrage zeitanteilig Erträge erzielt, die nicht zur Deckung seiner Refinanzierungskosten am Geldmarkt ausreichen.

b) Der Future-Kurs für eine entferntere Kontraktfälligkeit liegt über dem der näheren Kontraktfälligkeit, d.h., der Aufschlag nimmt mit der Laufzeit zu.

c) Die Bruttobasis ist negativ.

d) Der Future-Kurs fällt bei unveränderten Marktdaten im Zeitablauf.

e) Der Zeiteffekt ist negativ, d.h., der Käufer des Futures macht bei unveränderten Marktdaten im Zeitablauf Verlust.

3. In beiden Fällen gilt bei Kontraktfälligkeit:

a) Die Bruttobasis ist null.

b) Die Nettobasis ist null.

c) Der mit dem Conversion Factor multiplizierte Future-Kurs entspricht dem Kassekurs der Anleihe (genauer: dem Kassekurs der Cheapest-to-Deliver-Anleihe).

Aufgabe 2-11

Sie wollen eine Zinsposition, bei der Sie feste Zinsen erhalten, mit Bund-Futures absichern.

a) Ist die Konstellation von Beispiel 2-24 (F < FF) für Sie günstig oder ungünstig?

b) Falls notwendig - welche natürliche Alternative bietet sich an?

2.7.3.4 Conversion Factor

Der Bundfuture, um dieses Beispiel erneut herauszugreifen, unterstellt eine fiktive oder ideale Anleihe von 10 Jahren Laufzeit und einen Coupon von 6%. Als lieferbar, d.h. bei Fälligkeit vom Halter einer Verkaufsposition ‚anzudienen‘, sind Anleihen innerhalb eines Bandes von 8,5 - 10,5 Jahren (Rest-)Laufzeit mit einem beliebigen Coupon; ihm/ihr obliegt auch die Auswahl. Diese realen Anleihen mit unterschiedlichen Laufzeiten und Coupons gilt es, mit Hilfe des Conversion Factors in die idealtypische Anleihe umzurechnen. Um eindeutige Bedingungen für die Lieferung zu definieren, berechnet und veröffentlicht die Börse die CF für jede lieferbare Anleihe. Diese sind dann für die Festlegung des Andienungsbetrages zu verwenden (siehe oben).

Der *Conversion Factor* gibt denjenigen (auf eine Einheit bezogenen) Kurs an, der die Rendite einer Anleihe auf genau 6% stellt. Dieser Kurs muß incl. Stückzinsen genau dem mit 6% diskontierten Zahlungsstrom entsprechen:

Kurs + Stückzinsen = PV(Couponzahlungen) + PV(Rückzahlung).

Die von den Terminbörsen bei der Berechnung verwendete Formel (→ Liffe [1992], Deutsche Börse [1996]) arbeitet in zwei Schritten:

- Zunächst wird die Zahlungsreihe auf den nächsten Zinstermin diskontiert, also eine glatte Anzahl von Jahren.

- Der Barwert aus dem ersten Schritt wird für die gebrochene erste Zinsperiode diskontiert auf den Liefertag des Future-Kontraktes unter Verwendung eines exponentiellen Zeitfaktors mit nach unten gerundeten ganzen Monaten.

Im allgemeinen Fall ergibt sich:[1]

$$(2\text{-}10) \quad K = 1{,}06^{\frac{-m}{12}} * \left[C*\left(1{,}06^0 + 1{,}06^{-1} + \ldots + 1{,}06^{-n}\right) + 1{,}06^{-n} *100 \right] - C*\left(1 - \frac{m}{12}\right)$$

$$\underbrace{\hphantom{1{,}06^{\frac{-m}{12}} *}}_{A} \underbrace{\hphantom{C*(1{,}06^0 + 1{,}06^{-1} + \ldots + 1{,}06^{-n})}}_{B} \underbrace{\hphantom{+ 1{,}06^{-n} *100}}_{C} \underbrace{\hphantom{- C*(1 - m/12)}}_{D}$$

mit

m: Anzahl der Monate bis zur nächsten Couponzahlung, nach unten gerundet, vom Liefertag des Futures an gerechnet;

n: Anzahl der ganzen Jahre Restlaufzeit vom Zeitpunkt der nächsten Couponzahlung an.

B und C bezeichnen die Barwerte der Couponzahlungen bzw. der Rückzahlung des Nominalbetrages, jeweils bezogen auf den nächsten Zinstermin. Die Summe aus beiden wird für m Monate diskontiert (A) und um die aufgelaufenen Stückzinsen bereinigt (D).

Beispiel 2-25

Wie hoch ist der Conversion Factor unter Verwendung der Anleihe von Beispiel 2-18 (n = 9 Jahre, m = 7 Monate)?

Die Berechnung folgt dem Schema der Abbildung 2-30.

Der Barwert aus Coupon-Zahlungen und Nominalwert ergibt bei einer glatten Restlaufzeit von 9 Jahren genau 106 mit den Teilergebnissen für den Barwert der Coupons und des Nominalwertes. Da Coupon und Rendite übereinstimmen, müßte der Kurs bei 100 liegen; zuzüglich der 10ten Zinszahlung ist das Zwischenergebnis plausibel.

---

[1] Diese Renditeformel entspricht, wenn man von der Rundung der Laufzeit absieht, der an internationalen Wertpapiermärkten üblichen ISMA-Formel, vgl. Commerzbank [1994].

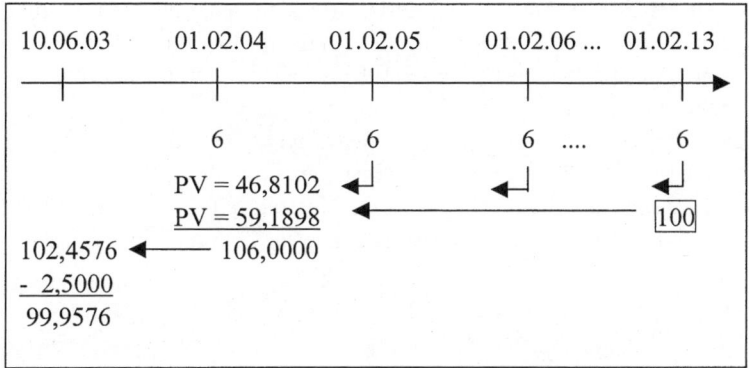

Abbildung 2-30: Berechnung des Conversion Factors

Diskontieren wir im zweiten Schritt für die gebrochene erste Zins-periode von 8 Monaten und bereinigen um die Stückzinsen für den abgelaufenen Teil dieser Zinsperiode, so folgt ein Kurs von 99,9576. In kompakter Schreibweise:

$$K = 1,06^{\frac{-7}{12}} * \left[6 * \sum_{t=0}^{9} 1,06^{-t} + 1,06^{-9} * 100 \right] - 6 * \left(1 - \frac{7}{12} \right)$$

$$= 0,966581 * (46,8102 + 59,1898) - 2,50 = 99,9576.$$

Unsere Muster-Anleihe hat also einen CF von 0,999576 (Kurs/100), entsprechend ist ihre Rendite bei Fälligkeit des Futures 6% für einen Kurs von 99,9576. Bei Lieferung des Bonds zur Be-gleichung einer offenen Verkaufsposition in den Future ist der CF einer der Faktoren, die den zu erhaltenden/zahlenden Gegenwert bestimmen (→ 2.7.3.1). Die Börsenregel unterstellt:

(2-11)   Kurs der realen Anleihe = CF * Kurs der fiktiven Anleihe

bzw.

(2-12)   CF = Kurs der realen Anleihe / Kurs der fiktiven Anleihe

Aus der Bewertung von Bonds ist offensichtlich, daß der CF mit dem Coupon steigt. Da Anleihen mit einem über dem Markt liegenden Coupon über par (über 100) gehandelt werden und umgekehrt, gilt als Merkregel (für glatte Laufzeiten) :

- CF > 1:   für Anleihen mit einem Coupon über 6%;
- CF < 1:   für Anleihen mit einem Coupon unter 6%.

Es ist ebenso naheliegend, daß der Lieferant einer Anleihe einen um so höheres Entgelt erwartet, je höher der Coupon seines Bonds.

Aufgabe 2-12
Wie hoch ist der Conversion Factor für die Lieferung der Anleihe in den September-Kontrakt?

2.7.3.5 Cheapest-to-Deliver-Bond

Wir haben bisher die Frage vor uns her geschoben, wie wir uns eigentlich verhalten, falls es mehrere lieferbare Anleihen gibt, die wir für die (Reverse) Cash&Carry-Arbitrage benutzen oder auch aus anderen Gründen bei Future-Fälligkeit liefern. Wenn wir die Wahl haben, sie liegt laut Börsenregel beim Future-Verkäufer, so wählen wir die rechnerisch billigste Anleihe, diese wird als *Cheapest-to-Deliver (CTD)-Bond* bezeichnet.

Das ist natürlich nicht die Anleihe mit dem niedrigsten Kurs, denn die hat vermutlich auch den niedrigsten Coupon und damit Conversion Factor und bringt folglich den geringsten Andienungsbetrag. Wir müssen vielmehr nach einem relativen Wertmaß suchen, hier helfen die Überlegungen aus Abschnitt 2.7.3.2 und insbesondere Tabelle 2-20. Wir hatten dort festgestellt, daß wir die Cash&Carry-Arbitrage dann durchführen, wenn die damit implizit zu erzielende Verzinsung über dem Geldmarktsatz liegt. Nehmen wir nunmehr den Future-Kurs als gegeben an, und prüfen alle in Frage kommenden Anleihen, so führt dies zu der Entscheidungsregel, denjenigen Bond zu liefern, der die IRR maximiert.[1] Er ist bei gegebenem Terminkurs der relativ billigste. Dies wird in der Regel auch die Anleihe mit der niedrigsten Basis sein.

Abgesehen von kleinen Marktunvollkommenheiten, die in der nicht perfekt synchronen Entwicklung der Anleihen liegen, gibt es systematische Effekte in der CTD-Berechnung in Abhängigkeit vom Zinsniveau. Diese beruhen darauf, daß die CF-Berechnung eine Preisbestimmung bei einem fiktiven Zinsniveau von 6% vornimmt. Anders formuliert: die Gleichung (2-12) unterstellt ein (bei verschiedenen Marktzinsniveaus) konstantes Kursverhältnis zwischen der realen und der fiktiven Anleihe. Dies ist aber um so ungenauer, je mehr der reale Coupon von 6% abweicht.

Angenommen, lieferbar sei entweder ein Fünf-Prozenter oder ein Sieben-Prozenter bei einer Laufzeit von genau 10 Jahren. Bei einer Diskontierung mit 6% ergibt sich ein Kurs (für eine Einheit), der dem CF entspricht:[2]

- für den Fünf-Prozenter: 0,926399
- für den Sieben-Prozenter: 1,073601

Aufgrund der unterschiedlichen Duration der beiden Anleihen reagieren diese jedoch verschieden auf Zinsänderungen. Der Fünf-Prozenter hat die etwas höhere Duration, d.h., der Kurs sinkt mehr bei steigenden Zinsen und steigt auch mehr bei fallenden Zinsen, wie die folgende Tabelle zeigt.

---

[1] Wir haben bereits angemerkt, daß die IRR in der Realität meist unter dem Geldmarktsatz liegen. Der CTD-Bond kommt diesem Niveau am nächsten, alle anderen Anleihen liegen in der IRR noch weiter darunter, nicht selten im negativen Bereich. Die naheliegende Vermutung, dies mit der Reverse Cash&Carry-Arbitrage auszunutzen, um eine billige Finanzierung darzustellen, hat einen Haken: Die Gegenseite wählt aus, welche Anleihe sie liefert!

[2] Die Ergebnisse lassen sich z.B. mit Hilfe des Arbeitsblattes zum Beispiel 2-25 nachvollziehen, ebenso die der Tabelle 2-21.

Marktzinsniveau	5%	6%	7%
A: Fünf-Prozenter	100	92,6399	85,9528
B: Sieben-Prozenter	115,4435	107,3601	100
Kursverhältnis B/A	1,1544	1,1589	1,1634

Hinweis: Die Berechnungen unterstellen eine flache Zinskurve.

Tabelle 2-21: Kursentwicklung zweier Anleihen mit unterschiedlichem Coupon

Bei einem Zinsniveau von 6% entspricht der Kurs dem hundertfachen des CF. Mit steigenden Zinsen entwickelt sich der Sieben-Prozenter relativ besser, d.h., er fällt langsamer. Da der CF und damit der Andienungsbetrag diese unterschiedliche Performance nicht beachtet, sondern ein konstantes Austauschverhältnis zwischen beiden unterstellt, wird der stärker gefallene Fünf-Prozenter der CTD-Bond. Er kann am Markt relativ billiger gekauft werden, als er an der Terminbörse für die Lieferung akzeptiert wird. Umgekehrt ist der Kursgewinn des Fünf-Prozenters bei fallenden Zinsen größer als beim Sieben-Pozenter, folglich wird letzterer der CTD-Bond.

Die eigentliche Ursache dafür liegt in der unterschiedlichen Duration, die vom Coupon, aber auch von der Laufzeit abhängt. Folglich wird, faire Bewertung unterstellt, bei hohen Zinsen der Fünf-Prozenter für die Lieferung in den Future vorgezogen, bei fallenden Zinsen der Sieben-Prozenter. Ähnliche Überlegungen gelten bezüglich der Laufzeit, wie die folgende Tabelle zusammenstellt:

ZINSNIVEAU	CTD
unter 6%	hoher Coupon, kurze Laufzeit
über 6%	niedriger Coupon, lange Laufzeit

Tabelle 2-22: CTD-Auswahl

Aufgabe 2-13

Es gelten die Angaben von Beispiel 2-18 mit folgender Ausnahme: es sind nunmehr die in der folgenden Tabelle angegebenen Anleihen lieferbar (Anleihe B entspricht der bisher verwendeten, hier wird allerdings der genaue Conversion Factor benutzt). Der Futures-Kurs ist 98,84.

Welche der drei Anleihen liefern Sie in den Future-Kontrakt?

Hinweise: Alle Kurse entsprechen dem Hundertfachen des CF, d.h., das unterstellte Renditeniveau ist 6%. (Nebenfrage: Ist das marktgerecht?) Zur Lösung kann das zum Beispiel 2-24 entwickelte Arbeitsblatt herangezogen werden.

	Anleihe A	Anleihe B	Anleihe C
Laufzeit	01.02.13	01.02.13	01.02.13
Coupon	5%	6%	7%
Kurs	92,83	99,96	107,08
CF	0,928333	0,999576	1,070819

Tabelle 2-23: Beispiel zur CTD-Auswahl

2.7.3.6 Hedging mit Zinsfutures

Hedging bedeutet die Absicherung von Marktpreisrisiken mit geeigneten Instrumenten aus anderen Bereichen. Ein besonders typischer Fall ist die Verwendung von Zinsfutures zur Neutralisierung von Zinsänderungsrisiken. Dabei sind Geld- und Kapitalmarktfutures aufgrund unterschiedlicher Details getrennt zu besprechen. Die Analyse baut auf den Abschnitten 1.5 hinsichtlich der Risikoanalyse sowie 2.7.2 und 2.7.3 bezüglich des Future-Designs auf.

Die Ausgangsüberlegung der Absicherung einer zinssensitiven Grundposition besteht darin, durch die Auswahl geeigneter Instrumente eine spiegelbildliche Sensitivität im Hedge aufzubauen, so daß sich im Idealfall die Bewertungsänderungen aufgrund von Zinsbewegungen genau ausgleichen:

$$
(2\text{-}13) \quad
\begin{array}{ccc}
\text{Sensitivität} & = & \text{negative Sensitivität} \\[4pt]
\text{der Grundposition} & & \text{des Hedges}
\end{array}
$$

Nehmen wir uns zunächst die *Bondfutures* vor. Zur Umsetzung greifen wir auf Gleichung (1-23) zurück, die uns die Wertänderung eines beliebigen Portfolios zinssensitiver Titel aus dem Produkt des Barwertes des Zahlungsstromes, der modifizierten Duration sowie der Zinsänderung angibt (linke Seite der folgenden Gleichung):

$$
(2\text{-}14) \quad
\begin{aligned}
&- PV(p) * D_{mod}(p) * \Delta r \\
&= N * K(CTD) * D_{mod}(CTD) * \Delta r(CTD) * 1.000 / CF
\end{aligned}
$$

Die rechte Seite der Gleichung beschreibt die Sensitivität des Futures unter Durchgriff auf den CTD-Bond, wiederum aus dem Produkt von Kurs, modifizierter Duration und Zinsänderung. Der Faktor 1.000 dient der Umrechnung vom auf 100 normierten Kurs auf die Kontraktgröße von 100.000. Die Division durch den CF nivelliert den Unterschied zwischen der realen und der fiktiven Anleihe. Daraus läßt sich die Anzahl N der Future-Kontrakte gewinnen, die zur Absicherung benötigt werden: [1]

$$
(2\text{-}15) \quad N = -\frac{PV(p) * D_{mod}(p)}{K(CTD) * D_{mod}(CTD) * 1.000 / CF}
$$

mit   N   Anzahl der Kontrakte

        PV (p)   PV des Portfolios

---

[1] Eine Übersicht zu den Hedging-Methoden findet sich in Steiner/Bruns [2000], S. 469ff.

$D_{mod}(p)$	modifizierte Duration des Portfolios
CF	Conversion factor
K (CTD)	Kurs des CTD-Bonds
D_{mod} (CTD)	modifizierte Duration des CTD-Bonds

Im Zähler steht die Sensitivität des Portfolios, im Nenner die des Hedgeinstrumentes. Der (negative) Quotient aus beiden gibt die Anzahl der Future-Kontrakte zur Neutralisierung des Grundrisikos an.

Die praktische Anwendung dieser Gleichung beruht auf zwei Annahmen:

☐ Bei der Umstellung von Gleichung (2-14) zu (2-15) wurde unterstellt, daß sich die Rendite des Grundportfolios parallel entwickelt zu der des CTD-Bonds: $\Delta r = \Delta r(CTD)$. Die diesbezüglichen Ungenauigkeiten liegen in

- Zinskurvenrisiken, sofern die Laufzeit der Grundposition von der des Hedgeinstrumentes verschieden ist.

- den bereits erwähnten Spreadrisiken ($\rightarrow$ 2.7.1) aus der nichtparallelen Entwicklung der beiden.

☐ Ferner wird angenommen, daß sich die Basis nicht verändert. Damit wird zweierlei ignoriert:

- Der Zeiteffekt aus der Reduzierung der Restlaufzeit des Futures oder anders formuliert die Tatsache, daß aus der Absicherung mittels Bondfutures aus dem Risiko bezüglich der Änderung eines langfristigen Zinssatzes ein sehr viel geringeres in Bezug auf einen Geldmarktzins wird.

- Die Fehlbewertung des Futures (Nettobasis) kann sich verändern.

Gleichwohl können wir von einer erheblichen Risikoreduktion (um ca. 80-90%) ausgehen, wenn auch Restrisiken verbleiben.

Im nächsten Schritt ist nunmehr die Sensitivität von Futures zu bestimmen. Greifen wir erneut den Bundfuture heraus und unterstellen ferner, unsere Muster-Anleihe (Beispiel 2-18) sei der CTD-Bond.

Beispiel 2-26
Wir verwenden die folgenden Angaben:
- ☐ Arbitrage wird durchgeführt per: 03.03.2003
- ☐ Geldmarktsatz für 3 Monate (i):   3,5% (365/360)
- ☐ CTD-Anleihe: Kurs (K):   99,50
          Stückzinsen: 0,4932
          Coupon (C):   6% (365/365)
          Laufzeit: 01.02.2003 - 13
- ☐ CF (conversion factor, CF):   0,999576
- ☐ Liefertag des Juni-Kontraktes: 10.06.2003

a) Berechnen Sie die Rendite der Anleihe.
b) Berechnen Sie den fairen Future-Kurs.
c) Erhöhen Sie die Rendite um einen Basispunkt und beobachten die resultierende Kursänderung.
d) Welche Kursänderung ergibt sich im Future aus der Zinsänderung?

Zu a) Die Rendite ist derjenige Diskontierungszins, der den NPV null werden läßt. Dazu sind die beim Kauf auszuzahlenden Stückzinsen zu berücksichtigen.[1] Die Diskontierung erfolgt mit tagegenauen exponentiellen Zinsfaktoren, was gegenüber der im Abschnitt 2.7.3.4 verwendeten Formel (2-10) zu leicht anderen Ergebnissen führt aufgrund der Rundung der Laufzeit auf ganze Monate. Dies nehmen wir in Kauf, da unser eigentliches Ziel die Beobachtung der Kursänderung ist. Die Rendite wird mit Hilfe der Zielwertsuche durch Modifikation des Feldes [D3] so bestimmt, daß der NPV im Feld [F3] null wird mit dem Ergebnis r = 6,0617%.

Zu b) Wir haben eigentlich den Future-Kurs auf der Basis der Angaben von Teil a) schon berechnet. Das Ergebnis im Abschnitt 2.7.3.1 ist lediglich insofern zu modifizieren, als wir dort mit ei-

---

[1] Einige Felder (mit einem roten Dreieck in der rechten oberen Ecke) enthalten Kommentare.

nem gerundeten CF von 1 gearbeitet haben. Das korrekte Ergebnis ist 98,88 (Arbeitsblatt, Teil b).

	B	C	D	E	F	G
1	Verschiebung der Rendite um		1	Basispunkte		
2		Cash Flow	Rendite			
3	Jahre	6,0000	6,0617	Diskont.fakt.	**-0,07275**	99,50000
4	03.03.2003	-99,50	6,07	1,00000	-99,50	99,42725
5	03.03.2003	-0,4932	6,07	1,00000	-0,49	-0,07275
6	01.02.2004	6,00	6,07	0,94734	5,68	
7	01.02.2005	6,00	6,07	0,89297	5,36	
8	01.02.2006	6,00	6,07	0,84185	5,05	
9	01.02.2007	6,00	6,07	0,79366	4,76	
10	01.02.2008	6,00	6,07	0,74823	4,49	
11	01.02.2009	6,00	6,07	0,70529	4,23	
12	01.02.2010	6,00	6,07	0,66492	3,99	
13	01.02.2011	6,00	6,07	0,62686	3,76	
14	01.02.2012	6,00	6,07	0,59097	3,55	
15	01.02.2013	106,00	6,07	0,55706	59,05	

Abbildung 2-31: Berechnung von Rendite und bpv

Zu c) Der Diskontierungszins kann durch Eingaben im Feld [D1] verschoben werden. Wir wollen beobachten, wie eine Zinserhöhung um 1 bp auf den NPV bzw. den PV (=Kurs) wirkt. Geben wir eine 1 ein, so stellt sich der NPV von null auf –0,07275 und damit der Kurs von 99,50 auf 99,42725. Die Duration müßte entsprechend bei etwa 7,28 liegen. (Zwischenfrage: Warum ist sie höher als im Beispiel 1-13, obwohl dort die Laufzeit ein Monat länger ist?)

Zu d) Der neue Future-Kurs unter Verwendung des modifizierten Bondkurses beträgt 98,80. Multipliziert man die (ungerundete) Differenz zwischen den beiden mit 10 € pro Tick sowie mit 1.000 um auf die Kontraktgröße zu kommen, so folgt eine Wertänderung von € -73,48 pro Kontrakt für einen Anstieg der Rendite des CTD um einen Basispunkt. Dies ist der bpv des Futures, den wir als

Zins-Sensitivität interpretieren können. Die errechnete Zahl ist *keine Konstante*, sie ändert sich mit dem Zinsniveau wie auch die Duration zinsabhängig ist, ferner falls der CTD-Bond wechselt. (Noch eine Zwischenfrage: Warum ist die Kursänderung des Futures etwas größer als die des Bonds?)

	B	C	D	E	F
4	Coupon	C	6,0	6,0	
5	Kurs	K	99,5000	99,4272	
6	Geldmarktsatz/Repo	i	3,5	3,5	
7	letzte Couponzahlung		01.02.2003	01.02.2003	
8	Valutierung		03.03.2003	03.03.2003	
9	Fälligkeit des Futures		10.06.2003	10.06.2003	
10	Conversion Factor	CF	0,999576	0,999576	
11	Stückzinsen bei Valutierung	T0	30,0	30,0	
12	Zinstage Geldmarkt	T1	99,0	99,0	
13	Stückzinsen bei Fälligkeit	T2	129,0	129,0	
15	Fairer Future-Kurs	FF	98,8770	98,8035	-0,07348
16					-7,34828
17					-73,48

Abbildung 2-32: Berechnung der Sensitivität des Bund-Futures

Damit können wir die Gleichung (2-15) für den Bundfuture vereinfachen zu:

(2-16) $$N = -\frac{bpv(p)}{-73,48} = \frac{bpv(p)}{73,48}$$

mit der Zinssensitivität der Grundposition im Zähler.

Beispiel 2-27
Wir haben ein Wertpapier im Bestand mit einem Volumen von
100 Mio., alternativ mit 5% und 10% Coupon sowie 5 bzw. 10
Jahren Laufzeit. Gesucht ist der Hedge-Bedarf (Anzahl der Kontrakte mit Vorzeichen) zur Neutralisierung des Zinsänderungsrisikos.

Hinweise:
- Das Volumen von € 100 Mio. sei alternativ zu verstehen als a)
  Nominalbetrag, unabhängig vom Kurswert;
  b) Kurswert, unabhängig vom Nominalbetrag.
- Zur Bewertung wird die Zinskurve C-1 sowie das Arbeitsblatt
  'bew-0' (Festseite) benutzt. Entsprechend können wir die Fra-
  gestellung anstatt auf Wertpapiere auch auf die Festseite von
  Zinsswaps bezogen interpretieren.
- Bezüglich des 5-jährigen Bobl-Futures sei eine Sensitivität von
  € 42,00 angenommen.

Zunächst soll der Fall des zehnjährigen Bonds mit 10% Coupon
und einem Nominalvolumen von 100 Mio. besprochen werden.
Wenn wir einen Zins von 10% erhalten, hat dies einen NPV von
25.680.019 zu unseren Gunsten. Der Kurs des Wertpapiers liegt
folglich bei 125,68 und wir haben für einen Nominalbetrag von
100 Mio. entsprechend 125,68 Mio. aufzuwenden. Bei einer Zinserhöhung um einen Basispunkt (Arbeitsblatt B2-27a, Feld [H27])
sinkt der NPV um 85.615 (Feld [AZ36]), dies ist der bpv unseres
Portfolios. Gemäß Gleichung (2-16) ins Verhältnis gesetzt zur
Sensitivität des Bundfutures ergibt sich ein Hedgebedarf von
-1.165 Kontrakten.
Einige Plausibilitätsüberlegungen: Wir haben ein festverzinsliches
Wertpapier gekauft, damit eine bezogen auf Zins*steigerungen* negative Sensitivität aufgebaut. Auch der Future hat eine negative
Sensitivität, folglich müssen wir Kontrakte verkaufen, um eine po-
sitive zu erhalten. Dieser Verkauf soll bei steigenden Zinsen die

Kursverluste des Bonds durch entsprechende Gewinne ausgleichen. Die 1.165 Kontrakte ergeben ein Nominalvolumen von rund 112 Mio.; investiert haben wir jedoch ca. 125 Mio. Darauf wird zurückzukommen sein, wenn wir alle Ergebnisse zusammen haben.

Werden dagegen genau 100 Mio. investiert, ist zunächst der dafür erhältliche Nominalbetrag zu bestimmen (Arbeitsblatt 2-27b). Wenn der Kurs des Zehnprozenters bei 125,68 (genauer Wert im Feld [J23]) liegt, erhalten wir bei einer Auszahlung von 100 Mio. [C31] ein Nominalvolumen von 79.567.143, die entsprechend verzinst werden. Der NPV im Feld [J30] ist im Gegensatz zum vorherigen Fall genau null.[1] Wir können nun wie zuvor durch die Verschiebung der Zinskurve den bpv bestimmen in Höhe von –68.121 und daraus einen Hedgebedarf von –927 Kontrakten herleiten. Die folgende Tabelle stellt die Ergebnisse zusammen:

W e r t p a p i e r		*H e d g e*	
		a) 100 nominal	*b) 100 investiert*
5 Jahre,	Coupon 5%	-1.002	-1.036
5 Jahre,	Coupon 10%	-1.146	-969
10 Jahre,	Coupon 5%	-926	-1.041
10 Jahre,	Coupon 10%	-1.165	-927

Tabelle 2-24: Hedgebedürfnissse

Einige Anmerkungen zur Interpretation:
□ Naheliegenderweise wird nach der Laufzeit differenziert für das fünfjährige Risiko der Bobl-Future und für die längere Laufzeit der Bund-Future eingesetzt. Eine Abweichung von dieser Regel würde Zinskurvenrisiken beinhalten.

---

[1] Sollten Sie versuchen, den Nominalbetrag mit der Zielwertsuche zu bestimmen, kann es leicht zu Zirkelschlüssen kommen.

☐ Vergleicht man in der Spalte a) die Anzahl der Kontrakte bei gegebener Laufzeit, so scheinen die Ergebnisse auf den ersten Blick unserer Analyse im Abschnitt 1.5 zu widersprechen, denn dort hatten wir eine mit zunehmendem Coupon abnehmende Duration und damit ein verringertes Zinsänderungrisiko konstatiert. Dabei wird jedoch übersehen, daß der Kapitaleinsatz unterschiedlich ist, z.B. für die 10 Jahre ca. 89,00 Mio. bzw. 125,68 Mio.

☐ Die Wirkung der Unterschiede im Coupon kann nur verfolgt werden, wenn der eingesetzte Kapitalbetrag konstant gehalten wird, wie es in der Spalte b) der Fall ist. Die Relation der Hedgebedürfnisse folgt nun in der Tat der Vermutung. Der Zehnprozenter ergibt nunmehr die deutlich geringere Kontraktanzahl im Vergleich zum Fünfprozenter.

☐ Die Kontraktanzahl für die Variante der Spalte b) läßt sich auf einem zweiten, einfacheren Weg bestimmen: Die Relation der Angaben in Spalten a) und b) entspricht denen der eingesetzten Kapitalbeträge, ein durchaus intuitives Ergebnis. Denn der Einsatz von 125 Mio. sollte das 1,25fache des Risikos der Investition von 100 Mio. des gleichen Papiers haben.

☐ Zur Plausibilität der Zahlen an sich noch einmal der zehnjährige Zehnprozenter bei einer Anlage von 100 Mio.: Der errechnete Hedge liegt mit 926 Kontrakten oder 92,6 Mio. Nominalwert unter dem des investierten Kapitalbetrages, weil die Duration und damit das Zinsrisiko des Wertpapieres aufgrund des hohen Coupons geringer ist als beim Future. Im korrespondierenden Fall a) liegt die Kontraktanzahl mit 1.166 im gleichen Verhältnis unter dem investierten Betrag von 125 Mio.

Um *Zinsrisiken in kurzen Laufzeiten* (z.B. Floating-Seiten von Zinsswaps) abzusichern, ist es naheliegend, die Euribor-Futures zu verwenden (→ 1.3.2 und 2.7.2). Bei einer Kontraktgröße von € 1 Mio. für den Drei-Monats-Kontrakt bei einer zugrundeliegenden Zinslaufzeit von 90 Tagen ergibt sich eine Sensitivität von € 25 pro Basispunkt, die in diesem Fall 2 Ticks entspricht. Der Hedgebedarf kann analog zu den Gleichungen (2-15) und (2-16) entwickelt werden. Die Anzahl N der Geldmarktfutures mit einem bpv von je € 25 soll so gewählt werden, daß die Zinssensitivität einer Grundposition pro Basispunkt (1/10.000) genau ausgeglichen wird:

$$(2\text{-}17) \quad N * 25 = -PV(p) * D_{mod}(p) * 365 / 360 / 10.000,$$

wobei der Tagefaktor die Umrechnung des 90tägigen Zinslaufs auf tatsächliche Kalendertage bewerkstelligt. Daraus folgt durch Lösung nach N:

$$(2\text{-}18) \quad \boxed{N = -\frac{PV(p) * D_{mod}(p)}{250.000} * \frac{365}{360}}$$

Beispiel 2-28
Wie hoch ist der Hedgebedarf zur Absicherung der folgenden variablen Seite eines Zinsswaps:

☐ Betrag: € 100 Mio.
☐ wir zahlen: 6-Monats-Euribor, z.Zt. 3,625% für 184 Tage

Für ein Nominalvolumen von € 100 Mio. bei einer Zinslaufzeit von 6 Monaten liegt der Hedgebedarf vermutlich in der Nähe von 200 Kontrakten. Die genaue Berechnung liefert:

$$D_{mod} = \frac{184/365}{1 + 3,625 * 184 / 36500} = 0,495$$

$$N = -\frac{100.000.000 * 0,495 * 365}{250.000 * 360} = 201$$

Da wir in diesem Beispiel Zinsen zahlen, erzielen wir Bewertungsgewinne bei steigenden Zinsen; der Kauf von 201 Euribor-Kontrakten liefert das Gegengewicht.
Cash-Flows, die sich über mehrere Kontraktfälligkeiten hinweg erstrecken, wie es bei unserem 6-Monatszinslauf notwendigerweise der Fall ist, werfen die Frage auf, welche Kontraktfälligkeit wir

heranziehen sollen. Eine Faustregel besagt, die Gesamtzahl von benötigten Kontrakten proportional so auf die einzelnen Kontraktfälligkeiten aufzuteilen, wie deren Zinslauf mit der abzusichernden Zinslaufzeit übereinstimmt und für die Zeit bis zur nächsten Fälligkeit den ‚nearby'-Kontrakt zu verwenden.

Es sei noch einmal ausdrücklich auf die Anwendungsgrenzen der besprochenen Methoden hingewiesen:

☐ Es können aus verschiedenen Gründen Zinskurvenrisiken verbleiben: Die Laufzeit stimmt nicht exakt mit der des/der Futures überein; die zeitliche Verteilung des Zahlungsstromes ist eine andere als beim Future u.ä.

☐ Es bestehen Spreadrisiken, sofern das abzusichernde Portfolio andere Papiere als die CTD-Anleihe enthält.

☐ Falls eine Absicherung für einen Zeitraum gesucht wird, der über die Kontraktfälligkeit hinausreicht, so muß ‚gerollt', d.h. in den folgenden Kontrakt gewechselt werden.

☐ Die Basis kann sich verändern.

☐ Der Hedge muß bei größeren Zinsänderungen im Normalfall adjustiert werden.

☐ Er muß auch im Zeitablauf angepaßt werden, da sich die Duration des Grundrisikos abbaut, die der Geldmarktfutures aber nicht, die der Bondfutures nahezu nicht.

☐ Falls ein anderes Wertpapier CTD-Bond wird, kann eine Hedgeanpassung erforderlich werden.

Diese Einschränkungen können, insbesondere die ersten beiden, im Einzelfall zu nicht unerheblichen Problemen führen. Gleichwohl kann insgesamt festgehalten werden, daß auf die beschriebene Weise eine deutliche Risikoreduktion erzielt wird.

2.8   Devisenfutures

Devisenfutures sind das börsengehandelte Äquivalent der Devisentermingeschäfte. Sie entsprechen diesen in der Preisbildung und
den Anwendungsmöglichkeiten mit der Einschränkung, daß die
Futures die sich aus den Kursbewegungen ergebenden Bewertungsänderungen täglich abrechnen, die außerbörslichen Termingeschäfte dagegen nicht. Welche Implikationen das hat, wurde bereits diskutiert (vgl. S. 163). Wir können uns hier beispielhaft auf
die Vorstellung der Spezifikation eines Kontraktes beschränken.
An der deutschen Terminbörse Eurex gibt es derzeit kein Devisen-
produkt. In diesem Segment spielen die großen nordamerikani-
schen Börsen, insbesondere diejenigen in Chicago und Philadel-
phia, die führende Rolle. Einer der wichtigsten Devisen-Kontrakte
ist der an der Chicago Mercantile Exchange (CME) gehandelte Euro-FX-Future. FX (foreign exchange) ist die im Banker-Jargon übliche Bezeichnung für den Devisenhandel. Die CME arbeitet übrigens im Gegensatz zum elektronischen Handel an der Eurex mit
einem Parketthandel, *open outcry* genannt, allerdings nur während
der amerikanischen Tageszeit. Außerhalb derer sind Abschlüsse
über ein automatisches Handelssystem namens GLOBEX möglich.
Dem Kontrakt liegt ein Betrag von € 125.000 zugrunde. Die Preis-
notierung erfolgt in der auch inzwischen für den Euro üblichen
Version USD pro Euro. Die Erfüllung der bei Fälligkeit noch offenen Positionen erfolgt in Form der physischen Lieferung. Da die
europäische Gemeinschaftswährung noch im Aufbau begriffen ist,
wird auch die Lieferung des Gegenwertes in DM zugelassen.

Future	Euro-FX-Future
Basiswert	Wechselkurs des US-Dollars gegen Euro
Kontraktgröße	€ 125.000
Fälligkeiten	die nächsten 4 Quartalsendmonate
Letzter Handelstag	2 Tage vor dem 3. Mittwoch in den Fälligkeitsmonaten
Erfüllung	Physische Lieferung von Euro oder DM
Preisnotierung	In USD pro Euro mit vier Kommastellen
Tick	0,0001 = USD 12,5

Tabelle 2-25: Euro-FX-Future

Der Kauf eines Kontraktes (Long-Position) hat den Bezug von Euro 125.000 per Termin gegen Bezahlung des Gegenwertes in US-Dollar zur Grundlage. Eine Long-Position gewinnt (verliert) folglich an Wert, wenn der Euro gegenüber dem Dollar aufwertet (abwertet); spiegelbildliches gilt für die Short-Position.

Kontrakt	Juni	September	Dezember
Kurs	0,9122	0,9084	0,9057

Tabelle 2-26: Kurse des Euro-FX-Future vom 10.05.2002
(Quelle: Handelsblatt)

Tabelle 2-26 zeigt die Settlement-Kurse des an der CME notierten Devisenfutures in US-Dollar pro Euro. Offensichtlich wurde zu diesem Zeitpunkt der Euro mit einem Abschlag gehandelt, denn die ‚hinteren' Kontrakte sind billiger als der ‚nearby'. Die theoretischen Gründe dafür sind uns aus Abschnitt 2.5 bekannt und stimmen auch mit der Marktkonstellation überein: die Euro-Zinsen sind höher als die Dollarzinsen für die jeweiligen Laufzeiten.

Ein deutscher Exporteur, der nach USA liefert und eine Rechnung in USD auf Ziel ausstellt, hat das Risiko, daß der erwartete Betrag in seiner Bilanzwährung Euro an Wert verliert. Dieses Risiko kann durch den Kauf des Euro-FX-Futures neutralisiert werden. Bei dessen Fälligkeit wird die Andienung des Euro-Betrages mit dem aus dem Grundgeschäft eingehenden Dollar-Betrag bezahlt. Zwischenzeitliche Wechselkursänderungen kompensieren sich durch die beiden gegenläufigen Geschäfte.

Euro-FX-Kontrakt	Absicherung gegen	Spekulation auf
-Kauf	Euro-Aufwertung	Euro-Aufwertung
-Verkauf	Dollar-Aufwertung	Dollar-Aufwertung

Tabelle 2-27: Einsatz von Devisenfutures

Dieses Idealbild ist allerdings in mehreren Punkten zu relativieren (vgl. Abschnitt 2.7.1, insbesondere Tabelle 2-14). Das Problem des Exporteurs ist nur dann perfekt gelöst, falls sein Grundgeschäft in Betrag und Fälligkeit der Spezifikation des Kontraktes entspricht. Zwar kann mit bestimmten Methoden (→ Sercu/Uppal [1995], S. 136ff.) auch in anderen Fällen noch eine erhebliche Risikoreduktion erzielt werden, aber es verblieben mit dem Abstand zu den Standardisierungen des Futures zunehmende Restrisiken.

Diese Überlegungen gelten natürlich nicht nur für den Devisenbereich, sondern beschreiben grundsätzliche Unterschiede zwischen börsennotierten und außerbörslichen Termingeschäften. Aber gerade hier haben sich die OTC-Märkte ein deutliches Übergewicht gegenüber den Börsen erhalten können, sowohl in Deutschland (→ Tabelle 1-1) als auch weltweit (vgl. Levi [1996], S. 59).

Die Preisbildung für beide folgt, wie im Abschnitt 2.5 behandelt, aus dem um den Quotienten der Zinsfaktoren bereinigten Kassekurs (vgl. Formel (2-4) und (2-5). Dies gibt uns Gelegenheit, noch einmal konkreter auf den Unterschied zwischen den Future- und Forward-Kursen einzugehen. Dieser resultiert aus der Tatsache, daß die Börsentermingeschäfte aus Kursbewegungen resultierende Bewertungsänderungen täglich abrechnen und dadurch einen Cash-Flow während der Laufzeit generieren, der anzulegen bzw. zu finanzieren ist. Die daraus resultierenden Zinseffekte führen zu keinem Unterschied zwischen Forward- und Future-Kursen, sofern man konstante Zinsen oder bekannte Zinsänderungen unterstellt. Selbst bei zufälligen Zinsbewegungen ist der Unterschied nicht groß, sofern die Laufzeit nicht zu lang ist.

Ein Fall ist besonders interessant, nämlich wenn der Terminkurs einen systematischen Zusammenhang mit dem Zins aufweist, mit diesem also korreliert ist. Dies ist schon aus rechnerischen Gründen ohnehin der Fall, da der Zins einer der Einflußgrößen für den Terminkurs ist. Für Devisen kann man zusätzlich das Argument ins Feld führen, daß die Zinsdifferenz zwischen zwei Währungen einen der Bestimmungsgründe für die Wechselkursentwicklung darstellt. Nehmen wir zur Illustration diese einfache Überlegung beim Wort, so steigt der Euro mit seinen eigenen Zinsen und fällt mit steigenden USD-Zinsen. Welche Auswirkungen hat dies für unseren Exporteur, der einen USD-Zahlungseingang erwartet, hinsichtlich der Absicherung mittels Futures oder Forwards? Um die Frage zuzuspitzen: Welche Alternative wählt er bei gleichen Kursen für beide?

Falls sich der Exporteur für den Kauf des Euro-Futures entscheidet, hat er während der Kontraktlaufzeit einen positiven (negativen) Cash-Flow in Dollar, sofern der Wechselkurs des Euro steigt (fällt), der zu zusätzlichen Zinserträgen (Zinsaufwendungen) führt. Da wir aber von einer negativen Beziehung zwischen den US-Zinsen und dem Wechselkurs[1] des Euro (bei konstanten Euro-Zinsen) ausgehen, bedeutet dies, daß die Zahlungsausgänge teurer

---

[1] Genau genommen ist hier der Terminkurs gemeint. Damit die Wirkung steigender US-Zinsen auf den Euro-Terminkurs negativ ist, muß die Aufwertung des Dollar groß genug sein, um den Anstieg des Euro-Terminkurses aufgrund der rechnerischen Wirkung der Zinsänderung zu kompensieren.

finanziert werden müssen, als die Zuflüsse angelegt werden können. Unterstellen wir eine neutrale Wechselkurserwartung in dem Sinne, daß diese keinen Einfluß auf die Entscheidung über Futures oder Forwards hat, so geht die Asymmetrie zu Lasten des Kontraktkäufers. Er wird folglich die Future-Variante nur dann wählen, wenn diese ihm im Vergleich zum Forward den günstigeren, d.h. niedrigeren Kurs gibt. Empirische Untersuchungen zeigen allerdings, daß der Effekt gering ist (Sercu/Uppal [1995], S. 136; Hull [1997], S. 56-57).

2.9   Aktienindex und Aktienfuture

2.9.1   Aktienindices in Deutschland

Aktienindizes werden definiert und berechnet, um die durchschnittliche Entwicklung eines ganzen Marktes oder Marktsegmentes widerzuspiegeln. Sie ähneln insofern den Preisindices und beruhen auch auf der für die Berechnung der Lebenshaltungskosten verwendeten Version des Laspeyres-Index, der allerdings seltener, etwa alle 5 bis 10 Jahre, angepasst wird.

Die Deutsche Börse bietet eine ganze Reihe von Index-Varianten an (vgl. Deutsche Börse [2002]), bei denen zunächst zu unterscheiden ist in:

- *Performance-Indices*, bei denen um Dividendenzahlungen und Kapitalmaßnahmen bereinigt wird,
- *Kursindizes* geben die reine Kursentwicklung ohne diese Bereinigungen wieder.

Ganz überwiegend finden die Performance-Indices Beachtung, die eine Teilnahme an allen Kapitalmaßnahmen unterstellen sowie ein

Re-Investment der Ausschüttungen. Damit werden ökonomisch mißverständliche Sprünge in der Index-Entwicklung vermieden, z.B. der Kursabschlag aufgrund der Dividendenzahlung.

Die wichtigsten deutschen Aktienindices sind:

- Der DAX® enthält die 30 größten und umsatzstärksten deutschen Aktien.
- Der MDAX® die 70 variabel gehandelten Werte der zweiten Reihe.
- Der DAX® 100 umfaßt die ersten beiden zusammmen.
- Der C-DAX® schließt alle deutschen Werte, die am Amtlichen, Geregelten sowie dem Neuen Markt gehandelt werden, ein.
- Der NEMAX®-All-Share und der NEMAX® 50 geben die Entwicklung aller bzw. der 50 wichtigsten Werte des Neuen Marktes wieder.

Die Performance-Varianten werden für den DAX® und den NE-MAX 50® alle 15 Sekunden neu berechnet, die anderen jede Minute; die Kursindices werden nur einmal täglich anhand der Schlußkurse berechnet. Ferner werden eine ganze Reihe von branchenbezogenen Subindices angeboten.

Schauen wir uns den DAX® in der Performance-Varainte näher an. Die Auswahl dieser 30 wichtigsten deutschen Aktien erfolgt vor allem nach den Kriterien der Börsenumsatzstärke, der Marktkapitalisierung, sowie der Branchenrepräsentativität der deutschen Volkswirtschaft. Ferner sollte die Gesellschaft mindestens ein Jahr börsennotiert sein und eine gewisse Mindeststreuung des Aktienbesitzes vorliegen. Die Zusammensetzung wird regelmäßig überprüft und gegebenenfalls angepasst, wobei die Börsenkapitalisierung und der Börsenumsatz die primären Auswahlkriterien sind.

Wert	Anzahl (F$_i$)	Kurs (K$_i$)	F$_i$ * K$_i$	Gewicht
Adidas-Salomon	1,92233	84,71	162,84	0,57%
Allianz	11,17131	252,55	2.821,31	9,88%
BASF	25,01042	46,75	1.169,24	4,10%
Bayer	31,38499	35,80	1.123,58	3,94%
BMW	28,05809	47,04	1.319,85	4,62%
Commerzbank	23,09883	19,29	445,58	1,56%
Deutsche Bank	26,06234	76,20	1.985,95	6,96%
Daimler-Chrysler	43,55729	52,34	2.279,79	7,99%
Degussa	8,62179	34,84	300,38	1,05%
Deutsche Post	23,32983	15,00	349,95	1,23%
Dt. Telekom	176,01157	12,34	2.171,98	7,61%
Eon	29,01553	56,09	1.627,48	5,70%
Epcos	2,84201	43,25	122,92	0,43%
Fresenius	3,69920	62,37	230,72	0,81%
Henkel	6,21337	72,22	448,73	1,57%
Hypo-Vereinsbank	21,87633	37,67	824,08	2,89%
Infineon	29,05902	17,58	510,86	1,79%
Lufthansa	16,00047	15,98	255,69	0,90%
Linde	5,00066	53,50	267,54	0,94%
MAN	6,46560	26,25	169,72	0,59%
Metro	13,70219	35,39	484,92	1,70%
MLP	3,32085	55,66	184,84	0,65%
Münch. Rück.	7,54402	264,50	1.995,39	6,99%
Preussag	8,09077	28,69	232,12	0,81%
RWE	23,90007	40,94	978,47	3,43%
SAP	13,29819	126,85	1.686,88	5,91%
Schering	8,49372	65,50	556,34	1,95%
Siemens	37,53646	65,53	2.459,76	8,62%
Thyssen-Krupp	21,57250	16,72	360,69	1,26%
VW	18,47539	55,00	1.016,15	3,56%
DAX			28.543,75	100,00%

Tabelle 2-28: DAX®-Zusammensetzung am 10.05.2002

Ebenso wie der Lebenshaltungskostenindex eine konstante Menge der einbezogenen Güter enthält, so schließt der Aktienkorb eine bestimmte, von der turnusmäßigen Anpassung und den besprochenen Bereinigungen abgesehen, konstante Anzahl F_i (zweite Spalte in Tabelle 2-28) [1] von Aktien jeder Gesellschaft i ein.

Diese Anzahl mit dem aktuellen Kurs K_i multipliziert ergibt den Kurswert, der über alle Gesellschaften zum Gesamtwert des Korbes summiert wird, im Beispiel € 28.543,75. Der Indexstand des DAX® wird berechnet für die Basis 30.12.1987; das bedeutet den Kauf der gleichen Anzahl von Aktien zum damaligen Kurs (oder zum ersten verfügbaren Kurs, falls es diese Aktien 1987 noch nicht gab) mit dem Ergebnis von € 5.859,09. Der Quotient aus diesen beiden Zahlen wird des besseren Vergleiches wegen mit 1.000 multipliziert:

$$(2\text{-}19) \quad DAX® = \frac{\sum F_i * K_i * 1.000}{5.859,09} = \frac{28.543,75}{5.859,09} * 1.000 = 4.871,70$$

Dieser Indexstand sagt aus, daß die Aktienkurse im betrachteten Zeitraum auf das ca. 4,8fache gestiegen sind. Das Gewicht eines einzelnen Wertes, z.B. Allianz, beträgt

$$\text{Anteil von Allianz} = \frac{F_i * K_i}{\sum F_i * K_i} = \frac{2.821,31}{28.543,75} = 9,88\%$$

Das so berechnete Gewicht ist variabel, obwohl die Aktienanzahl konstant ist. Wenn sich der Kurs der Aktie i anders entwickelt als der Index, ändert sich auch deren Anteil am Gesamtwert des Korbes. Um diesen Effekt zu neutralisieren, müßte die Anzahl F_i täglich angepaßt werden. Dies wäre nicht nur aufwendig, es würde auch die Vergleichbarkeit stören und den Einsatz des Index' für Absicherungszwecke erheblich behindern.

---

[1]Quelle: Gewichtung: Deutsche Börse AG, www.exchange.de; Kurse: Handelsblatt vom 13.05.2002

Die *Indexarbitrage*, die von den großen Marktteilnehmern betrieben wird, z.T. in Form von automatisiertem Handel (Programme Trading), setzt immer dann ein, wenn der physisch zusammengesetzte Aktienkorb unter Einbeziehung von Transaktionskosten billiger oder teurer ist als der Index. Dazu ist durch die Unteilbarkeit der Aktien nicht nur ein erhebliches Volumen notwendig, auch die Nebenkosten fallen aufgrund der Vielzahl verschiedener Aktien ins Gewicht. Deshalb werden häufig nicht alle Aktien des definierten Korbes einbezogen, sondern es wird eine Auswahl vorgenommen. Diese kann entweder der Überlegung folgen, die Struktur des Index' mit möglichst wenigen Werten abzubilden, oder aber durch eine bewußte Selektion diejenigen auszuwählen, von denen eine relativ bessere Entwicklung erwartet wird.

2.9.2   Futures auf Aktienindices

Die Tabelle 2-29 enthält die Kontraktspezifikationen des auf diesem DAX-Index basierenden Terminkontraktes. Anders als wir es von den Zinsfutures kennen, hat dieser kein festes Nominalvolumen. Der Kurswert eines Kontraktes ist nur indirekt ersichtlich aus der Multiplikation des Indexstandes mit dem Faktor 25, bei einem DAX® von 5.000 also € 125.000. Steigt der Index z.B. um 1% auf 5.050, so folgt laut Definition der Kontraktgröße eine Wertänderung von 50 * 25 = € 1.250 für eine offene Future-Position, was wiederum einem Prozent des Kurswertes entspricht. Die Schlußabrechnung einer offenen Position erfolgt in Form des Barausgleichs. Eine physische Lieferung würde am Problem der Unteilbarkeit der Aktien scheitern.

Die *Kursbildung des Futures* folgt der bereits mehrfach verwendeten Grundlogik (→ S. 76) mit einigen Spezifika. Der DAX® unterstellt die Wiederanlage der Dividendenausschüttung, die diesbezüglichen Effekte werden rechnerischen neutralisiert, nicht jedoch die der Steuergutschrift. Da deren Wirkung von individuellen Gegebenheiten abhängt, trifft dies auch auf die Berechnung eines ‚fairen' Terminkurses zu. Man könnte insofern statt von einem ‚Fair Value' von einem ‚Fair Range' sprechen (Steiner/Bruns [2000], S. 437).

	DAX® -Future
Basiswert	Deutscher Aktienindex DAX®
Kontraktgröße	€ 25 pro Indexpunkt des DAX®
Fälligkeiten	Die nächsten 3 Quartalsendmonate
letzter Handelstag	Der dritte Freitag der Fälligkeitsmonate
Erfüllung	Barausgleich
Preisnotierung	In Punkten mit einer Dezimalstelle
Tick	0,5 Punkte = € 12,50

Tabelle 2-29: Kontraktspezifikation des DAX® -Futures
(Quelle: Eurex [1999])

Sehen wir von Steuereffekten ab, so muß der Terminkurs dem um die Finanzierungskosten erhöhten Wert des Aktienkorbes entsprechen, denn beide enthalten das gleiche Risiko, der Terminkontrakt erfordert aber, von den Hinterlegungen abgesehen, keinen Kapitaleinsatz. Zum gleichen Ergebnis kommt man mit Arbitrageüberlegungen: Der Kauf der Aktien bei gleichzeitigem Verkauf per Termin (vgl. 2.7.3.2) erfordert einen Terminkurs, der so weit über dem Kassekurs liegt, daß die Finanzierungskosten abgedeckt sind.

Kontrakt	*Juni*	*September*	*Dezember*
Schlußkurs	4.870,0	4.913,5	4.961,0

Tabelle 2-30: DAX®-Schlußkurse vom 10.05.2002
(Quelle: Handelsblatt)

Der Schlußkurs des Juni-Termin-Kontraktes liegt etwas unter dem des Index' selbst, was vermutlich an der nicht perfekten zeitlichen Kongruenz der Kursfeststellung liegt. Da der Zinsaufwand bei der Haltung des Aktienkorbes zeitproportional ist, steigt der Terminkurs mit der Laufzeit des Kontraktes an. Errechnet man die zwischen den Kontrakten liegende Implied Repo Rate, ergibt sich zwischen Juni und September etwa 3,5% und zwischen September und Dezember etwa 3,8 %, Sätze, die ungefähr auf dem Niveau der FRA-Sätze für diese Laufzeiten liegen.

Eine der typischen *Verwendungen eines Aktienfutures* liegt in der bereits angesprochenen Indexarbitrage. Sucht ein Anleger ein Engagement in einem Aktienmarkt ohne spezifische Erwartungen für bestimmte Werte, so haben Börsentermingeschäfte gewichtige Vorzüge: Die Transaktionskosten sind gering, ebenso der Kapitaleinsatz, dagegen sind die Liquidität und die Markttransparenz hoch.

Der Einsatz des Futures für Hedging-Zwecke hat typischerweise den Hintergrund, Aktienkursrisiken zeitweilig zu neutralisieren, ohne den Bestand selbst verkaufen zu wollen. Auch für diese Variante können die günstigeren Transaktionskosten sprechen.

Die Kontraktanzahl zur Absicherung eines diversifizierten Portfolios ergibt sich aus dem durch 25 dividierten Quotienten aus dem Portfoliowert und dem Indexstand. Dies liefert allerdings nur dann gute Ergebnisse im Sinne einer Risikoreduktion, wenn das abzusichernde Portfolio in der Zusammensetzung dem des Index', auf dem der Future aufgebaut ist, möglichst nahe kommt. Will man dagegen einzelne Werte absichern, so ist zu beachten, daß diese sich nicht exakt parallel zum Index verhalten; in diesem Fall sind einige im nächsten Abschnitt beschriebenen Zusatzüberlegungen anzustellen.

2.9.3   Beta und Korrelation als Risikomaße

Sucht man in Börsenstatistiken Kennzahlen für Aktienkursrisiken, so werden typischerweise unter dem Stichwort DAX®-Kennzahlen drei Größen angeboten (Tabelle 2-31):

- Die *Volatilität* als Maß für die Schwankungsintensität wurde bereits im Abschnitt 1.4.1 ausführlich besprochen.
- Die *Korrelation* trifft Aussagen über die Stärke des Zusammenhangs zwischen einzelnen Aktien und und dem Index.
- Das *Beta* oder der *Beta-Faktor* quantifiziert diesen Zusammenhang zwischen den Kursänderungen einzelner Werte und dem Index.

Die empirische Messung dieser theoretischen Konzepte setzt dabei die Vorgabe eines Zeitinvalls für die Beobachtungswerte voraus; besonders häufig werden finden dabei die letzten 30 sowie die letzten 250 (Börsen-)Tage Verwendung.

Das statistische Maß des *Korrelationskoeffezienten* ist definiert zwischen −1 und +1 und normiert damit die Stärke des linearen Zusammenhangs zwischen zwei Größen. Positive (negative) Werte besagen, daß sich die betrachteten Werte tendentiell in die gleiche (entgegengesetzte) Richtung bewegen; der Zusammenhang ist um so enger, je näher die Korrelation an +1 (−1) liegt. Bei einer Korrelation von +1 (-1) wird der Zusammenhang durch eine Geradengleichung mit positiver (negativer) Steigung perfekt beschrieben; bei einer Korrelation von null gibt es keinen Zusammenhang zwischen den beiden Größen, jedenfalls keinen linearen. Auf unseren Fall angewendet ist eine negative Korrelation zwar theoretisch möglich, aber in der Realität selten (siehe jedoch Lufthansa); in diesem Fall würde eine Aktie im Durchschnitt fallen, wenn der Index steigt und umgekehrt. Je näher die Korrelation an 1 liegt, desto enger ist der Zusammenhang zwischen einer Aktie und dem Index, desto eher bewegen sich beide im Durchschnitt in die gleiche Richtung; dies ist z.B. bei Allianz und Siemens der Fall. Eine geringe Korrelation, wie etwa bei Fresenius, zeigt an, daß sich diese Aktie vergleichsweise unabhängig vom allgemeinen Trend verhält und insofern für Diversifikationszwecke gut geeignet ist.

▌DAX-KENNZAHLEN

Kürzel	Volatilität 30 Tage p. a.	Volatilität 250 Tage p. a.	Korrelation 30 Tage	Korrelation 250 Tage	Beta 250 Tage
ADS	29,87 %	37,10 %	0,1170	0,4337	0,5726
ALV	21,27 %	37,99 %	0,7765	0,8147	1,1014
BAS	27,77 %	31,44 %	0,5013	0,6894	0,7713
BAY	24,63 %	38,90 %	0,6304	0,5993	0,8295
BMW	24,08 %	34,96 %	0,4632	0,7083	0,8811
CBK	18,17 %	39,78 %	0,7271	0,7122	1,0079
DCX	27,99 %	40,78 %	0,7146	0,7955	1,1541
DGX	34,35 %	35,61 %	0,0656	0,4825	0,6114
DBK	28,04 %	41,19 %	0,6295	0,8239	1,2074
DPW	19,94 %	32,23 %	0,1924	0,3755	0,4306
DTE	57,95 %	46,48 %	0,8113	0,7392	1,2225
EPC	47,32 %	51,15 %	0,6148	0,6478	1,1790
EOA	16,75 %	26,34 %	0,5480	0,5873	0,5503
FME	34,57 %	33,97 %	0,2840	0,4029	0,4870
HEN3	20,75 %	22,64 %	0,2082	0,3286	0,2647
HVM	29,86 %	42,72 %	0,7036	0,7489	1,1384
IFX	73,24 %	73,00 %	0,8178	0,6360	1,6519
LIN	14,33 %	24,27 %	0,5168	0,5577	0,4815
LHA	22,00 %	48,23 %	-0,0040	0,6370	1,0932
MAN	23,54 %	35,55 %	0,4168	0,5005	0,6330
MEO	29,09 %	32,05 %	0,4792	0,5577	0,6360
MLP	102,18 %	59,78 %	0,2860	0,4496	0,9565
MUV2	24,80 %	35,70 %	0,7380	0,7604	0,9659
PRS	32,55 %	45,54 %	0,5263	0,6203	1,0052
RWE	14,78 %	24,64 %	0,6008	0,5520	0,4838
SAP	51,13 %	53,53 %	0,8136	0,7188	1,3688
SCH	20,63 %	25,38 %	0,1955	0,4698	0,4242
SIE	41,95 %	48,57 %	0,6993	0,8201	1,4173
TKA	17,70 %	33,65 %	0,4570	0,6492	0,7773
VOW	27,51 %	35,52 %	0,7757	0,7379	0,9326

Mitgeteilt am 17.5.2002; Quelle Deutsche Börse AG (ohne Gewähr)

Quelle: Handelsblatt vom 22.05.2002

Tabelle 2-31: Volatiliät, Korrelation und Beta

Der *Beta-Faktor* ist definiert als Quotient der Rendite-Änderungen des Einzelwertes im Verhältnis zu denen des Index'. Die Interpretation ist konkreter als bei der Korrelation: Ein Beta von z.B. 1,37 für SAP bedeutet, daß sich deren Rendite um 1,37% verändert, wenn sich die Rendite des Index verändert. Steigt die Indexrendite um 2%, so steigt die von SAP um 2,74%. Die Renditen von Aktien mit einem Beta über 1 steigen und fallen stärker als die des Gesamtmarktes, solche mit einem Beta unter 1 dagegen geringer.

Manager von Aktienfonds nutzen diese Erkenntnis, um sich je nach erwarteter Kursentwicklung zu exponieren: Wird mit steigenden Kursen gerechnet, kaufen sie Aktien mit hohem Beta, um mehr als der Marktdurchschnitt zu verdienen; rechnen sie dagegen mit fallenden Kursen, ziehen sie Aktien mit niedrigem Beta vor, um dann wenigstens weniger zu verlieren als der Markt. [1]

Was folgt daraus für den Einsatz des DAX®-Futures für Hedging-Zwecke? Da beispielsweise das Risiko der SAP-Aktie, wie am Beta erkennbar, überdurchschnittlich ist, muß auch die Absicherung um den entsprechenden Faktor größer sein.

Beispiel 2-29

Ein Anleger besitzt SAP-Aktien im Wert von € 10 Mio. und möchte diese über den DAX®-Future absichern.

Bei einem Future von 5.000 hatten wir einen fiktiven Wert von € 125.000 berechnet. Der Portfoliowert beträgt das 40fache. Da das Risiko von SAP aber um den Faktor 1,37 größer ist, sind 55 Kontrakte zu verkaufen.

Diese Technik läßt sich auch auf Portfolios mit verschiedenen Aktien übertragen, ohne in die Feinheiten der Portfoliotheorie einzusteigen, was unseren Rahmen sprengen würde. [2] Dazu kann man entweder das durchschnittliche Beta des Portfolios berechnen mit

---

[1] Dieser Gedankengang läßt sich auch mit dem der Index-Arbitrage kombinieren, um relative Stärken oder Schwächen auszunutzen.

[2] Vgl. dazu Sharpe/Alexander/Bailey [1995], Bodie/Merton [1998], Elton/Gruber [1995].

den Portfolio-Anteilen als Gewichtung[1] oder die in den einzelnen Aktien gehaltenen Positionen mit dem jeweiligen Beta multiplizieren und aufsummieren:

Aufgabe 2-14

Ein vermögender Privatanleger hat folgendes Portfolio von Aktien:

	Anzahl Aktien	Kurs	Beta
BASF	20.000	40	0,5
Daimler	20.000	50	1,0
SAP	5.000	150	2,0

Berechnen Sie die Anzahl der DAX®-Future-Kontrakte, die zur Absicherung nötig wären. Unterstellen Sie dazu einen Indexstand von 5.000.

---

[1] Vgl. Sharpe/Alexander/Bailey [1995], S. 271 oder Steiner/Bruns [2000], S. 474ff.

3 Optionen (bedingte Produkte)

3.1 Bewertung und Strategien

3.1.1 Grundbegriffe und Grundformen

Einige wichtige Begriffe aus dem Bereich der Optionen wie die Kauf- und Verkaufsoption sowie die europäische und die amerikanische Ausübungsvariante wurden bereits im Abschnitt 1.1.1 besprochen.[1]

Der Preis oder Kurs, zu dem der Käufer der Option den Basiswert kaufen bzw. verkaufen kann, wird *Ausübungspreis* (*Basispreis, strike price, exercise price*) genannt. Die vom Käufer als Entgelt für die Bereitstellung der Option an den Verkäufer (Stillhalter) zu leistende *Optionsprämie* kann logisch zerlegt werden:

☐ Der *innere Wert* ist der nichtnegative Gewinn bei sofortiger Ausübung der Option. Er ist für Calls (Puts) um so größer, je mehr der aktuelle Kurs über (unter) dem Basispreis liegt.

☐ Der *Zeitwert* entspricht der Differenz zwischen der Optionsprämie und dem inneren Wert; er spiegelt die in Geldwert

---

[1] Optionen asiatischen Stils beinhalten eine Auszahlung am Ende der Laufzeit in Abhängigkeit vom Durchschnittskurs während der Optionslaufzeit.

gedrückte Chance wider, daß sich der Preis des Basiswertes für den Käufer günstig entwickelt. Er ist um so größer, je länger die Laufzeit der Option, hängt aber auch von anderen Parametern ab.

Für die Bestimmung der Optionsprämie wie auch deren Reaktion auf Änderungen der Einflußgrößen ($\rightarrow$ 3.1.4) wesentlich ist die relative Lage des Ausübungspreises (E) zum Kassekurs des Basiswertes (S) bzw. zum Terminkurs (F).

Bezeichnung		Call	Put
out of the money (aus dem Geld)	OTM	S < E	S > E
at the money (am Geld)	ATM	S = E	S = E
in the money (im Geld)	ITM	S > E	S < E

Tabelle 3-1: Optionsbegriffe

Eine Option, deren Ausübungspreis in der Nähe des aktuellen Kurses liegt, wird als at-the-money-Option oder genauer als *at-the-money-spot* bezeichnet. Bei einer Option *at-the-money-forward* liegt der Terminkurs in der Nähe des Basispreises. Dieser Vergleich mit dem Terminkurs ist für die Bestimmung der Optionsprämie eigentlich wichtiger. Für die erste Variante spricht, daß ein unmittelbarer Bezug zum inneren Wert bei sofortiger Ausübung besteht (Tabelle 3-2).

Option	Innerer Wert	Zeitwert
OTM	0	positiv
ATM	0	positiv
ITM	positiv	positiv

Tabelle 3-2: Innerer Wert und Zeitwert einer Option

a) Kaprizieren wir uns zunächst auf den Wert einer Option bei sofortiger Ausübung bzw. bei Fälligkeit in dem Sinne, daß der innere

Wert mit der ursprünglich bezahlten Prämie verrechnet wird. Aus den beiden Optionsvarianten, die jeweils gekauft und verkauft werden können, ergeben sich vier Grundformen von Chancen-Risiko-Profilen (Abbildung 3-1). Den Bildern liegt jeweils ein Ausübungspreis von 100 sowie eine (ursprüngliche) Optionsprämie von 5 zugrunde.

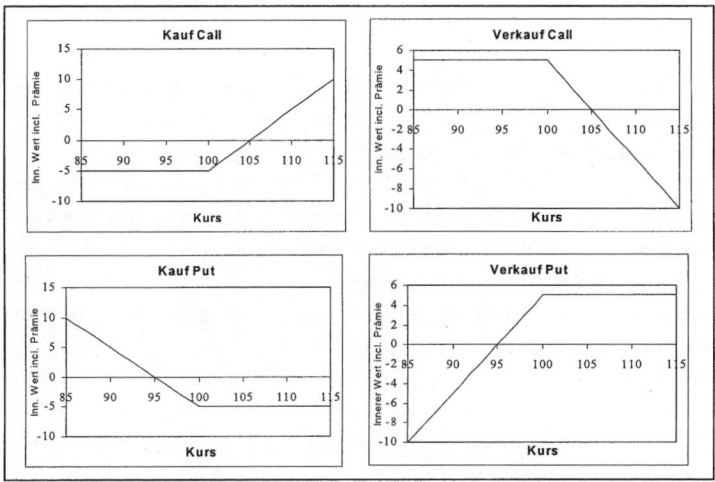

Abbildung 3-1: Chance-Risiko-Profile der Grundoptionspositionen

Greifen wir die gekaufte Kaufoption (long call) heraus. Die Käuferin erwirbt gegen Zahlung einer Prämie von 5 das Recht, den Basiswert mit 100 zu kaufen. Von diesem Recht wird sie bei Optionsfälligkeit dann Gebrauch machen, wenn der Kurs des zugrundeliegenden Wertes über 100 liegt, denn in diesem Fall erlaubt die Option den Erwerb unter dem aktuellen Marktniveau. Bei einem Kurs von 105 kompensiert dieser Vorteil genau den Prämienaufwand (Break-Even-Punkt).

Die Option wird nicht ausgeübt bei Kursen unter 100. Die Optionsprämie ist natürlich dennoch zu zahlen, allerdings kann auch nicht mehr als 5 verloren werden. Im Gesamtbild steht dem maximalen Verlust in Höhe der Prämie ein theoretisch unbegrenztes Gewinnpotential gegenüber.

Spiegelbildlich hat der Call-Verkäufer (Stillhalter) im Gegenzug gegen die Prämieneinnahme ein unbegrenztes Verlustpotential auf sich genommen, sofern die Kurse steigen. Entsprechendes ist der Abbildung für die Puts zu entnehmen.

b) Betrachtet man den Optionswert jedoch nicht am Fälligkeitstag, sondern während der Laufzeit, so tritt zum inneren Wert der Zeitwert hinzu, wie erneut am Beispiel des long call gezeigt werden soll. Wir hatten den Zeitwert etwas vage als die in Geldwert ausgedrückte Chance auf eine für den Käufer günstige Kursentwicklung bezeichnet. In der grafischen Darstellung addieren sich beide Teile zur gesamten Optionsprämie.

Die Perspektive ist nunmehr eine andere, wie augenfällig wird an der Tatsache, daß keine negativen Prämien mehr vorkommen. Zuvor hatten wir am Fälligkeitstag in einer Gesamtschau alle Kosten und Erträge einer Optionsposition gegenübergestellt. Nunmehr werden nicht historisch bezahlte Prämien mit inneren Werten bei Fälligkeit verglichen, sondern Optionen aktuell bewertet.

Beide, innerer Wert und Zeitwert, sind nichtnegative Größen, die sich bei Calls (Puts) zu einem mit steigendem Kurs höheren (niedrigeren) Gesamtwert addieren. Wir können jetzt erstmals unsere Einteilung nach der relativen Lage von Kurs und Basispreis nutzen. Für Calls gilt:

☐ Liegt die Option weit aus dem Geld, so sind die Chancen auf günstige Kursschwankungen gering, denn selbst wenn der Kurs steigt, bleibt der Ausübungspreis immer noch mehr oder weniger weit entfernt. Der Zeitwert ist gering, der innere Wert null, die Option also insgesamt wenig werthaltig.

☐ Für eine ATM-Option ist zwar der innere Wert immer noch null, aber das kann sich mit jeder Kursschwankung jetzt schnell ändern. Der Zeitwert nimmt hier sein Maximum an.

☐ Liegt der Kurs weit über dem Basispreis (ITM-Option), bewegt sich die Prämie nahezu parallel zum zugrundeliegenden Wert. Die Prämie besteht folglich fast nur aus dem inneren Wert, der Zeitwert ist auch hier gering.

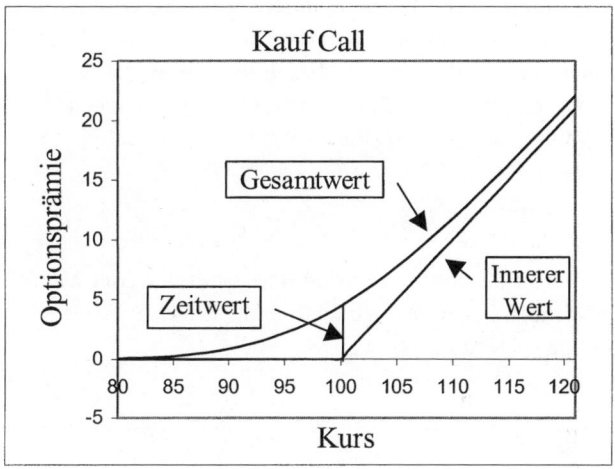

Abbildung 3-2: Optionsprämie[1]

Der innere Wert bildet also die Untergrenze für den Gesamtwert einer Option; der Gesamtwert liegt um so mehr oberhalb dieser Grenze, je länger die Laufzeit der Option und größer die Schwankungsintensität (Volatilität) des Kurses.[2]

---

[1] Der Grafik liegt eine Optionslaufzeit von 3 Monaten, eine Volatilität von 20% sowie ein Ausübungspreis von 100 zugrunde. Vgl. Cox/Ross [1985], S. 147f. Die Begriffe Optionswert und Optionsprämie werden synomym verwendet.

[2] Die Untergrenze kann noch enger gezogen werden, wenn der innere Wert aus dem Vergleich mit dem abgezinsten Basispreis bestimmt wird, der in unserem

3.1.2 Arbitragefreie Replikation einer Option

Gemäß der inhaltlichen Beschränkung der Konzentration auf die Anwendungen kann es nicht unsere Vorgehensweise sein, die gängigen Optionsbewertungsformeln analytisch herzuleiten. Gleichwohl setzt deren saubere Benutzung ein Grundverständnis der Gedankenwelt und ihrer Annahmen (→ 3.1.3) voraus.

Offensichtlich hängt der Wert einer Option von zukünftigen und damit konzeptionell unbekannten Größen ab. Wir haben schon mehrfach mit Erfolg den Weg beschritten, Derivate durch Kombinationen anderer Geschäfte, die zum exakt gleichen Zahlungsstrom führen, abzubilden (Replikation) und dadurch ihren Wert zu bestimmen. Dies wollen wir nun erneut versuchen.

Beispiel 3-1
Es soll eine Kaufoption repliziert und damit bewertet werden unter den folgenden Annahmen (Levy/Sarnat [1984], S. 591ff.):

- ☐ Europäische Kaufoption zu   100
- ☐ Kurs des Basiswertes: 100
- ☐ Laufzeit der Option: 1 Jahr
- ☐ Zinssatz für ein Jahr: 4%
- ☐ Eine Kursänderung auf: 80 oder 120
- ☐ Der Basiswert wirft keine zwischenzeitlichen Zahlungen ab.

Der Kurs des Basiswertes kann vom heutigen Niveau von 100 ausgehend entweder um 20 steigen oder fallen. Unterstellen wir, beide Fälle seien gleich wahrscheinlich.

Versetzen wir uns in die Lage eines Kreditinstitutes, das eine Kaufoption auf der beschriebenen Basis an einen Kunden verkaufen will. Es ergeben sich zwei Fragen:

Fall bei etwa 99 liegt. Die 45°-Linie würde dann ihren Achsenabschnitt von 100 auf 99 nach links verschieben. Vgl. Franke/Hax [1999], S. 370.

a) Welche Transaktionen müssen durchgeführt werden, um die Option zu replizieren?
b) Wie hoch ist die Optionsprämie?

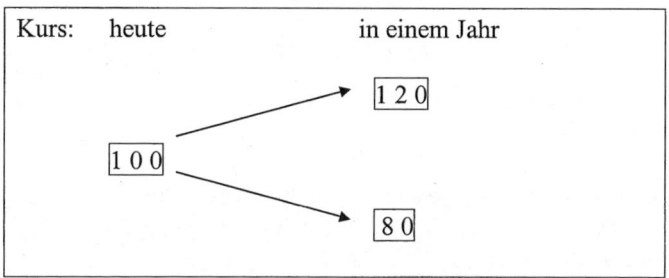

Abbildung 3-3: Kursentwicklung

Zu a) Der Verkäufer einer Kaufoption hat das Risiko, daß der Kurs des Basiswertes steigt, folglich ist davon eine noch zu bestimmende Anzahl von U (Underlying) Einheiten zu kaufen. Dieser Kauf ist zu refinanzieren durch die Prämieneinnahme sowie die Aufnahme von X Einheiten Kapital für die Laufzeit der Option.
Bei Fälligkeit der Option hat sich entweder ein Kursanstieg (I) oder ein Kursverfall (II) ergeben. In beiden Fällen soll der Cash Flow des Stillhalters im Zeitpunkt t = 1 genau null sein. Sollte der Kurs z.B. ansteigen, so muß der Gewinn aus den gekauften U Einheiten des Basiswertes ausreichen, die aufgenommenen Mittel incl. Zinsen zurückzuzahlen und den Verlust (aus Sicht des Verkäufers) aus der Option in Höhe von 20 auszugleichen.

	Kurs	Basiswert	Refinanzierung	Innerer Wert der Option
I	120	120*U	-1,04*X	20
II	80	80*U	-1,04*X	0

Damit läßt sich ein Gleichungssystem mit zwei Gleichungen und zwei Unbekannten aufstellen, das nach U und X gelöst werden kann:

I:	120 U	-	1,04 X	= 20		
II:	80 U	-	1,04 X	= 0		
I-II:	40 U			= 20	$\Rightarrow$	$\underline{U = 0,5}$
in II:	80*0,5	-	1,04 X	= 0		
			1,04 X	= 40	$\Rightarrow$	$\underline{X = 38,46}$

Zu b) Wir können nun residual die Optionsprämie bestimmen mit der Maßgabe, auch im Zeitpunkt t = 0 einen ausgeglichenen Zahlungsstrom darzustellen:

	Cash Flow in t = 0
Kauf von 0,5 Einheiten des Underlyings:	-50,00
Refinanzierung:	+38,46
Optionsprämie:	11,54

Fügen wir alle Ergebnisse noch einmal zu einer Gegenprobe zusammen:

	t = 0	t = 1	
		U = 80	U = 120
Kauf des Basiswertes	-50,00	+40	+60
Refinanzierung	+38,46	-40	-40
Call-Verkauf	+11,54	0	-20
Summe	0	0	0

Tabelle 3-3: Replikation einer Option

Im Zeitpunkt t = 0 wird der Kauf einer halben Einheit des Basiswertes durch eine Kreditaufnahme in Höhe von 38,46 sowie die vereinnahmte Optionsprämie finanziert. Nach einem Jahr ist der Kredit zuzüglich der Zinsen mit 40 zu tilgen. Sollte der Kurs fallen, so verfällt die Option und die halbe Einheit hat noch einen Kurswert von 40, was genau zur Bedienung des Kredites ausreicht. Bei einem Kursanstieg ist ein Verlust in Höhe von 20 aus der Optionsausübung zu erwarten, was aber durch den höheren Kurswert unseres Bestandes an Underlyings ausgeglichen wird. Wir sind offensichtlich immun gegen die unbekannte und unsichere Entwicklung des zugrundeliegenden Kurses.

Damit haben wir eine saubere Lösung, die allerdings mit einer engen Annahme erkauft ist: Nur eine einzige Kursänderung pro Jahr mit einem im Umfang, nicht aber im Vorzeichen bekannten Kurssprung. Eine Möglichkeit, der Realität näher zu kommen, besteht darin, die Zeitperiode zu verkürzen und damit die Anzahl der Kursänderungen zu erhöhen. Diesen Weg beschreiten Cox/Ross/Rubinstein [1979] mit ihrem auf der Binomialverteilung basierenden Ansatz.[1] Diese konvergiert gegen die Normalverteilung, wie sie im folgenden unterstellt wird.

3.1.3 Optionspreisbestimmung

Wenden wir uns der Bewertung von Optionen in grundlegender Form zu mit der Frage, welche Faktoren Einfluß haben auf ihren Wert.

Die ersten drei der in Tabelle 3-4 genannten Faktoren sind in ihrer Wirkung intuitiv verständlich. Eine Option wird mit längerer *Laufzeit* teurer.[2] Der Wert einer Kaufoption (Verkaufsoption) bewegt sich in die gleiche (entgegengesetzte) Richtung wie der zugrundeliegende *Kurs*. Wählt man einen höheren *Ausübungspreis*, wird die Prämie für einen Call (Put) niedriger (höher) ausfallen.

---

[1] Vgl. dazu auch Steiner/Bruns [2000], S. 299ff.

[2] Für Puts ist diese Aussage in bestimmten Konstellationen falsch, vgl. Fußnote S. 225.

Faktor	Symbol	Wirkung eines Anstiegs auf die Prämie
Zeit	t	Steigt
Kurs des Basiswertes	S	Call: steigt; Put: fällt
Ausübungspreis	E	Call: fällt; Put: steigt
Volatilität	σ	Steigt
Risikoloser Zins	i_s	Call: steigt; Put: fällt

Tabelle 3-4: Einflußfaktoren der Optionspreisbestimmung

Beide Optionsformen werden mit steigender *Volatilität* ($\rightarrow$ 1.4.1) wertvoller, denn eine größere Schwankungsintensität erhöht die Chance auf eine für den Optionskäufer günstige Entwicklung.

Der Einfluß des *Zinses* beruht auf einer Opportunitätsüberlegung. Die natürliche Alternative zum Kauf einer Call-Option ist der Kauf des Basiswertes, was mit Opportunitätsverlusten in Form entgangener Zinsen auf das eingesetzte Kapital verbunden ist. Die Kaufoption wird folglich um so eher vorgezogen, je höher der Zins. Spiegelbildlich dazu wird z.B. ein Anleger die Alternativen ‚Verkauf des Wertpapierbestandes‘ und ‚ Kauf einer Put-Option‘ gewichten: Er wird um so eher den direkten Verkauf vorziehen, je höher die Zinsen, die er bei der Wiederanlage des Verkaufserlöses erzielen kann. Der Einfluß des Zinses kann auch über den Terminkurs illustriert werden (vgl. S. 76). Je höher der Zins, desto höher ist der Terminkurs, da der Eigentümer des Basiswertes höhere Opportunitätskosten trägt. Entsprechend reagiert die Kaufoption positiv und die Verkaufsoption negativ. Mit dem ‚*risikolosen Zins*‘ soll von Ausfallrisiken abstrahiert werden, indem die Konditionen für erstklassige Bonitäten, etwa Staatspapiere, verwendet werden.

Die älteste und bekannteste Optionspreisformel ist die von Fischer Black und Myron Scholes [1973]. Sie beruht auf folgenden Annahmen:

- Es gibt keine Steuern und Transaktionskosten.
- Der Basiswert wirft keine zwischenzeitlichen Zahlungen ab.
- Europäische Ausübung.[1]
- Der Kurs des Underlyings ist lognormal-verteilt.
- Stetiger Handel und stetige Kursentwicklung.

Die ersten drei Annahmen sind in Modellvarianten aufgehoben worden. Mit der letzten wird eine kontinuierliche Preisbildung ohne Sprünge unterstellt, folglich müssen Auf- und Abzinsungen in stetiger Form vorgenommen werden. Die Bedeutung und Interpretation der Verteilungsannahme wurde bereits ausführlich besprochen ($\rightarrow$ 1.4.2 und 1.4.3).

Mit diesen Prämissen gelangen Black und Scholes zur Preisbestimmung von Calls (C) und Puts (P), die wir hinfort als *BS-Formel* bezeichnen wollen:

$$(3\text{-}1) \quad C = S * N(d_1) - E e^{-i_s t} * N(d_2)$$

$$(3\text{-}2) \quad P = E e^{-i_s t} * N(-d_2) - S * N(-d_1)$$

$$\text{mit} \quad d_1 = \frac{\ln(S/E) + (i_s + 0{,}5\sigma^2)t}{\sigma\sqrt{t}} \qquad d_2 = d_1 - \sigma\sqrt{t}$$

N bezeichnet die Werte der Normalverteilung, e die Eulersche Zahl als Basis des natürlichen Logarithmus und t die Laufzeit der Option in Jahren.

Die Optionsprämie wird vor allem bestimmt von der Differenz zwischen dem Kassekurs S und dem Barwert des Ausübungspreises E. Die Werte der Normalverteilung können als Wahrscheinlichkeiten konkret interpretiert werden. $N(d_1)$ gibt das als Delta ($\rightarrow$ 3.1.4) bezeichnete Verhältnis zwischen der Änderung der Preise für die Option und der des Basiswertes an. Die Wahrscheinlich-

---

[1] Falls nicht ausdrücklich anders erwähnt, wird in der Folge immer die europäische Ausübung unterstellt.

keit der Ausübung der Option entspricht $N(d_2)$.[1] Analoge Aussagen lassen sich für die Put-Option machen unter Benutzung der Symmetrie-Eigenschaft der Normalverteilung: $N(-d) = 1-N(d)$.

Noch ein Wort zu den Grenzen der Formel, bevor wir sie anwenden. Kritisch ist vor allem die Vorgabe der zukünftigen Volatilität, die zwar geschätzt werden kann, aber konzeptionell unbekannt ist. Die meisten anderen Annahmen können in verschiedenen Model-Varianten aufgehoben werden (vgl. Cox/Rubinstein [1985], S. 266ff.). Dabei sind vor allem wichtig:

- *Zwischenzeitliche Zahlungen* wie Dividenden oder Coupons können einbezogen werden, indem der Kassekurs um deren Barwerte bereinigt wird ($\rightarrow$ 3.4).

- Die Bewertung des Rechtes der *vorzeitigen Ausübung* bei amerikanischen Varianten, die i.d.R. ohnehin nicht werterhöhend ist. Der Optionskäufer wird, sofern er Gewinne realisieren bzw. eine Absicherung auflösen möchte, normalerweise nicht vorzeitig ausüben, sondern verkaufen, um den Zeitwert nicht zu zerstören. Von dieser Regel gibt es eine Ausnahme: Tief im Geld liegende Put-Optionen können, insbesondere bei längeren Laufzeiten und hohen Zinsen, einen inneren Wert aufweisen, der höher ist als die Optionsprämie für die europäische Variante (Franke/Hax [1999], S. 373). In diesem Fall ist die Ausübung sinnvoll, die amerikanische Option folglich wertvoller als die europäische.

Beispiel 3-2

Verwenden wir noch einmal die Angaben von Beispiel 3-1 und ersetzen die Vorgabe der Kursentwicklung durch eine Volatilität von $\sigma = 20\%$ p.a. Mit der BS-Formel sollen nun die Prämien für Calls und Puts bestimmt werden (vgl. Arbeitsblatt).

---

[1] Vgl. Steiner/Bruns [2000], S. 326.

	B	C	D	E
3			Call	Put
4	am		03.03.2003	03.03.2003
5	Fälligkeit		03.03.2004	03.03.2004
6	Kassekurs	S	100	100
7	Basispreis	E	100	100
8	Volatilität	s	20,0%	20,0%
9	stetiger Zins	is	4,000%	4,000%
10	Zeit	t	1,002739726	1,002739726
11	d1		0,300410678	0,300410678
12	N(d1)		0,618067975	0,381932025
13	d2		0,100136893	0,100136893
14	N(d2)		0,539882235	0,460117765
15	Prämie	C/P	9,9412	6,0096

Abbildung 3-4: Optionsbewertung nach Black-Scholes

Unser Arbeitsblatt liefert eine Prämie von 9,94 für den Call und 6,01 für den Put. Der Call ist deshalb teurer, weil der Terminkurs bei etwa 104 liegt. (Geben Sie einen Zins von null ein: Wie hoch sind C und P jetzt?) Die Parameter der Normalverteilung geben an, daß die Call-Prämie sich um 0,62 erhöht, falls der Kassekurs sich um eine Einheit erhöht. Die Wahrscheinlichkeit ihrer Ausübung liegt bei ca. 54%. Im nächsten Abschnitt wollen wir analysieren, wie diese Werte auf Änderungen der Parameter reagieren.

3.1.4   Risikokennzahlen

Die den Optionspreis bestimmenden Faktoren können sich, mit Ausnahme des Ausübungspreises, im Zeitablauf ändern. Die entsprechende Reaktion der Prämie gilt es nun zu verfolgen. Es hat sich eingebürgert, diesen Effekten griechische Buchstaben zuzuordnen; oft werden sie auch einfach ‚die Griechen' genannt. Mathematisch entsprechen sie den partiellen Ableitungen der BS-Formel nach den jeweiligen Faktoren.

Faktor	Bezeichnung	
Kurs des Basiswertes	Delta	(δ)
Delta	Gamma	(γ)
Volatilität	Vega	(ν)
Restlaufzeit	Theta	(τ)
Zins	Rho	(ρ)

Tabelle 3-5: Einflußfaktoren auf den Optionspreis

(1) Delta bezeichnet das Risiko, daß sich der Wert einer Option ändert aufgrund von Veränderungen des Kurses des Underlyings:

$$(3\text{-}3) \quad \text{Delta} = \frac{\text{Änderung im Optionspreis}}{\text{Änderung im Kurs des Basiswertes}} = N(d_2)$$

Die wichtigste und naheliegendste Einflußgröße ist der Kurs des Basiswertes. Calls werden dabei gleichläufig und Puts gegenläufig zu dessen Veränderungen reagieren. Ferner wird die Änderung der Optionsprämie nicht größer sein als die des Basiswertes, der Definitionsbereich ist folglich:

Call: $0 \leq \delta \leq 1$
Put: $-1 \leq \delta \leq 0$

Delta selbst ist allerdings keine Konstante, sondern hängt vor allem ab von :

- der relativen Lage des Basispreises im Verhältnis zum Kurs von
  U; Optionen am Geld haben ein Delta in der Größenordnung
  von etwa 0,5 oder 50%; je mehr sie im Geld (aus dem Geld)
  liegen, desto höher (niedriger) ist ihr Delta, d.h., desto stärker
  (schwächer) reagieren sie auf eine Kursänderung, wie die
  Abbildung 3-5 für eine Kaufoption zeigt;
- von der Restlaufzeit der Option: je länger die Laufzeit, desto
  flacher verläuft die Delta-Funktion; je kürzer die Laufzeit, desto
  S-förmiger wird sie.

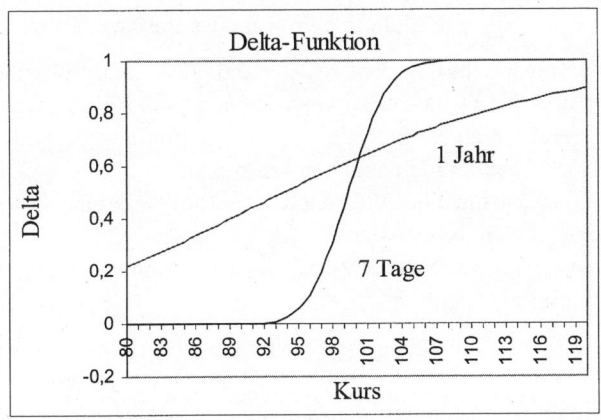

Abbildung 3-5: Deltafunktion einer Kaufoption

Die länger laufende Option reagiert relativ gleichförmig auf Kursänderungen, während die kurzlaufende auf niedrigem Kursniveau
so gut wie gar nicht ($\delta \approx 0$), bei hohen Kursen dagegen nahezu 1:1
($\delta \approx 1$) auf Änderungen des Basiswertes reagiert. Im mittleren Bereich muß Delta daher schnell ansteigen.

Ein Delta von z.B. 0,5 für einen Call besagt, daß sich die Prämie um 0,5 erhöht, falls der Kurs um 1 steigt. Folglich muß zur Absicherung gegen Kursänderungen pro Option eine halbe Einheit des Basiswertes gekauft (Stillhalter) bzw. verkauft (Optionskäufer) werden. Delta kann damit auch als Absicherungsverhältnis (*Hedge Ratio*) von Einheiten des Underlyings pro Option interpretiert werden.

(2) Gamma gibt die Änderung von Delta für eine Änderung im Kurs des Basiswertes um 1 an

$$(3\text{-}4) \quad \text{Gamma} = \frac{\text{Änderung von Delta}}{\text{Änderung im Kurs des Basiswertes um 1}}$$

Gamma entspricht der zweiten Ableitung der Optionsprämie nach dem Kurs. Die Delta-Funktion wurde bereits diskutiert, damit implizit bereits einiges über die Gammafunktion ausgesagt. Vor allem zwei Eigenschaften sind bemerkenswert:

- Gamma ist für eine ATM-Option am größten, d.h., dort ändert sich Delta am schnellsten.
- Mit Verringerung der Restlaufzeit wird Gamma für eine ATM-Option immer größer.

(3) Vega gibt die Änderung des Optionspreises für einen Anstieg der Volatilität um 1% an. Diese Reaktion auf eine Erhöhung der erwarteten Schwankungsintensität ist um so größer,
- je näher die Option am Geld liegt,
- je länger ihre Laufzeit ist.

(4) Theta gibt die Änderung des Optionspreises für eine Verringerung der Restlaufzeit um einen Tag an.
Optionen werden mit der Verringerung der Restlaufzeit immer weniger wert. Bei sonst unveränderten Bedingungen führt dies zu einem Bewertungsgewinn beim Verkäufer ($\tau > 0$) und zu einem Verlust beim Käufer ($\tau < 0$) der Option. Dies gilt sowohl für die Call-

wie für die Put-Option.[1] Der Verfall der Optionsprämie verläuft allerdings nicht proportional zur Zeit, sondern beschleunigt sich im Zeitablauf. Da der Zeitwert für eine ATM-Option am höchsten ist, gilt dies entsprechend auch für Theta. Es ist um so größer,

– je näher die Option am Geld liegt,
– je kürzer die Restlaufzeit ist.

Die Grundformen der Optionen und auch viele Optionskombinationen, allerdings nicht alle, haben gegenläufige Vega- und Theta-Werte.

(5) Rho gibt die Zinssensitivität der Optionsprämie an:

$$(3\text{-}5) \quad Rho \quad = \quad \frac{\text{Änderung der Optionsprämie}}{\text{Anstieg des Zinssatzes um 1\%}}$$

Warum Optionen auf Zinsänderungen reagieren, wurde bereits besprochen (→ S. 218). Zwei Grundaussagen sind hervorzuheben:

– Rho ist positiv für Calls und negativ für Puts.
– Rho steigt (absolut) mit steigenden Zinsen.

Wir können nunmehr unsere Ergebnisse zusammenfassen und zum Vergleich auch den Basiswert (U) heranziehen.

---

[1] Es gibt eine Ausnahme von dieser Regel: Tief im Geld liegende und langlaufende Puts können einen positiven Theta-Wert haben, also im Zeitablauf an Wert gewinnen. Diesen Spezialfall wollen wir fortan außer acht lassen. Vgl. dazu S. 220, Steiner/Bruns [2000], S. 344-5 sowie Abschnitt 3.3 und 3.4.

Position	Delta	Gamma	Vega	Theta	Rho
Long U	+	0	0	?	?
Short U	-	0	0	?	?
Long Call	+	+	+	-	+
Short Call	-	-	-	+	-
Long Put	-	+	+	-	-
Short Put	+	-	-	+	+

Tabelle 3-6: Reaktionen von Underlying, Calls und Puts

Das Underlying U gekauft zu haben (long zu sein), bringt Bewertungsänderungen parallel zu dessen Kursänderungen mit sich. Delta ist daher positiv, wir können auch den genauen Wert angeben: +1. Da Delta konstant bleibt, ist Gamma null. Größere erwartete Kursschwankungen können zwar in einem ökonomischen Sinne über Angebots- und Nachfragereaktionen die Preise von Vermögenswerten beeinflussen, in einem reinen bewertungstechnischen Sinn gilt dies jedoch nicht, Vega ist null. Um Theta bestimmen zu können, müßten wir Details des Basiswertes kennen. Stellen wir uns z.B. vor, daß keine zeitproportionalen Kosten oder Erträge anfallen, so wäre $\tau = 0$. Vergleichbar ließe sich hinsichtlich Rho argumentieren.

Der Wert eines gekauften Calls bewegt sich in die gleiche Richtung wie der Basiswert ($\delta > 0$). Delta selbst nimmt mit dem Kursanstieg zu ($\gamma > 0$). Der Wert der Option nimmt zu, wenn mit größeren Kursschwankungen gerechnet wird ($\upsilon > 0$), dafür muß allerdings bei unveränderten Marktdaten mit Wertverlusten im Zeitablauf gerechnet werden ($\tau < 0$). Ein Zinsanstieg erhöht die Vorteilhaftigkeit des Calls im Vergleich zum direkten Kauf des Basiswertes, da die Opportunitätskosten steigen ($\rho > 0$).

Wo liegen Parallelen in den Vorzeichen? Jede gekaufte Option gewinnt an Wert bei steigender Volatilität und verliert im Zeitablauf, spiegelbildliches gilt für den Verkauf. Vom Vorzeichen der Exponierung gegenüber dem zugrundeliegenden Kurs sind Long Call und Short Put vergleichbar.

Aufgabe 3-1
Berechnen Sie bei sonst unveränderten Angaben die Gammafunktion eines Calls für eine Restlaufzeit von a) einem Jahr und b) 7 Tagen und erstellen eine entsprechende Grafik.

Aufgabe 3-2
Warum ist für den Long Put das Gamma positiv?

3.1.5   Optionskombinationen

3.1.5.1   Put-Call-Parität

Der wichtigste Zusammenhang zwischen verschiedenen Optionen wird als Put-Call-Parität bezeichnet und besagt, daß jede Optionsform (Put oder Call) durch die Kombination der jeweils anderen Form mit dem Basiswert (U) abgebildet werden kann. Damit ist auch *eine* Optionsbewertungsformel ausreichend für beide Formen. Im Sinne einer risikomäßigen Äquivalenz kann die Kurzform

(3-6) $C = U + P$

aufgestellt werden. Sie setzt gleiche Volumina in allen drei Geschäften sowie gleiche Fälligkeiten und Ausübungspreise der Optionen voraus. Die Schreibweise kann durchaus als Gleichung interpretiert und daher auch umgeformt werden, insbesondere zu den speziellen Formen:

□ *Reversal*: $C - P = U$, was besagt, daß das Risiko aus dem Kauf eines Call und dem Verkauf eines Put dem des Underlyings entspricht. Letzteres wird folglich synthetisch dargestellt mit der Möglichkeit, eventuell bessere Kaufkurse zu erzielen als am Kassamarkt.

☐ *Conversion*: $P - C = -U$. Spiegelbildlich zur Conversion wird hier eine synthetische Short-Position im Underlying generiert, was ansonsten nicht ohne weiteres möglich ist. Kombiniert man die beiden Optionen mit einem Kauf des Underlyings, so entsteht eine geschlossene Position.

Beide Formen, deren Marktpreisrisiken praktisch gleich null sind,[1] dienen der Arbitrage zwischen Kassa- und Terminmarkt. Optionshändler benutzen sie häufig, um ihre Positionen im Basiswert in die gewünschte Richtung zu verändern.

Mit der Gleichung (3-6) ist zwar eine einfache Merkformel, aber keine genaue Wiedergabe der Optionsprämien gewonnen. Dazu muß präzisiert werden zu

$$(3\text{-}7) \quad C = S + P - E * e^{-i_s * t} \quad \text{oder} \quad C - P = S - E * e^{-i_s * t},$$

wobei wir wie bisher unterstellen, daß keine zwischenzeitlichen Zahlungen anfallen. Die Differenz zwischen der Prämie für einen Call und einen Put mit gleicher Laufzeit und gleichem Ausübungspreis entspricht der Differenz zwischen dem aktuellen Kurs und dem Barwert des Ausübungspreises.

Aufgabe 3-3
Überprüfen Sie Formel (3-7) anhand der im Beispiel 3-2 berechneten Optionsprämien.

Aufgabe 3-4
Ein amerikanischer Importeur möchte seine in drei Monaten in Euro zu zahlende Rechnung gegen Wechselkursrisiken absichern, sich aber zugleich die Chance, an fallenden Euro-Kursen zu parti-

---

[1] Vgl. Natenberg [1988], S. 268ff.

zipieren, offenhalten. Er sieht dafür folgende Lösungsmöglichkeiten:

a) Er kauft einen Euro-Call (Basispreis 1,20; Prämie 0,03 USD),
b) Er kauft Euro per Termin zu 1,21 und dazu einen Put (Basispreis 1,20; Prämie 0,02 USD).

Was bedeutet das für den Importeur?

Euro-Kurs nach 3 Monaten	Handlung	Effektive Kosten für Euro-Kauf
1,10	a) b)	
1,30	a) b)	

3.1.5.2 Spread-Positionen

Spread-Positionen zielen aus Hedging- oder Trading-Überlegungen auf die Kursentwicklung des Underlyings durch die Kombination von Kauf und Verkauf verschiedener Optionen. Im Unterschied zu einfachen („nackten") Optionen wird dabei das Risiko, aber auch die Chance begrenzt.

(1) Vertikale Spreads
sind Kombinationen von Long- und Short-Positionen der gleichen Optionsart (Call oder Put) mit gleicher Fälligkeit, aber unterschiedlichen Basispreisen. Man unterscheidet

- Bull Spreads:
  - mit Calls: Long Call mit niedrigerem Ausübungspreis
                   Short Call mit höherem Ausübungspreis
  - mit Puts: Long Put mit niedrigerem Ausübungspreis
                   Short Put mit höherem Ausübungspreis

- Bear-Spreads:
  - mit Calls: Long Call mit höherem Ausübungspreis
                         Short Call mit niedrigerem Ausübungspreis
  - mit Puts: Long Put mit höherem Ausübungspreis
                         Short Put mit niedrigerem Ausübungspreis

Neben der genannten Risikobegrenzung können die Motive für vertikale Spreads darin liegen, daß
- lediglich mit einer moderaten Kursbewegung gerechnet wird;
- die eingegangene Long-Position mit einer Short-Position teilweise finanziert werden soll.

Aufgabe 3-5

Für jede der vier möglichen Varianten soll jeweils das Chancen-Risiko-Profil erstellt werden sowie die Vorzeichen von Delta, Vega und Theta. Der aktuelle Kurs sei 100, ferner soll einer der Basispreise 100, der zweite 95 oder 105 sein. Die Laufzeit der Optionen beträgt jeweils 3 Monate. Die genaue Höhe der Prämien spielt eine untergeordnete Rolle, es kommt vielmehr auf deren Relation und Verhalten an. Dabei wollen wir uns der Einfachheit halber vorstellen, die Optionspositionen würden bis zur Fälligkeit gehalten.

Die Lösung für den Bull-Spread mit Calls soll besprochen werden. Wir kaufen dazu einen Call mit Basispreis 100 und verkaufen einen solchen mit 105. Tabelle 3-7 stellt die inneren Werte bei Verfall incl. Prämie zusammen.

Bevor wir die Implikationen diskutieren, testen Sie Ihr Verständnis anhand der folgenden Fragen:

- Haben wir eine Nettoauszahlung oder – einzahlung durch die beiden Optionen?
- Bei Konstanz alle Marktpreise: Haben wir im Zeitablauf mit Gewinnen oder Verlusten zu rechnen?
- Haben wir bei steigenden Kursen des Basiswertes Gewinne oder Verluste zu erwarten?

– Welcher Gewinn bzw. Verlust ist maximal möglich?
– Wie reagiert die Bewertung des Spreads auf Änderungen in der
  Volatilität?

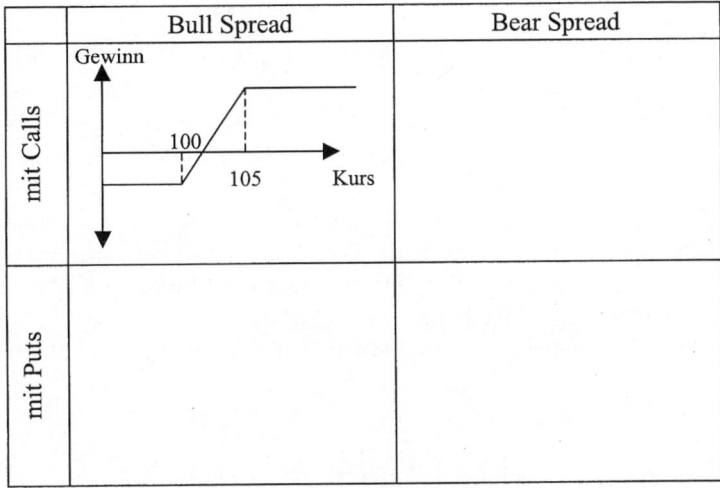

	Bull Spread	Bear Spread
mit Calls		
mit Puts		

Tabelle 3-7: Vertikale Spreads

Die Option mit dem niedrigeren Basispreis hat (bei gleicher Laufzeit) den höheren Wert von beiden; da wir diese gekauft haben,
muß netto ein Prämienaufwand vorliegen. Damit ist auch der maximal mögliche Verlust gefunden, der realisiert wird, falls der
Kurs bei Fälligkeit unter 100 liegt. Der Gewinn ist nach oben
durch die (positive) Differenz der beiden Ausübungspreise abzüglich Prämienaufwand definiert und wird bei Kursen über 105 erreicht. Liegt der Kurs bei Fälligkeit z.B. bei 110, so wird die gekaufte Option einen Wert von 10 zu unseren Gunsten, die verkaufte jedoch einen Wert von 5 gegen uns.

Der Nettoprämien*aufwand* ist ein gutes Indiz, allerdings kein si-
cherer Beweis dafür, daß die Zeit gegen uns arbeitet, Theta also
negativ ist. Wir brauchen ansteigende Kurse, um in die Gewinnzo-

ne zu kommen. Bei Konstanz aller Marktparameter schmelzen beide Prämien ab, und zwar die (teurere) gekaufte mehr und schneller als die verkaufte. Dies korrespondierte mit den bezüglich Theta aufgestellten Regeln (→ 3.1.4): Es ist für ATM-Optionen am größten.

Ein negatives Theta geht häufig, aber nicht immer, mit einem positiven Vega einher. Dies trifft in unserem Fall zu, da die gekaufte ATM-Option stärker auf einen Anstieg der Volatilität reagiert; das kann allerdings in Konstellationen mit hohen Zinsen und langen Laufzeiten anders aussehen.

Die Grafik suggeriert ein Gewinnpotential, das die möglichen Verluste übersteigt oder mit anderen Worten einen Prämienaufwand von weniger als 2,50. Dies stellt sich allerdings für lange Laufzeiten und niedrige Volatilitäten anders dar.

Ergänzen Sie die fehlenden drei Grafiken und tragen Sie die Vorzeichen der ‚Griechen' in Tabelle 3-15 ein.

(2) Horizontale Spreads
sind ebenfalls Kombinationen von Long- und Short-Positionen der gleichen Optionsart, hier jedoch mit gleichem Strike und unterschiedlicher Fristigkeit. Sie werden deshalb auch *Time Spread* genannt.

Da bei vertikalen Spreads alle Optionen zum gleichen Zeitpunkt fällig werden, ist ihr Wert weitgehend vom Kurs bei Verfall abhängig. Der Wert eines horizontalen Spreads kann dagegen eigentlich erst bei Fälligkeit beider Optionen abschließend beurteilt werden. Bis dahin, insbesondere vor Fälligkeit der kürzer laufenden Option, wird der Wert des horizontalen Spreads vor allem durch den Zeitverfall und durch Volatilitätsveränderungen bestimmt. Man unterscheidet:

- Long Time Spreads: Long länger laufende Option
                         Short kürzer laufende Option
- Short Time Spreads: Short länger laufende Option
                         Long kürzer laufende Option

Die Bezeichnungen sind sowohl für Puts als auch für Calls anwendbar. Die Handelsidee und die Auswirkungen auf Parameteränderungen seien am Beispiel einer Long-Position mit Calls illustriert.

Beispiel 3-3
Wir kaufen und verkaufen je einen Call mit folgenden Konditionen:

	Kauf Call	Verkauf Call
Am	03.03.03	03.03.00
Fälligkeit	03.09.03	03.06.00
Kassekurs	100	100
Basispreis	100	100
Volatilität	15,0%	15,0%
Stetiger Zins	3,500%	3,500%
Prämie	5,14	3,45

Tabelle 3-8: Beispiel Time Spread

Der Spread hat also bei Abschluß einen Wert von 1,69. Drei Einflußgrößen gilt es in ihrer Wirkung zu verfolgen: Die Zeit, den Kurs des Underlyings und die Volatiliät.

a) Wie entwickelt sich der Spread bei unveränderten Marktdaten in der *Zeit*? Vervollständigen Sie die folgende Tabelle.

Restlaufzeit (Mon.)	6/3	5/2	4/1	3/0
Kauf Call	5,14			
Verkauf Call	3,45			
Spread	1,69			3,45

Tabelle 3-9: Entwicklung von Time Spreads im Zeitablauf

Der Wert des Spreads nimmt im Zeitablauf zu. Warum? Weil die kürzer laufende Option durch den Zeitverfall schneller an Wert verliert, deren Theta also größer ist.

Welcher Kurs bei Verfall der kürzer laufenden Option wäre ‚traumhaft', d.h. würde den Wert des Spreads maximieren? Es ist der Basispreis (100) der beiden Optionen. Die kürzere Option würde dann genau verfallen, die längere den unter dieser Bedingung maximalen Wert annehmen.

b) Welchen Einfluß haben Änderungen der *Volatilität*? Vervollständigen Sie auch dazu die folgende Tabelle.

Volatilität	10%	15%	20%
Kauf Call		5,14	
Verkauf Call		3,45	
Spread		1,69	

Tabelle 3-10: Time Spreads und Volatilitätsänderungen

Der Wert des Spreads nimmt mit der Volatilität ($\upsilon > 0$) zu, weil die länger laufende Option stärker reagiert als die kürzere. Time Spreads werden daher oft auch der Gruppe der *Volatilitäts-Spreads* zugeordnet.

c) Welchen Einfluß haben Änderungen im *Kurs des Underlyings* auf den Wert der Spreadposition? Unterstellen Sie dazu eine Kursänderung von 10 nach beiden Seiten und tragen die Ergebnisse in die Tabelle ein.

Kurs des U.	90	100	110
Kauf Call		5,14	
Verkauf Call		3,45	
Spread	0,82	1,69	1,39

Tabelle 3-11: Time Spreads und Kurs des Basiswertes

Hilfe, wir verlieren nach beiden Seiten! Wann immer sich der Kurs verändert, reduziert sich der Wert des Spreads – ein überhaupt nicht einleuchtendes Ergebnis. Der Grieche, der die Reaktion auf den Kurs des Underlyings angibt, ist das Delta; schauen wir uns diese Funktion noch einmal an (vgl. Abbildung 3-5, S. 223). Wir hatten eine mit der Reduzierung der Restlaufzeit immer stärker ausgeprägte S-Form festgestellt. Halten wir zwei Calls mit unterschiedlicher Laufzeit nebeneinander, so liegt die kürzer laufende bei niedrigen Kursen unter der länger laufenden (niedrigeres Delta) und bei hohen Kursen umgekehrt (höheres Delta). Ziehen wir die Vorzeichen unserer Positionen in Betracht, so verlieren wir bei steigenden Kursen, weil der längere Call weniger an Wert gewinnt als der kürzere, dagegen bei fallenden Kursen mehr an Wert verliert.

Damit stehen wir vor einer absurden Konstellation: Einerseits nimmt der Wert unseres Spreads bei steigender (erwarteter) Volatilität zu, andererseits aber ab, wenn die Kurse sich tatsächlich verändern. Sind dennoch Situation denkbar, in denen beides zutrifft? Ja, etwa so: Die Unsicherheit über die zukünftige Entwicklung nimmt zu, aber die Kurse ändern sich (noch) nicht. Aus dem ersten Teil folgen steigende Absicherungsbedürfnisse und Risikoprämien, folglich werden von den Optionsverkäufern höhere Volatilitäten in die Optionspreise eingerechnet, weil mit größeren Schwankungen in der Zukunft gerechnet wird. Diese treten aber nicht unmittelbar, sondern später oder gar nicht ein. Typische Konstellationen dafür liegen vor, wenn auf ein für die Kursentwicklung wesentliches Ereignis zugegangen wird, dessen Ausgang oder dessen Auswirkungen unsicher sind, wie z.B. eine Wahl, eine mögliche Leitzinsänderung oder ein anderer Kulminationspunkt eines wirtschaftlichen oder politischen Prozesses.

Wir können als Ergebnis festhalten, daß ein Time Spread eine präzise Vorstellung von der zukünftigen Entwicklung in mehreren Dimensionen erfordert. Für die Long-Position haben wir den großen Vorteil, daß sowohl die Reduzierung der Restlaufzeit als auch ein

Anstieg der Volatilität werterhöhend wirkt. Die Kehrseite sind Verluste bei Kursbewegungen in beiden Richtungen.

	Long	Short
Reduzierung der Restlaufzeit	+	-
Anstieg der Volatilität	+	-
Kursanstieg	-	+
Kursverfall	-	+

Tabelle 3-12: Zusammenfassung Time Spreads

(3) *Diagonale Spreads*
sind Kombinationen von horizontalen (unterschiedliche Fälligkeit) und vertikalen (unterschiedliche Basispreise) Spreads (Abbildung 3-6). Ihr Verhalten auf Parameteränderungen soll nicht im Detail verfolgt werden.

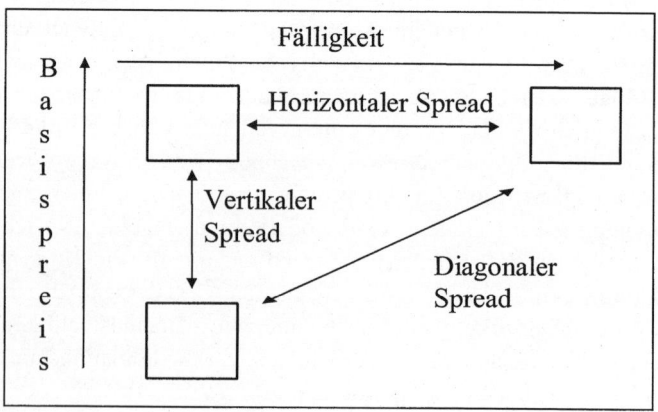

Abbildung 3-6: Spreads

3.1.5.3 Volatilitätsstrategien

Volatilitätsstrategien stellen nicht auf eine bestimmte Kurshöhe ab, sondern vornehmlich auf die Intensität der Kursschwankungen, die Volatilität. Wir hatten bereits den Time-Spread unter diesem Aspekt diskutiert.

(1) Straddles
beinhalten den Kauf (long straddle) oder Verkauf (short straddle) der gleichen Anzahl von Puts und Calls mit gleichem Basispreis und gleicher Fälligkeit. Für den Käufer ist der Gewinn nach beiden Seiten unbegrenzt, während maximal der Prämienaufwand verloren werden kann.

Straddles scheinen auf den ersten Blick den großen Vorteil zu bieten, daß an Kursbewegungen nach beiden Richtungen unbegrenzt partizipiert wird. Bei steigenden Kursen wird nämlich die Deltaposition positiv und zwar um so mehr, je mehr der Kurs steigt, entsprechend umgekehrt bei fallenden Kursen. Der Idealfall wäre eine möglichst intensive Pendelbewegung um den Basispreis, denn dann könnte man billig kaufen und teuer

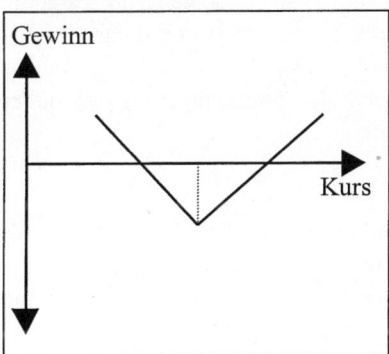

Tabelle 3-13: Long Straddle

verkaufen und somit die jeweilige Deltaposition neutralisieren. In Wirklichkeit jedoch funktioniert eine derartige Strategie nur dann, wenn die tatsächlichen Kursschwankungen größer sind als die in der Optionsprämie eingerechneten, d.h. falls:

implizite Volatilität < tatsächliche zukünftige Volatilität.

(2) Strangles
beinhalten ebenfalls den Kauf/Verkauf einer gleichen Anzahl von

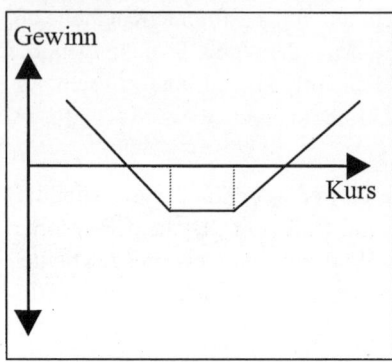

Puts und Calls mit gleicher Fälligkeit. Im Gegensatz zum Straddle sind die Basispreise jedoch unterschiedlich. Sowohl beim Call als auch beim Put handelt es sich um Optionen aus dem Geld, folglich liegt der Basispreis des Puts unter dem des Calls. Der Prämienaufwand wird dadurch im Vergleich zum Straddle reduziert und damit das Risiko-Chancen-Profil abge-

Tabelle 3-14: Long Strangle

schwächt. Gleichwohl bleibt auch hier die Exponierung gegenüber Volatilitätsänderungen im Vordergrund.

(3) Butterfly
wird eine Strategie genannt, bei der die offenen Enden des Straddles mit zusätzlichen Optionen begrenzt werden. Insgesamt sind folglich drei verschiedene Basispreise im Gebrauch, wobei die beiden äußeren gleich weit vom mittleren entfernt liegen. Man unterscheidet den

- Long Butterfly (mit Calls oder Puts)
  - − 1 long   unterer Basispreis
  - − 2 short   mittlerer Basispreis
  - − 1 long   oberer Basispreis
- Short Butterfly (mit Calls oder Puts)
  - − 1 short   unterer Basispreis
  - − 2 long   mittlerer Basispreis
  - − 1 short   oberer Basispreis

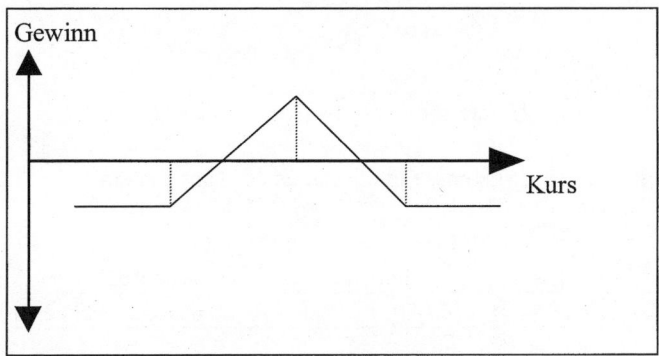

Abbildung 3-7: Long Butterfly

Gewinn- und Verlustpotential beim Butterfly sind begrenzt, darin liegen Vor- und Nachteil im Vergleich zum Straddle und Strangle. Die Trading-Idee beim Long Butterfly kann z.B. die Erzielung von Prämieneinnahmen sein in Erwartung geringer Marktbewegungen bzw. fallender Volatilität bei gleichzeitiger Begrenzung des Risikos. Im Idealfall entspricht der Kurs des Basiswertes bei Verfall dem mittleren Ausübungspreis.

Aufgabe 3-6
Bestimmen Sie den maximal möglichen Gewinn und Verlust (unter Einrechnung der gezahlten und empfangenen Optionsprämien) sowohl für eine Put- wie eine Call-Variante des Butterfly mit den Marktdaten aus der folgenden Tabelle (Settlementpreise für Optionen auf die Siemens-Aktie vom 22.05.2002).

Basispreis	Calls	Puts
67,50	4,32	2,39
70,00	2,95	3,52
72,50	1,89	4,97

(Quelle: Handelsblatt-Topix, Daten vom 22.05.2002):[1]

Tragen Sie die Ergebnisse in die folgenden Tabellen ein:

	Innerer Wert der Option bei Fälligkeit bei einemKurs der Aktie von		
Calls	67,50	70	72,50
+ 1 * 67,5			
- 2 * 70,0			
+ 1 * 72,5			
Prämien			
Summe			

	Innerer Wert der Option bei Fälligkeit bei einemKurs der Aktie von		
Puts	67,50	70	72,50
+ 1 * 67,5			
- 2 * 70,0			
+ 1 * 72,5			
Prämien			
Summe			

Beschriften Sie die Abbildung 3-7 mit einer der beiden Varianten.

Aufgabe 3-7

Mit den Angaben aus der vorherigen Aufgabe: Welchen Schluß-kurs hatte die Aktie eigentlich an diesem Tag?

---

[1] Zu den an der Eurex gehandelten Aktienoptionen vgl. auch Abschnitt 3.4.

Die Optionen laufen vom 22.05. bis 21.06.2002 (30 Tage), der Zins für diese Laufzeit beträgt 3,3%.

Aufgabe 3-8
Ergänzen sie die offenen Felder in der Tabelle:

	Delta	Gamma	Theta	Vega
Long Straddle	0	+	-	+
Short Straddle				
Long Strangle	0	+	-	+
Short Strangle				
Long Butterfly	0	-	+	-
Short Butterfly				
Long Time Spread	0	-	+	+
Short Time Spread	0	+		
Bull Spread (Calls)	+	+		
Bull Spread (Puts)	+			
Bear Spread (Calls)				
Bear Spread (Puts)				

Tabelle 3-15: Optionsparameter bei verschiedenen Strategien

Hinweis: Die Angaben beruhen z.T. auf Annahmen, wie sie in den entsprechenden Abschnitten diskutiert wurden. Insbesondere werden mittlere Laufzeiten und Optionen, von denen eine sinnvoll gewählte bzw. alle am Geld liegen, unterstellt. Andere Annahmen können zu anderen Ergebnissen führen.

3.2 Zinsoptionen

Wenden wir uns nach einem längeren theoretischen Anlauf konkreten Anwendungen im Bereich der Zinsoptionen zu. Die wichtigsten Formen sind dabei die Caps/Floors sowie die Swaptions, die umsatzstärksten OTC-Zinsoptionen. Letztere können, mit einer zusätzlichen Überlegung, auch leicht als Option auf einen Festzinskredit verstanden werden. Unsere bisherige Optionsformel ist für die Verwendung im Zinsbereich etwas zu modifizieren. Für die Anwendungssicherheit wesentlich ist ein gutes Verständnis dafür, warum die Optionsprämien eine bestimmte Höhe haben. Natürlich kann man einen Optionswert nicht ‚im Kopf' berechnen, aber wir wollen, nachdem wir nun in der Lage sind, die BS-Formel zu benutzen, sozusagen den zweiten Grad erreichen, nämlich mit Plausibilitätsüberlegungen von bekannten auf naheliegende unbekannte Optionsprämien zu schließen.

3.2.1 Caps und Floors

Der Käufer eines *Caps* erwirbt gegen Zahlung einer Prämie das Recht auf eine Ausgleichszahlung, falls an bestimmten Stichtagen der Referenzzinssatz (Euribor bzw. Libor) eine vereinbarte *Zinsobergrenze* überschreitet. Er ist geeignet, den Zinsaufwand bei variabel verzinslichen Finanzierungen nach oben zu begrenzen.

Spiegelbildlich erwirbt der Käufer eines *Floors* das Recht auf eine Ausgleichszahlung, falls eine *Zinsuntergrenze* unterschritten wird. Mit einer variabel verzinslichen Mittelanlage kombiniert entsteht dadurch eine garantierte Mindestverzinsung.

Die Prämienzahlungen sind i.d.R. in einer Summe bei Abschluß fällig. Tabelle 3-16 zeigt die von der Maklerfirma Intercapital, London, angeboteten Capkonditionen. Spaltenweise sind die Zinsgrenzen angegeben, zeilenweise die Laufzeiten. Ein Cap bei z.B. 6% mit einer Laufzeit von 10 Jahren kostet 312 bp oder 3,12% des Nominalbetrages. Damit erwirbt der Käufer den Anspruch auf eine automatische Ausgleichszahlung, eine ‚Ausübung' wie bei den meisten anderen Optionen ist nicht notwendig. Zu deren Berechnung wird der Capsatz jeweils 2 Tage vor Beginn einer Zinsperiode (Roll-Over-Periode, im Standardfall 6 Monate) mit dem Referenzzins verglichen mit einem Ausgleich zugunsten des Käufers in Höhe von

(3-8)   max [0; (Referenzzins - Capsatz)*Betrag*Tage/36.000)].

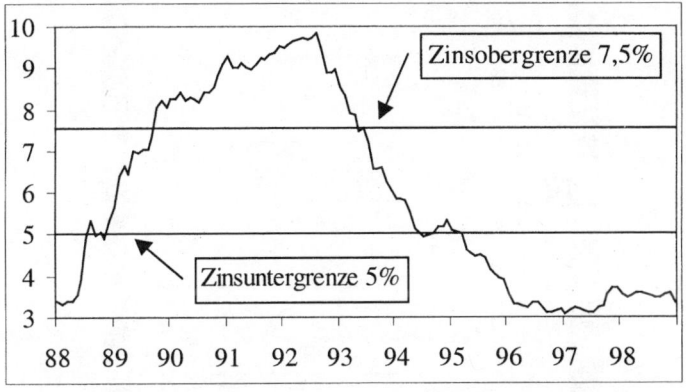

Abbildung 3-8: Drei-Monats-DM-Geldmarktsätze 1988 – 98

Die so ermittelte Zahlung erfolgt jeweils am Ende der Zinsperiode. Der erste Vergleich findet dabei nicht bei Abschluß, sondern vor der zweiten Roll-Over-Periode statt, da eine Option auf einen bereits bekannten Zins wenig Sinn machen würde. Ein zweijähriger

Cap mit einer sechsmonatigen Roll-Over-Periode umfaßt also drei Zinsperioden (vgl. Abbildung 3-9).

FullQuote – RSFRecord VCAP4
16:04 22MAY02   GARBAN-INTERCAPITAL   UK04138   VCAP4

EUR Caps – Premium Mids
Please call +44 (0)20 7588 7588 for further details

STK	ATM	2.5	3.0	3.5	4.0	4.5	5.0	5.5	6.0	7.0	8.0	9.0	10.0
1 Y/3M 4.04	17					6	2	1					
1 Year 4.22	11					5	1						
2 Year 4.55	48						26	13	7	2	1		
3 Year 4.74	95						71	40	22	8	3	2	1
4 Year 4.88	148						132	80	48	19	8	4	2
5 Year 5.00	204							131	82	36	16	9	5
6 Year 5.10	263							190	124	57	28	15	9
7 Year 5.19	322							254	171	82	42	24	15
8 Year 5.25	381							319	218	109	57	33	22
9 Year 5.31	435							384	266	136	75	45	29
10 Year 5.35	491							445	312	164	91	56	36
12 Year 5.42	594							565	403	218	124	77	50
15 Year 5.49	738							736	535	301	177	111	75
20 Year 5.56	938								729	437	268	174	122

STK – Strike price, ATM – at the money

Tabelle 3-16: Cap-Floorkonditionen

Abbildung 3-8 zeigt die Entwicklung der DM-Geldmarktzinsen von 1988 bis 1998, einem Zeitraum, der einen kompletten Zinszyklus umfaßt. Danach hätte eine Zinsobergrenze von z.B. 7,5% in der ersten Hälfte der neunziger Jahre zu erheblichen Einsparungen bei den Zinsaufwendungen führen können, ein Floor bei 5% dagegen ab 1995 die Zinserträge um bis zu 2% verbessert.

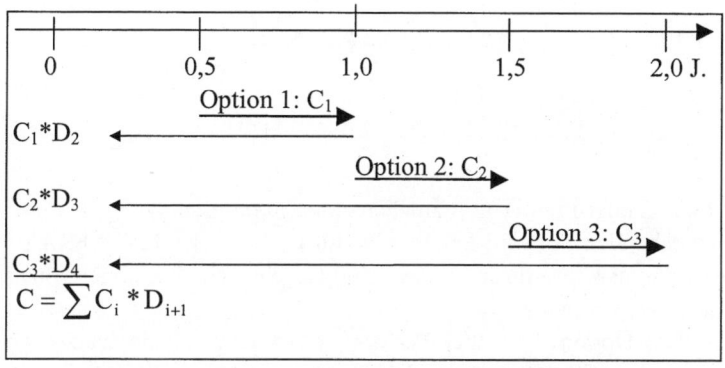

Abbildung 3-9: Capbewertung und Roll-Over-Schema

Zur Bewertung: Caps und Floors können verstanden werden als Ketten von einzelnen Optionen für die jeweiligen Roll-Over-Perioden, den sogenannten Caplets.

Die folgende Abbildung zeigt ein Beispiel für eine Laufzeit von 2 Jahren. Zur Berechnung der Cap-Prämie werden

– die Prämien für die einzelnen Caplets berechnet,

– diese anschließend diskontiert und aufsummiert.

Das Standardmodell zur Bewertung von Zinsoptionen ist die Formel von Black [1976], eine modifizierte Form der ursprünglichen Black-Scholes-Formel, von der sie sich im wesentlichen dadurch unterscheidet, daß der Terminkurs (F_i) anstelle des Kassekurses verwendet wird.[1] Diesbezüglich wird die Log-Normalverteilung unterstellt, die mit normalverteilten Zinsänderungen einhergeht ($\rightarrow$ 1.4). Das einzelne Caplet[2] hat den Wert

$$(3\text{-}9) \quad C_i = \left[F_i * N(d_1) - E * N(d_2)\right] * T_i / 360$$

bzw. die einzelne Floor-Teilperiode

$$(3\text{-}10) \quad C_i = \left[E * N(-d_2) - F_i * N(-d_1)\right] * T_i / 360$$

mit
$$d_1 = \frac{\ln(F_i / E) + (0{,}5\sigma^2)t_i}{\sigma\sqrt{t_i}}; \qquad d_2 = d_1 - \sigma\sqrt{t_i}$$

Jede Caplet-Prämie C_i wird berechnet unter Benutzung des entsprechenden Forward-Satzes, z.B. für C_2 ist F_2 der 12x18 FRA (= 4,78%) usw. Für diese Laufzeit sind verschiedene Zeitdimensionen anzuwenden:

– Die Option läuft über 12 Monate (t_i). Gebrochene Laufzeiten sind als Jahresanteile (365/365) auszudrücken.
– Die Option bezieht sich auf die Zinslaufzeit vom Monat 12 bis zum Monat 18 (T_i Zinstage). Hier findet die Geldmarktusance 365/360 Anwendung.
– Die Ausgleichszahlung gemäß Gleichung (3-8) fällt im Monat 18 an; sie ist mit dem Diskontierungsfaktor D_{i+1} auf den heutigen Zeitpunkt zu diskontieren.

Die gesamte Cap-Prämie entspricht der Summe der diskontierten Einzelprämien:

$$(3\text{-}11) \quad C = \sum C_i * D_{i+1}$$

---

[1] Vgl. Hull [1997], S. 397ff., sowie Hauser [1998].
[2] Die einzelnen Optionen entsprechen solchen auf FRAs, die als *Interest Rate Guarantees* bezeichnet werden.

Diese Zahl ist als Prozentwert des Nominalbetrages zu verstehen. Die Diskontierung hat exponentiell zu erfolgen. Wir wissen jedoch, daß bei korrekter Verwendung die diskrete Version zum gleichen Ergebnis führt (→ 1.2.5).

Eine offene Frage in der Berechnung der Prämie ist, ob für jede Teilperiode die gleiche Volatilität verwendet werden kann. In der Vergangenheit haben die kurzfristigen Zinsen häufig stärker geschwankt als die langfristigen, so daß auch ein entsprechender Volatilitätsansatz angebracht wäre (→ Aufgabe 1-11).[1] *STK – Strike price, ATM – at the money*

Tabelle 3-16 zeigt sogenannte ‚flat volatilities' (vgl. Hull [1997], S. 401), die gleiche Volatilitäten für alle Caplets bzw. Floorlets bei gegebener Gesamtlaufzeit unterstellen. Wir werden dieser Vorgehensweise folgen.

Beispiel 3-4

Es soll die Cap-Prämie für folgende Struktur berechnet werden:

- □ Laufzeit: 2 Jahre
- □ Roll-Over-Perioden: 6 Monate
- □ Volatilität: 15%

Zunächst sind dazu die FRA-Sätze für die Laufzeiten 6/12, 12/18 und 18/24 zu bestimmen (vgl. Arbeitsblatt). Dazu wird unsere Standardzinskurve C-1 verwendet und in entsprechende Terminzinsen umgerechnet (Felder [G21ff]), die in den Arbeitsbereich zur Berechnung der Cap-Prämien übernommen werden. Die einzelnen Caplets sind mit Prämien von 0,046%, 0,239% und 0,317% bezogen auf den Nominalbetrag, zahlbar in den Zeitpunkten 12, 18 und 24 Monaten. Diese Teilprämien werden mit den laufzeitäquivalenten Zero-Zinsen diskontiert und zu einer Gesamtprämie von 0,56% summiert. Die Angaben sind keine Prozentwerte pro

---

[1] Eine genauere Methode verwendet für jedes Caplet eigene, sogenannte Forward-Volatilitäten.

Zeiteinheit, sondern Barwerte („Flat'-Prämien) bezogen auf den
Zeitpunkt des Abschlusses (genauer: zwei Arbeitstage später).
Versuchen wir, die Zwischenergebnisse zu verstehen, und rufen
uns dazu in Erinnerung, daß jede Optionsprämie in Zeitwert und
inneren Wert aufgeteilt werden kann. Die Laufzeit 6x12 Monate
mit einem FRA-Satz von 4,26% liegt unterhalb der Zinsgrenze von
4,5%, ein innerer Wert im Vergleich zum Terminzins liegt also
nicht vor. Anders die zweite Teilperiode, sie hat einen solchen von
etwa 0,16%, berechnet aus der Differenz zwischen dem Terminzins und der Capgrenze, diese bezogen auf einen Zinslauf von einem halben Jahr. Der Rest von ca. 0,08% zur berechneten Prämie
muß also der Zeitwert sein. Entsprechend läßt sich für die dritte
Periode auf einen inneren Wert von etwa 0,23% und einen Zeitwert in ähnlicher Höhe wie zuvor schließen.

	B	C	D	E	F	G	H	I	J
2	Modell:		BLACK						
3	03.03.2003		Caplet 1	Caplet 2	Caplet 3				
4	Zinslauf von		03.09.2003	03.03.2004	03.09.2004				
5	bis		03.03.2004	03.09.2004	03.03.2005				
6	Forward	F	4,2601	4,8205	4,9688				
7	Basispreis	E	4,5	4,5	4,5				
8	Volatilität	s	15,0%	15,0%	15,0%				
9	Zeit	t	0,50410959	1,002739726	1,5068493				
14	Call	C	0,046	0,239	0,317				
16			Gesamtwert		0,56				
17									
18			bis	Zeros	Disk.faktor	6er-Forwards			
19			03.03.2003						
20			03 09 03	3,647%	0,982106				
21			03 03 04	4,004%	0,961401	4,2601	6	x	12
22			03 09 04	4,318%	0,938283	4,8205	12	x	18
23			03 03 05	4,512%	0,915414	4,9688	18	x	24

Abbildung 3-10: Berechnung von Cap-Prämien

Aufgabe 3-9

Warum ist im vorherigen Beispiel der Zeitwert für das dritte Caplet ähnlich hoch wie für das zweite, obwohl dessen Laufzeit länger ist?

Aufgabe 3-10

Berechnen Sie die Cap-Prämie für die Angaben aus Beispiel 3-4 mit den folgenden Volatilitäten:

	Caplet 1	Caplet 2	Caplet 3
Volatilität	18%	15%	12%

Aufgabe 3-11

Ein Unternehmen hat für eine langfristige Finanzierung (5 Jahre) folgende Alternativen:

(1) Festsatzkredit zu 6%;

(2) Eurokredit zu Euribor + 0,5%, Absicherung des Zinsänderungsrisikos durch Kauf eines Caps mit einer Zinsobergrenze von 6% und einer Prämie von 0,5% p.a.

Welche Alternative billiger ist, hängt von der Entwicklung des Euribor-Satzes ab. Ergänzen Sie dazu die folgende Tabelle für die zweite Alternative:

Euribor	Eurokredit	Cap-Prämie	Cap-Ausgleich	Gesamt
3,0				
4,0				
5,0				
6,0				
7,0				

Wann würden Sie die Alternative b) vorziehen: Wenn Sie eher mit hohen oder wenn Sie eher niedrigen Zinsen rechnen?

3.2.2   Swaptions

Ebenso wie bei den Caps und Floors sind auch hier die Begriffe
Kauf- und Verkaufsoption mißverständlich und daher ungebräuchlich. Der Käufer einer Swaption erwirbt gegen Zahlung einer Prämie das Recht, in einen Swap zu vorher vereinbarten Konditionen,
vor allem Laufzeit, Betrag und Zinssatz, einzutreten. Man nennt
das Recht, den Festsatz:

* zu zahlen: *Payer-Swaption,*
* zu empfangen: *Receiver-Swaption.*

Die Zahlung der Prämie erfolgt in aller Regel in einer Summe bei
Abschluß plus zwei Tage (*up front*). Bezüglich der Vorgehensweise bei Fälligkeit der Option (Settlement) sind zwei Verfahren gebräuchlich, die Analogien zum an Terminbörsen üblichen Procede-
re bei Kontraktfälligkeit aufweisen (→ S. 148):

(1) *Swap-Settlement*: Auf Wunsch der Käuferin wird in den Swap
zu vereinbarten Konditionen eingetreten, d.h., die Option wird
ausgeübt. Dies wird sie nur dann tun, wenn bei der Payer-
(Receiver-)Version das aktuelle Zinsniveau über (unter) dem im
Swap zu zahlenden (empfangenden) Satz liegt. Die Option hat in
diesem Fall einen inneren Wert, der durch Auflösung des abgeschlossenen Swaps realisiert werden kann.

(2) *Cash*-Settlement: Auf Veranlassung der Käuferin wird der
nichtnegative innere Wert berechnet und an diese ausgezahlt. Er
folgt aus der Differenz zwischen dem vereinbarten und dem aktuellen (Referenz-)Zins, die mit dem Betrag multipliziert einen jährlichen Differenzbetrag ergibt, der mit dem Referenzzins zu einem
Nettobarwert diskontiert wird. Der Referenzzins selbst kann durch
Umfrage unter den sogenannten Referenzbanken oder unter Verwendung der von der ISDA (International Securities and Derivatives Association) täglich veröffentlichten Sätze festgestellt werden.

Die beiden Varianten führen nur unter bestimmten Bedingungen zum exakt gleichen Ergebnis (vgl. Aufgabe 3-14).[1]

Zur Berechnung der Optionsprämien greifen wir wieder auf Blacks Modell zurück. Die Swaption hat als Underlying den Forward-Swapsatz (F_i) mit dem Laufzeitbeginn bei Fälligkeit der Option, diesen gilt es zuvor zu berechnen.

Die Receiver (R)- und Payer (P)-Swaption haben den Wert

$$(3\text{-}12) \quad R = \sum D_i \left[E * N(-d_2) - F * N(-d_1) \right]$$

$$(3\text{-}13) \quad P = \sum D_i \left[F * N(d_1) - E * N(d_2) \right]$$

jeweils mit $\quad d_1 = \dfrac{\ln(F/E) + (0{,}5\sigma^2)t}{\sigma\sqrt{t}} \qquad d_2 = d_1 - \sigma\sqrt{t}$

Die Formeln ergeben in den eckigen Klammern Prämien in gleicher Zinsrechnung und Zahlungsfrequenz wie die benutzten Zinssätze, d.h. im Standardfall jährliche Prämien, zahlbar zum Zeitpunkt der Festzinszahlungen. Diese werden zu einer bei Abschluß zahlbaren Einmal-Prämie diskontiert und aufsummiert.

Aufgabe 3-12

Gesucht sind die Prämien für die folgenden Swaptions bei einer Volatilität von 15% und einem Ausübungszins von 5%. Der besseren Interpretation halber werden jährlich zahlbare Prämien bestimmt.

a) *Berechnen* Sie die Prämien bei der normal verlaufenden Zinskurve C-1 und tragen Sie die Ergebnisse in die zweite Spalte ein.

b) *Schätzen* Sie die entsprechenden Prämien durch Analogieüberlegungen zu den Ergebnissen der vorherigen Teilaufgabe mit

---

[1] Neuerdings kommt auch die Methode der Diskontierung mit der gesamten Zero-Couponkurve in Gebrauch, wie es auch korrekt ist.

der inversen Zinskurve C-2. (Unterstellen Sie einen Monatszins von 6,68%).

Option	a) C-1		b) C-2	
	F	Prämie p.a.	F	Prämie p.a.
1 Monat + 3 Jahre 5,00% Receiver	5,0959	0,05		
1 Monat + 3 Jahre 5,00% Payer		0,14		
1 Jahr + 3 Jahre 5,00% Receiver				
1 Jahr + 3 Jahre 5,00% Payer				

Tabelle 3-17: Lösungen zur Aufgabe 3-12

Die ersten beiden Prämien zu Teil a) sollen zum Verständnis gelöst und interpretiert werden. Zunächst ist der Terminzins zu bestimmen für einen dreijährigen Zinsswap, der in einem Monat beginnt. Wir verwenden dazu eine Kopie unseres zur Swapbewertung erstellten Arbeitsblattes und tragen die entsprechenden Zahlungstermine ein. Mit der Zielwertsuche wird nun der Couponsatz so bestimmt, daß der NPV null wird mit einem Ergebnis von 5,0959% (Abbildung 3-11).

Der Terminzins liegt etwas über dem Drei-Jahreszins von 5%, wie es bei normal verlaufender Zinskurve zu erwarten war (vgl. Abschnitt 1.3.4). Eine Plausibilitätsüberlegung zu dessen Höhe: Die gedankliche Refinanzierung (vgl. Abbildung 1-11, S. 46) für 37 Monate müßte bei linearer Interpolation zwischen dem Zins für 3 Jahre (5%) und dem für 4 Jahre (5,5%) bei etwa 5,04% liegen. Die zwischenzeitliche Anlage für einen Monat mit ca. 3,07 (vgl. Feld [F58] im Arbeitsblatt, Teil a) führt zu einem Verlust von etwa 2% p.a., der auf die restlichen 36 Monate verteilt ca. 6 bp ausmacht; unser Ergebnis ist also nachvollziehbar.

	B	C	D	E	F	G	H	I	J
28									
29			Ausst eh.		Couponsatz			Diskont.	N P V
30	Valuta	Cash Flow	Nom.betrag	Zinstage	5,0959	Zinsbetrag	Cash Flow	zins	0
31	03.03.2003						0	0,000%	0
32	03.04.2003	-100.000.000	0	30	5,10	0	-100.000.000	3,161%	-99.741.018
33	03.04.2004		-100.000.000	360	5,10	5.095.874	5.095.874	4,070%	4.880.315
34	03.04.2005		-100.000.000	360	5,10	5.095.874	5.095.874	4,546%	4.645.120
35	03.04.2006	100.000.000	-100.000.000	360	5,10	5.095.874	105.095.874	5,076%	90.215.583
36	03.04.2007						0	5,494%	0
37	03.04.2008						0	5,870%	0
38	03.04.2009						0	6,146%	0
39	03.04.2010						0	6,370%	0
40	03.04.2011						0	6,539%	0
41	03.04.2012						0	6,648%	0

Dialog (Zielwertsuche): Zielzelle: J30 · Zielwert: 0 · Veränderbare Zelle: F30 · OK · Abbrechen

Abbildung 3-11: Bestimmung von Forward-Swapsätzen

	B	C	D	E
2	Modell:		BLACK	
3	a)		Payer	Receicer
4	am		03.03.2003	03.03.2003
5	Fälligkeit		03.04.2003	03.04.2003
6	Forward	F	5,0959	5,0959
7	Basispreis	E	5	5
8	Volatilität	s	15,0%	15,0%
14	Prämie p.a.		**0,14**	**0,05**

Abbildung 3-12: Berechnung von Optionsprämien für Swaptions

Diesen Terminzins können wir nunmehr in die Formeln von Black einsetzen und erhalten Optionsprämien von 0,14% und 0,05% p.a., zahlbar jeweils am 03.04. der folgenden drei Jahre. Warum ist die Payer- teurer als die Receiver-Option? Sie gibt das Recht, 5% zu zahlen für eine Laufzeit, die eigentlich 5,0959% erfordert, ihr innerer Wert liegt also bei ca. 9,5 bp, der Zeitwert bei 4,5 bp. Letzterer ist bei der Receiver etwa gleich hoch, hier ist der innere Wert jedoch null.

Vervollständigen Sie bitte nun die Teilaufgabe a). Bevor Sie die Lösungen für b) berechnen oder nachschlagen, suchen Sie diese zunächst anhand von Plausibilitätsüberlegungen. Zwei Tips: Nachdem Sie die Terminzinsen abgeschätzt haben, sollte der jeweilige innere Wert erkennbar sein. Für den Zeitwert gilt: Er ist um so höher, je länger die Laufzeit und je näher die Option am Geld liegt. Schreiben Sie ihre vermuteten Lösungen auf ein Blatt und vergleichen Sie mit den Lösungen und deren Interpretation.

Es wurde bereits angedeutet, daß mit ähnlichen Überlegungen auch *Optionen auf Kredite* (oder Einlagen) zu festen Zinsen bewertet werden können. Dies ist zwar in gewissem Sinn rechnerisch korrekt, hat aber aus Sicht des kreditgebenden Instituts einen Haken: Damit würde neben der Zinshöhe zugleich auch die Kreditmarge festgeschrieben. Anders formuliert wäre damit neben der Zinsoption zugleich eine Bonitätsoption involviert. Der potentielle Schuldner wird diese nämlich nicht nur dann ausüben, wenn die Zinsen steigen, sondern auch, wenn sich seine Bonität verschlechtert. Dieser Effekt spielt für Zinsswaps eine untergeordnete Rolle, da die Kapitalbeträge nicht ausgetauscht werden. Die Bestimmung der adäquaten Optionsprämie für Bonitätsrisiken ist weniger ein mathematisches Problem, sondern vielmehr eines des Dateninputs, insbesondere hinsichtlich der anzusetzenden Volatilität.

Aufgabe 3-13
Eine eher qualitative Fragestellung: Die nebenstehende Abbildung zeigt zwei Zinskurven A und B, die sich bei einer Laufzeit von 5 Jahren und 5% schneiden. In welchem von den beiden Fällen ist die folgende Payer-Swaption teurer:

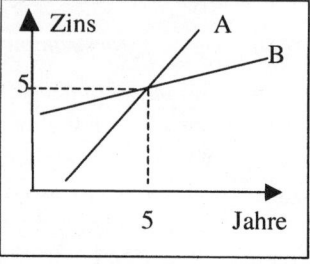

☐ Laufzeit des Swaps: 5 Jahre
☐ Laufzeit der Option: 1 Jahr
☐ Basiszins: 5%

Aufgabe 3-14

Es gilt die Zinskurve C-1. Sie haben eine Swaption gekauft, aus der Sie das Recht haben, 8% zu empfangen für eine Laufzeit von 8 Jahren und einen Betrag von 100 Mio. Diese wird nunmehr fällig. Es ist zwar Swap-Settlement vereinbart, Ihre Gegenpartei fragt jedoch an, ob Sie mit Cash-Settlement einverstanden sind. Stimmen Sie dem zu? Lösungshinweis: Der 8-Jahreszins liegt bei 6,35%. Vergleichen Sie die Barwerte für

a) einen Swap mit den vereinbarten Konditionen, bewertet mit der Swapkurve (Arbeitsblatt 'bew-0');
b) die mit 6,35% diskontierte Differenz zwischen Basiszins und aktuellem Niveau, angewendet auf Betrag und Laufzeit also eine Annuität von 1,65 Mio. für 8 Jahre.

3.2.3   Bondoptionen

Bondoptionen beinhalten das Recht zum Kauf (Call) oder Verkauf (Put) eines bestimmten festverzinslichen Wertpapiers zu vereinbarten Konditionen, insbesondere hinsichtlich des Preises. Sie sind in vielen Aspekten mit Swaptions vergleichbar, jedoch ist die Terminologie unterschiedlich. Die Ausübung bezieht sich nunmehr auf einen Kurs anstatt auf einen Zinssatz wie bei den Swaptions, dergestalt ist der Ausübungspreis definiert und das Ausübungsverhalten orientiert.

Ebenso ist die für die Bewertung der Option anzusetzende erwartete Schwankungsintensität auf den Kurs zu beziehen. Es wurde bereits erwähnt, daß die Zinsschwankungen je nach Laufzeit unterschiedlich sein können. Die Kursvolatilität ist sogar direkt eine Funktion der Laufzeit des Papiers, denn eine gegebene Zinsänderung übersetzt sich in eine um so größere Kursänderung, je länger dessen Laufzeit. Die Umrechnung erfolgt mit der Formel (Hauser [1998]:

(3-14)   Kursvolatilität = Forwardzins * Zinsvolatilität * Duration.

Zinsvolatilitäten für DM bzw. Euro liegen erfahrungsgemäß im Bereich von 15-20%, die zugehörigen Kursvolatilitäten bleiben dann auch für lange Laufzeiten einstellig.

Swaptions	Bondoptionen
Basispreis: Zinssatz	Basispreis: Kurs
Receiver	Bond Call
Payer	Bond Put
Zinsvolatilität	Kursvolatilität

Tabelle 3-18: Terminologie der Bondoptionen

Der ökonomische Gehalt von Swaptions und Bondoptionen ist unter Beachtung der unterschiedlichen Begriffe ähnlich, wobei das Bonitätsrisiko bei Wertpapieren prinzipiell ein höheres Gewicht hat (vgl. S. 254).

Um nicht zu tief in die Optionstheorie einzusteigen, wollen wir zur Bewertung erneut die bereits verwendete und durchaus gängige Black-Formel heranziehen. Gleichwohl gebietet die intellektuelle Lauterkeit einige Hinweise auf deren Grenzen. Anwendungsvoraussetzung ist die Log-Normalverteilung der (Termin-)Kurse, die mit normalverteilten Zinsen einhergeht. Diesbezüglich hatten wir aber bisher eine Log-Normalverteilung unterstellt. Es ist widersprüchlich, die Formel von Black zugleich für Optionen auf Zinsen und auf Bondkurse anzuwenden, denn beide Annahmen können eigentlich nicht gleichzeitig zutreffen. Dennoch wird in der Praxis durchaus derart verfahren (Eller/Deutsch [1998], S. 80-81). Ferner haben Bond-Kurse eine Eigenschaft, die für Zinsen keine Rolle spielt: Sie konvergieren gegen 100 bei Fälligkeit. Deshalb sollte die Laufzeit des zugrundeliegenden Papiers nicht zu kurz sein. Benutzt man dennoch die Black-Formel, so hat der Call den Wert (Hull 1997], 395ff.):

(3-15) $\quad C = D_t \left[F * N(d_1) - E * N(d_2) \right]$

und der Put

(3-16) $\quad P = D_t \left[E * N(-d_2) - F * N(-d_1) \right]$

mit $\quad d_1 = \dfrac{\ln(F / E) + (0{,}5\sigma^2)t}{\sigma\sqrt{t}} \qquad\qquad d_2 = d_1 - \sigma\sqrt{t}$

F bezeichnet nun den Terminkurs des Wertpapiers, D_t den Diskontierungsfaktor, beide bezogen auf den Zeitpunkt der Optionsfälligkeit. Um die Optionen auf tatsächliche Zahlungsströme zu beziehen, sind sowohl beim Terminkurs als auch beim Basispreis Stückzinsen einzubeziehen (dirty price).

Aufgabe 3-15
Zu bewerten sind Kauf- und Verkaufsoptionen auf ein festverzinsliches Wertpapier unter folgenden Angaben:

- ☐ Laufzeit: 10 Jahre (03.03.2003-03.03.2013)
- ☐ Coupon: a) 6,5%   b) 4%
- ☐ Aktueller Kurs: 100 (clean)
- ☐ Basispreis: 100 (clean)
- ☐ Volatilität: [1]   7%
- ☐ Laufzeiten: 1, 2 und 3 Monate
- ☐ Geldmarktsatz: a) 4%   b) 6,5%

---

[1] Wir haben bisher mit einer Zinsvolatilität von 15% gerechnet. Aus Formel (3-14) folgt daraus eine Kursvolatilität in der Größenordnung von 7% für eine Duration von 7 Jahren und einem 10-Jahreszins von 6,5%.

a) *Berechnen* Sie die Prämien bei der normal verlaufenden Zinskurve C-1 (Geldmarktsätze in allen Laufzeiten 4%) und tragen
Sie die Ergebnisse in die zweite Spalte ein.

b) *Schätzen* Sie die entsprechenden Prämien durch Analogieüberlegungen zu den Ergebnissen der vorherigen Teilaufgabe bei
der inversen Zinskurve C-2. Unterstellen Sie Geldmarktsätze in
allen Laufzeiten von 6,5%.

	B	C	D	E	F
2				C 1	
3			1 Monat	2 Monate	3 Monate
4	Coupon	C	6,5	6,5	6,5
5	Kurs	K	100	100	100
6	Geldmarktsatz/Repo	i	4	4	4
7	letzte Couponzahlung		03.03.2003	03.03.2003	03.03.2003
8	Valutierung		03.03.2003	03.03.2003	03.03.2003
9	Fälligkeit		03.04.2003	03.05.2003	03.06.2003
10	Conversion Factor	CF	1,0000	1,0000	1,0000
14	Terminkurs (clean)	Fc	99,79	99,59	99,38
15	Terminkurs (dirty)	F	100,34	100,68	101,02
16	Stückzinsen		0,55	1,09	1,64
17					

Abbildung 3-13: OTC-Terminkurse für Bonds

Lösung zu a) Zunächst sind die Terminkurse zu berechnen. Wir
können dazu auf unsere Überlegungen zur Bestimmung des fairen
Future-Kurses und das in diesem Zusammenhang aufgestellte Arbeitsblatt (→ Abschnitt 2.7.3.1, insbesondere Beispiel 2-18) zurückgreifen. Dieses ist insofern zu modifizieren, als der Conversion Factor für ein OTC-Termingeschäft keine Rolle spielt. Wir

können unsere Formel entsprechend ändern oder noch einfacher den CF = 1 setzen.

Die Terminkurse stellen sich dabei auf die in Abbildung 3-13 dargestellten Größen. Sie zeigen im Vergleich zum Kassekurs, jeweils ohne Stückzinsen, einen Abschlag von ca. 20 ‚Stellen' (0,2 Kurspunkte) pro Monat. Kauf und Halten des Papiers bringt Stückzinsen in Höhe von 6,5%, die Finanzierung kostet aber nur 4% (mit anderer Tageszählweise). 250 Basispunkte pro Jahr entsprechen etwa 20 bp pro Monat. Diese kann man bei einem Verkauf per Termin nachlassen und erzielt trotzdem eine Verzinsung auf dem Niveau des Geldmarktes.

Mit den Terminkursen bewaffnet können wir die Optionen bewerten. Welche Regelmäßigkeiten sind festzuhalten (vgl. Tabelle 3-19)? Die Prämien für Puts und Calls unterscheiden sich nahezu exakt um den jeweiligen Abschlag.[1] Dazu ist in Erinnerung zu rufen, daß wir einen speziellen Fall vor uns haben: Der Basispreis entspricht dem aktuellen Kassekurs.

Option		a) C-1		b) C-2	
		F (clean)	Prämie	F (clean)	Prämie
1 Monat	Put	99,79	0,92		
	Call		0,72		
2 Monate	Put	99,59	1,36		
	Call		0,95		
3 Monate	Put	99,38	1,73		
	Call		1,12		

Tabelle 3-19: Lösungen zur Aufgabe 3-15

Nähern wir uns von einer anderen Seite: Wie ist der innere Wert des Wahlrechtes, den Bond in einem Monat zu 100 verkaufen zu

---

[1] Des besseren Vergleiches wegen wird in Tabelle 3-19 der clean price angegeben, obwohl die Optionsprämie mit dem dirty price berechnet wird.

können? Da die Option einen Verkauf über dem Terminkurs erlaubt, entspricht der Abschlag dem inneren Wert. Er wäre für das Kaufrecht dagegen null, denn der Terminmarkt liefert einen günstigeren Kurs; die Optionsprämie besteht aus reinem Zeitwert. Letzterer hat für Put und Call eine ähnliche Höhe, da beide Optionen gleich weit vom Geld entfernt sind.

Analog sind die Prämien für die längeren Laufzeiten zu interpretieren. Die Call-Prämien enthalten nur den mit der Laufzeit zunehmenden Zeitwert, bei den Puts kommt der innere Wert hinzu. Die Diskontierung der Prämie von der Optionsfälligkeit auf den Bewertungstag spielt mit 1-2 bp eine untergeordnete Rolle.

Bitte versuchen Sie sich an Schätzungen für den Teil b), bevor Sie die Ergebnisse vergleichen oder berechnen.

## 3.3	Devisenoptionen

Nachdem nun die Bewertung von Optionen, diverse Optionsstrategien und eine Reihe von Anwendungen besprochen sind, können wir uns bei den Devisenoptionen auf die spezifischen Aspekte konzentrieren. Ferner soll hier auf einige Punkte, wie noch nicht besprochene Strategien sowie den Unterschied zwischen der europäischen und der amerikanischen Ausübungsvariante, näher eingegangen werden, die prinzipiell auch bei anderen Basiswerten Bedeutung haben.

Da der Kauf einer Währung zugleich mit dem Verkauf einer zweiten einhergeht, sind bei einer Devisenoption eigentlich jeweils zwei Währungen zu nennen. Da jedoch in der Regel eine der beiden die Heimatwährung ist, genügt oft die Nennung der zweiten. Ferner muß man sich die spiegelbildliche Begriffsbildung vor Augen halten: Ein Dollar-Call entspricht einem Euro-Put und umgekehrt. Um die Verwirrung komplett zu machen, ist mit der Einführung der Gemeinschaftswährung auch noch die Art der Kursnennung (Dollar pro Euro) geändert worden. Wenn der Euro-Kurs bei sonst gleichen Bedingungen von 1,15 auf 1,10 fällt, wird ein Dollar-Call ebenso wie ein Euro-Put wertvoller.

Die Standardvariante zur Bewertung von Devisenoptionen ist die Garman-Kohlhagen-Variante ($\rightarrow$ Garman/Kohlhagen [1983]) der Black-Scholes-Formel, wie immer für europäische Ausübung:

(3-17) $C = Se^{-i_s^* t} * N(d_1) - Ee^{-i_s t} * N(d_2)$

(3-18) $P = Ee^{-i_s t} * N(-d_2) - Se^{-i_s^* t} * N(-d_1)$

mit $d_1 = \dfrac{\ln(S/E) + (i_s - i_s^* + 0.5\sigma^2)t}{\sigma\sqrt{t}}$ $d_2 = d_1 - \sigma\sqrt{t}$

und i_s (i_s^*) als risikolosem stetigem Zins im Inland (Ausland). Man beachte, daß die neue Kursnennung den Preis des Euro aus Dollarsicht angibt, folglich muß der Dollar und dessen Zins aus Inlandssicht betrachtet werden.

Mit Hilfe einer stetigen Variante der Gleichung (2-5),

(3-19) $F_t = S * e^{(i_s - i_s^*)t}$

läßt sich die Bewertung vereinfachen zu (Hull [1997], S. 272):

(3-20) $C = e^{-i_s t} * \left[F * N(d_1) - E * N(d_2) \right]$

(3-21) $P = e^{-i_s t} * \left[E * N(-d_2) - F * N(-d_1) \right]$

mit $d_1 = \dfrac{\ln(F/E) + 0.5\sigma^2 t}{\sigma\sqrt{t}}$ $d_2 = d_1 - \sigma\sqrt{t}$

Diese Form hebt die Ähnlichkeit mit der Black-Formel hervor, wie wir sie z.B. für die Bewertung von Bondoptionen verwendet haben. Neu ist die Einbeziehung eines zweiten Zinssatzes, was aber aus der Bestimmung von Devisenterminkursen bekannt ist. Damit kommt ein weiterer ‚Grieche' als Risikokennzahl ins Spiel, da nunmehr der Einfluß des in- und ausländischen (Euro-) Zinses unterschieden werden muß: *Phi* gibt die Zinssensitivität der Optionsprämie in Bezug auf den ausländischen Zins an:

$$\text{(3-22)} \quad \text{Phi} \quad = \quad \frac{\text{Änderung der Optionsprämie}}{\text{Anstieg des ausländischen Zinssatzes um 1\%}}$$

	Anstieg des Euro-Zinses (Phi)	Anstieg des Dollar-Zinses (Rho)
Euro-Call = USD-Put	-	+
Euro-Put = USD-Call	+	-
Terminkurs	Dollar steigt	Euro steigt

Tabelle 3-20: Rho und Phi einer Devisenoption

Die Wirkung von Zinsänderungen auf die Optionsprämie ist am ehesten über die Reaktion des Terminkurses zugänglich (vgl. Formel (2-5) oder (3-19). Ein Anstieg des USD-Zinses (r) führt bei unverändertem Kassekurs zu einem Anstieg des Euro-Terminkurses, der Dollar wird per Termin billiger. Folglich gewinnt das Recht, Euro zu erwerben, an Wert, und ebenso das Recht, Dollar zu verkaufen. Spiegelbildlich dazu wirkt eine Erhöhung des Euro-Zinses.

Beispiel 3-5
Berechnen Sie den Wert einer Euro-Call sowie einer Euro-Put mit folgenden Angaben:

☐ Kassekurs: S = 1,20
☐ Laufzeit: 1 Jahr
☐ Basispreis: E = 1,20
☐ USD-Zins: 6,0%
☐ Euro-Zins.   4,0%
☐ Volatilität: 20%

Die Ergebnisse in der Tabelle 3-21 zeigen eine Prämie von 0,1029 für den Call und 0,0801 für den Put, jeweils in Dollar-Einheiten pro Euro. Der zugehörige exponentiell mit einem glatten Jahr berechnete Terminkurs beträgt 1,2243.

		Call	Put
am		03.03.03	03.03.03
Fälligkeit		03.03.04	03.03.04
Kassekurs	S	1,2	1,2
Basispreis	E	1,2	1,2
Volatilität	s	20,0%	20,0%
stetiger Zins Inland	i_s	6,000%	6,000%
stetiger Zins Ausland	$i_s{}^*$	4,000%	4,000%
Prämie	C/P	0,1029	0,0801

Tabelle 3-21: Lösung von Beispiel 3-5

Die für diesen Fall anwendbare Put-Call-Parität lautet (vgl. S. 228 sowie Sercu/Uppal [1995], S. 174):

(3-23) $C = S * e^{-i_s{}^* t} + P - E * e^{-i_s t}$ oder

$C = (F - E) * e^{-i_s t} + P$ oder

$C - P = (F - E) * e^{-i_s t}$

Die Differenz zwischen den Prämien für Call und Put auf den Euro entspricht der mit dem Dollarzins diskontierten Differenz zwischen Termin- und Kassekurs. Im Beispiel:

$$0{,}1029 - 0{,}0801 = 0{,}0243 * e^{-0{,}06}.$$

Aufgabe 3-16
Überprüfen Sie die Angaben in Tabelle 3-20, indem Sie im Arbeitsblatt die beiden Zinssätze (getrennt) um je einen Prozentpunkt anheben. Berechnen Sie auch die zugehörigen Terminkurse.

Aufgabe 3-17
Ändern Sie den Ausübungspreis für den Put auf 2 Dollar.
a) Wie hoch ist die Prämie für die europäische Version?
b) Wie ändert sich die Prämie, wenn sich die Restlaufzeit um einen Tag verringert (Theta)?
c) Wie hoch ist mindestens die Prämie für die amerikanische Ausübungsvariante?

Die natürliche Alternative zur Option in der kommerziellen Anwendung zur Absicherung von Wechselkursrisiken sind die Termingeschäfte. Beim Vergleich der Vorteilhaftigkeit der beiden Alternativen haben wir eine Konstellation, wie sie bei der Gegenüberstellung von bedingten versus unbedingten Geschäften typisch ist und wie wir sie auch schon im Zusammenhang mit Zinsoptionen (vgl Aufgabe 3-11) kennengelernt haben.
Ein deutscher Exporteur mit einem zukünftigen Zahlungseingang in Dollar kann entweder
a) den Betrag per Termin verkaufen oder
b) eine Euro-Call-Option (=USD-Put) kaufen.
Die Entscheidung wird vor allem von der Wechselkurserwartung abhängen. Je eher mit fallendem Dollar gerechnet wird, desto mehr spricht für das Termingeschäft. Zwar könnte in diesem Fall auch

die Option ausgeübt werden, die Optionsprämie wird diese Alternative aber so verteuern, daß sie gegenüber dem Termingeschäft zurückfällt. Umgekehrt kann an einem steigenden Dollar bei der Optionsvariante partizipiert werden. Nun verfällt die Option, aber der Dollarbetrag kann teurer am Kassemarkt verkauft werden. Die zweite Alternative kommt insbesondere dann in Frage, wenn die Kursprojektion *gegen* die Option gerichtet ist! Diese sichert dann lediglich ab für den Fall, daß die Erwartung nicht eintritt.

Gerade im Devisengeschäft, aber in ähnlicher Form auch in anderen Bereichen, sind einige Strategien gängig, die die Profile von Termin- und Optionsgeschäften durch Kombinationen abschwächen. Zwei davon wollen wir uns näher anschauen. Beide setzen am offensichtlichen Handicap für den Optionskauf an, der Prämienzahlung.

1) Bei der *Zero-(Cost-)Option* wird der Prämienaufwand für den Kauf der einen Optionsform durch den Verkauf der anderen Optionsform finanziert. Dadurch entsteht ein Korridor, innerhalb dessen der kommerzielle Verwender das Risiko selbst trägt. Liegt der Kurs bei Fälligkeit außerhalb, so ist eine Absicherung bei ungünstiger Entwicklung vorhanden, aber zugleich die Chance, an einer günstigen Entwicklung zu partizipieren, aufgegeben worden.

2) *Participating Forwards* erfordern ebenfalls keine Optionsprämie, obwohl sie ein bestimmtes Kursniveau nach unten (oben) garantieren. Sollte der Kurs bei Fälligkeit unterhalb (oberhalb) liegen, so kann wie bei einer normalen Option ausgeübt werden. Ist er dagegen gestiegen (gefallen), so muß der Käufer die entstandenen Gewinne nach einer vorher vereinbarten Partizipationsrate mit dem Verkäufer teilen. Letzter sichert sich durch die Kombination eines Termingeschäftes mit einer Option oder durch die Kombination mit der anderen Optionsform ab; daraus ergibt sich die Partizipationsrate als eigentlicher Preis.

Beispiel 3-6 (Zero-Cost-Option)

Bleiben wir bei dem deutschen Exporteur mit dem Dollareingang und verwenden ansonsten die Angaben aus Beispiel 3-5.

Die Absicherung des Risikos könnte über den Kauf eines Euro-Call erfolgen. Um die Option zu verbilligen, wird ein Basispreis gewählt, der aus dem Geld liegt, z.B. 1,25 mit einer Prämie von 8,13 Cents. Im zweiten Schritt wird nun für die gleiche Laufzeit und das gleiche Volumen ein Ausübungspreis für einen Put so gewählt, daß sich die gleiche Prämie ergibt. Wir lösen dies technisch mit der Zielwertsuche und erhalten 1,2026. Die beiden Strikes nehmen also den Terminkurs von 1,2243 ungefähr in die Mitte. Risiko und Chance des Exporteurs haben nun folgendes Profil: Sollte sich der Euro verteuern, so zahlt er maximal 1,25 Dollar; sollte er sich verbilligen, zahlt er mindestens 1,2026 pro Euro.

Beispiel 3-7 (Participating Forward)

Wir verwenden noch einmal die Daten des vorherigen Beispiels, unterstellen allerdings nun spiegelbildlich die Perspektive des amerikanischen Importeurs, der einen Euro-Betrag zu zahlen hat. Dies ist aufgrund der Art der Kursnennung leichter zugänglich. Ferner wird die Volatilität auf 10% gesetzt.

Gesucht ist eine Absicherung für einen Rechnungsbetrag von 100 Euro. Der Importeur möchte maximal 130 Dollar dafür aufwenden; dies könnte etwa ein Schwellenwert aus seiner Kalkulation sein. Sollte der Euro bei Fälligkeit billiger sein, kann er sich entsprechend günstiger eindecken. Er ist bereit, Teile des in diesem Fall anfallenden Gewinns als Gegenleistung für die Absicherung aufzugeben.

Wie kann seine Bank diese Konstruktion glattstellen und daraus eine faire *Partizipationsrate* bestimmen?

	Option	Prämie	Volumen	Prämie auf das Volumen
Kauf	Call	2,01	100,00	2,01
Verkauf	Put	9,14	21,98	2,01

Tabelle 3-22: Berechnung der Partizipationsrate

Die Bank wird dazu in folgenden Schritten vorgehen (Tabelle 3-22):

1. Kauf eines Calls mit einem Basispreis von 1,30 und einem Volumen von € 100 Mio. Der Prämienaufwand beträgt € 2,01 Mio.
2. Verkauf eines Puts mit gleichem Ausübungspreis. Das Volumen wird so gewählt, daß der Prämienertrag genau dem Prämienaufwand aus Schritt 1 entspricht; Ergebnis: € 21,98 Mio.
3. Daraus folgt die Partizipationsrate von 21,98%, die angibt, daß die Bank in dieser Höhe an den Gewinnen im Sinne der nichtnegativen Differenz zwischen 1,30 und dem Kurs bei Fälligkeit teilnimmt.

Euro-Kurs bei Fälligkeit	Call	Put	Grund-Geschäft	Summe
1,10	0,00	-4,40	-110	-114,40
1,15	0,00	-3,30	-115	-118,30
1,20	0,00	-2,20	-120	-122,20
1,25	0,00	-1,10	-125	-126,10
1,30	0,00	0,00	-130	-130,00
1,35	5,00	0,00	-135	-130,00
1,40	10,00	0,00	-140	-130,00

Tabelle 3-23: Participating Forward

In der Tabelle 3-23 sind die mögliche Ergebnisse in Abhängigkeit vom Euro-Kurs zusammengestellt. Alle Angaben sind aus Sicht

des Importeurs zu verstehen und daher in Dollar. Sollte der Kassekurs bei Verfall eine Höhe von beispielsweise 1,20 Dollar haben,
wird die Bank an dem gegenüber dem Ausübungspreis um 10
Cents verbesserten Kaufkurs mit 2,20 Cents partizipieren wollen,
so daß die Gesamtkosten für den Rechungsbetrag von 100 Euro
122,20 Dollar betragen, was ungefähr dem Terminkurs entspricht.
Je billiger der Euro, desto günstiger für den Importeur. Sollte der
Euro dagegen steigen, hat er eine Absicherung bei einem Kurs von
1,30. Die Bank selbst hat sich, so müssen wir unterstellen, durch
gegenläufige Optionspositionen abgesichert.

3.4　Aktienoptionen

3.4.1　Optionen auf einzelne Aktien

Optionen auf einzelne Aktien unterscheiden sich, vom Underlying
abgesehen, von den bisher besprochenen Varianten vor allem dadurch, daß die *Dividendenhöhe* und deren Auszahlungstermine die
Bewertung beeinflussen sowie ferner häufig durch die Möglichkeit
der *vorzeitigen Ausübung*. Den ersten Faktor können wir mit ver-
tretbarem Aufwand in unsere Optionsbewertung integrieren, die
amerikanische Variante wird nur kursorisch behandelt.
Dazu fügen wir unseren, auf dem Ansatz von Black-Scholes
[1973] beruhenden Annahmen zur Bewertung europäischer Optionen eine weitere hinzu: Die der Option zugrundeliegende Aktie
wirft eine in der Höhe und im Zahlungszeitpunkt bekannte Dividende ab. Diese Annahme ist insofern nicht unrealistisch, als die
Laufzeit der meisten Aktienoptionen nur einen Dividendentermin
überspannt, deren Höhe relativ wenig schwankt und meist Monate

im voraus angekündigt, wenn auch formal erst in der Hauptver-
sammlung beschlossen wird. Unter diesen Voraussetzungen ist in
der Optionsbewertung der Kassekurs um den Barwert der Dividende zu korrigieren:[1]

$$(3\text{-}24) \quad C = S' * N(d_1) - Ee^{-i_s t} * N(d_2)$$

$$(3\text{-}25) \quad P = Ee^{-i_s t} * N(-d_2) - S' * N(-d_1)$$

$$\text{mit} \quad d_1 = \frac{\ln(S'/E) + (i_s + 0,5\sigma^2)t}{\sigma\sqrt{t}} \quad\quad d_2 = d_1 - \sigma\sqrt{t}$$

$$S' = S - De^{-i_s t}, \quad D - \text{Dividende}.$$

Dividendenzahlungen haben mehrere Implikationen für die Bewertung von Optionen. Da der Kurs der Aktie bei sonst gleichen
Bedingungen nach der Ausschüttung niedriger ist, wird die Put-
Option wertvoller, die Call dagegen weniger wertvoll. Da Steuer-
effekte von individuellen Gegebenheiten, z.B. der unterschiedlichen steuerlichen Behandlung von Steuerin- und ausländern, abhängen, läßt sich die Höhe des Kursrückganges nicht eindeutig bestimmen. Häufig wird in der Berechnung nur die Bardividende
einbezogen.

Wir haben des weiteren eine bisher gültige Aussage für die Möglichkeit der *amerikanischen Ausübung* zu relativieren:

☐ Es ist für eine Kaufoption auf einen Wert *ohne* kursrelevante
zwischenzeitliche Zahlungen[2] wie Dividenden niemals sinnvoll,
vorzeitig auszuüben.

☐ Für eine Kaufoption auf eine Aktie *mit* Dividendenzahlungen
kann es jedoch unter gewissen Voraussetzungen, z.B. nur für im

---

[1] Vgl. Cox/Ross [1985], S. 269; Chance [1998], S. 147ff.

[2] Die Zahlung des Coupons bei einem festverzinslichen Wertpapier führt zu keinem Kurssprung aufgrund der Technik der Stückzinsen.

Geld liegende Calls, sinnvoll sein, vorzeitig auszuüben. Dies kommt insbesondere unmittelbar vor dem Dividendenabschlag in Frage, der zu einem Rückgang des Optionswertes führt. Da mit der Ausübung zwar der innere Wert realisiert, aber der Zeitwert vernichtet wird, gilt es, diese beiden Effekte, die In-kaufnahme des Dividendenabschlages bzw. den Verlust des Zeitwertes, gegeneinander abzuwägen.[1]

Zur Erinnerung: Bei Put-Optionen kann ein ‚Early Exercise' ohne-hin nicht ausgeschlossen werden, und zwar um so eher, je tiefer die Option im Geld liegt, je höher der Zins und je niedriger die Volatilität (vgl. S. 220 sowie Hull [1997], S. 165].

Auch in der Put-Call-Parität ist der Effekt der Dividendenzahlung zu neutralisieren, indem der bereinigte Kassekurs verwendet wird:

$$(3-26) \quad C = S^{'} + P - E * e^{-i_s * t}$$

Diese Form gilt nur für europäische Optionen; für die amerikani-sche Variante lassen sich lediglich Wertgrenzen angeben, inner-halb derer sich die Optionsprämien relativ zueinander bewegen (Hull [1997], S. 171).

Zur Bewertung amerikanischer Optionen sei auf vertiefende Lite-ratur verwiesen.[2] Wir beschränken uns hier darauf, kurz auf die Anwendungsgrenzen des bisher verwendeten Black-Scholes-Modells einzugehen. Die BS-Formel liefert auch für amerikani-sche Optionen gute Näherungen für

☐ aus dem Geld, eventuell auch am Geld liegende Puts und Calls;
☐ im Geld liegenden Calls, sofern der Basiswert keine Dividende abwirft.

Vorsicht mit dieser Formel ist insbesondere geboten bei

---

[1] Vgl. Hull [1997], S. 250ff.; Sharpe/Alexander/Bailey [1995], S. 696f.

[2] Das bekannteste Modell zur Bewertung amerikanischer Optionen mit Dividen-den ist das von Geske [1979], Roll [1977] und Whaley [1981], Vgl. auch Cox/Rubinstein [1985], S. 236ff.; Hull [1997], S. 259f.; Natenberg [1988], S. 283ff.; Steiner/Bruns [2000], S. 319ff..

☐ tief im Geld liegenden Puts;

☐ im Geld liegenden Calls, sofern der Basiswert eine Dividende abwirft.

Kommen wir zu der Kontraktspezifikation der Optionen auf einzelne Aktien an der deutschen Terminbörse, die sich einer großen Beliebtheit erfreuen. Sie sind nicht nur für institutionelle Anleger wie Kapitalanlagegesellschaften zur Steuerung ihres Engagements nützlich, sondern auch für Privatanleger unter gewissen Voraussetzungen zugänglich. Die zugrundeliegenden Nominalvolumina bewegen sich dabei pro Kontrakt im vierstelligen oder unteren fünfstelligen Bereich in Euro.

Basiswerte	Einzelne Aktien des DAX®
Kontraktgröße	100 Aktien (für Münchner Rück und Allianz 50 Aktien)
Fälligkeiten	Die nächsten 3 aufeinanderfolgenden Kalendermonate sowie die drei darauffolgenden Quartalsend-Monate (zusätzliche für liquide Aktien)
letzter Handelstag	Der dritte Freitag des Verfallmonats
Ausübung	Amerikanisch
Erfüllung	Physische Lieferung
Ausübungspreise	Gestaffelt, mindestens 3 Puts und 3 Calls pro Fälligkeit
Preisnotierung	€ 0,01 (SAP € 0,1)
Tick	€ 1 (im Standarfall)

Tabelle 3-24: Kontraktspezifikationen von Aktienoptionen (Quelle: Eurex [1999])

Die angebotenen Ausübungspreise sind nach dem Nennwert und der aktuellen Kurshöhe gestaffelt, z.B im Kursbereich von 22 bis 50 im Abstand von 2 Euro und bis 100 im Abstand von 2,5 Euro.

Dabei wird sichergestellt, daß für jeden Verfallmonat jeweils mindestens 3 Serien, je eine im Geld, am Geld und aus dem Geld für beide Optionsformen verfügbar sind.

Bei Kapitalmaßnahmen wird der Basispreis angepaßt. Allerdings sind die Aktienoptionen nicht dividendengeschützt, d.h. der Basispreis wird nach der Ausschüttung nicht adjustiert.

3.4.2   Optionen auf den DAX®

Auch der DAX® dient als Basis für Optionen, meist als ODAX® bezeichnet. Diese sind aufgrund ihrer Kontraktgröße mit € 5 pro Indexpunkt auf ein Fünftel des DAX®-Futures ausgelegt und damit in einer auch für Privatanleger erreichbaren Größenordnung.

Basiswerte	DAX®
Kontraktgröße	€ 5 pro Indexpunkt
Fälligkeiten	Die nächsten 3 aufeinanderfolgenden Kalendermonate sowie die drei darauffolgenden Quartalsend-Monate sowie die beiden Halbjahresendmonate
letzter Handelstag	Der dritte Freitag des Verfallmonats
Ausübung	Europäisch
Erfüllung	Barausgleich
Ausübungspreise	Gestaffelt
Preisnotierung	€ 0,1
Tick	€ 0,5

Tabelle 3-25: Kontraktspezifikationen von DAX®-Optionen (Quelle: Eurex [1999])

Anders als bei den Optionen auf einzelne Aktien ist nunmehr nur die Ausübung am Schluß möglich, wobei aus Gründen der Unteilbarkeit keine physische Lieferung, sondern ein Barausgleich Platz greift. Die Ausübungspreise sind für die ersten 5 Monaten in Abstand von 50 Punkten gestaffelt, danach bis 12 Monaten im Abstand von 100 Punkten und bis 24 Monate mit 200 Punkten Abstand.

Eine Zeitlang hat die Eurex neben Optionen auf den Index auch solche auf den Future angeboten; da jedoch beide, insbesondere bei gleicher Laufzeit für Option und Future, ganz ähnliche Eigenschaften aufweisen, hat sich nur eine von beiden, der ODAX®, durchgesetzt.[1]

Beispiel 3-8

Ein Anleger kauft eine folgende ODAX®

- Laufzeit: September 2002 (20.09.02)
- Ausübungspreis: 5.000
- Prämie: 200

Diese Option kostet ihn € 1.000 (=5 * 200) zuzüglich Gebühren; dafür erwirbt er im Gegenzug das Recht auf eine Ausgleichszahlung von € 5 pro Indexpunkt, falls dieser am 20.09.02 über 5.000 steht.

---

[1] Zur Bewertung von Index- und Future-Optionen siehe Deutsch [2001] und Hull [2001].

4 Spezielle Anwendungen

4.1 Swaps

4.1.1 Forward Swaps

Mit dem Begriff der Forward-Swaps werden Swaps bezeichnet, deren Laufzeitbeginn in der Zukunft liegt. Sie stellen im Grunde eine spezielle Variante der Berechnung von Terminzinsen dar, wie wir sie im Abschnitt 1.3.4, speziell im Beispiel 1-8, kennengelernt und auch schon in anderem Zusammenhang verwendet haben.

Beispiel 4-1
Ein Unternehmen plant für das nächste Jahr ein Investitionsprojekt und möchte sich bereits heute die Finanzierungskonditionen dafür festschreiben, da mit steigenden Zinsen gerechnet wird. Das Volumen beträgt 100 Mio., die Laufzeit 5 Jahre. Welcher Nominalzins (Coupon) ist für diese Laufzeit marktgerecht?
Der Zahlungsstrom mit dem noch zu bestimmenden Coupon C wird in Abbildung 4-1 dargestellt. Mit Hilfe unseres Arbeitsblattes Bew-0 können wir den fairen Coupon leicht bestimmen als 6,4746%.

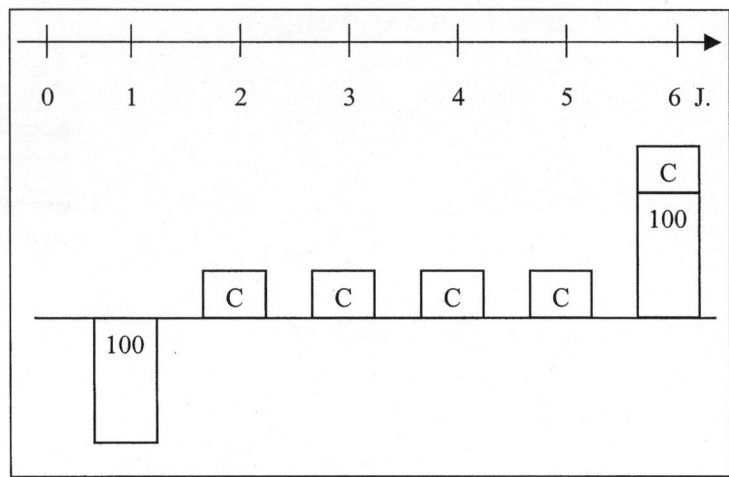

Abbildung 4-1: Forward-Kredit 1 gegen 3 Jahre

Das gibt Gelegenheit, einige Überlegungen zu wiederholen und zu ergänzen.

☐ Die Höhe des Coupons kann überschlägig nachvollzogen werden, indem man sich eine Refinanzierung aus Sicht der Bank vorstellt. Dazu wäre die Aufnahme eines Kredites über 5 Jahre zu 6,00% notwendig sowie die zwischenzeitliche Anlage des Betrages zum Jahreszins von 4%. Verteilt man den dadurch entstehenden Verlust von 200 bp für ein Jahr auf die eigentliche Zinslaufzeit von 5 Jahren, so muß der gesuchte Coupon ca. 40 bp über dem 6-Jahreszins liegen, also bei geschätzten 6,40%. Das genaue Ergebnis liegt etwas höher, da der Verlust früher anfällt der Gewinn.

☐ Anstatt des Arbeitsblattes wäre eine Lösung auch mit Hilfe von Formel (1-16) möglich, die in diesem Fall impliziert:

$$C_{t,T} = \frac{D_1 - D_6}{D_2 + D_3 + D_4 + D_5 + D_6} * 100$$

bzw. unter Verwendung der Diskontierungsfaktoren in Spalte [AR] des Arbeitsblattes:

$$C_{1,6} = \frac{0{,}9615 - 0{,}6999}{0{,}9155 + 0{,}8630 + 0{,}8084 + 0{,}7527 + 0{,}6999} * 100 = 6{,}4746\%$$

☐ Der Zinsswap beinhaltet, wie wir wissen, einen Zinstausch, stellt jedoch kein Kapital zur Verfügung. Unser Unternehmen muß dieses im nächsten Jahr anderweitig aufnehmen. Aus dem Zusammenspiel von (heutiger) Zinssicherung und Kreditaufnahme (in nächsten Jahr) ergeben sich vornehmlich zwei Alternativen:

a) Das Unternehmen nimmt variabel verzinsliche Mittel auf und tauscht den Zins in fix (vgl. Beispiel 2-8, S. 114); oder:

b) Der Zinsswap wird nach Ablauf eines Jahres aufgelöst und es wird ein festverzinslicher Kredit aufgenommen. (Verständnisfrage: Angenommen, die Zinsen sind wie befürchtet gestiegen – ist der Ausgleichsbetrag dann positiv oder negativ?)

☐ Wenn man unterstellt, daß das Unternehmen den Zins für den zukünftigen Kredit in jedem Falle schon heute absichern möchte – warum mit einem Zinsswap? Wäre ist nicht sinnvoller, bereits heute einen festverzinslichen Kredit für 6 Jahre aufzunehmen und die Mittel für ein Jahr zu ‚parken', d.h. anzulegen? Auch diese Alternative würde das Problem lösen, allerdings mit realistischen Annahmen teurer, denn die Transaktionskosten, im Bankerjargon Margen, sind höher. Die Kreditmarge, z.B. 0,5%, wäre nicht für 5, sondern für 6 Jahre zu zahlen; die Margen für den Swap betragen dagegen nur wenige Basispunkte. Außerdem kann eine Bank die zwischenzeitliche Anlage der Mittel günstiger vornehmen. Anders formuliert: Das Unternehmen würde Kapital aufnehmen, obwohl eigentlich nur eine Zinssicherung gesucht war. Die Bank muß, wenn sie ihren Ertrag maximiert, für den Kredit höhere Margen nehmen als für den Swap, da die Eigenkapitalunterlegung höher ist. Merke: Kaufe nur, was Du brauchst, um nicht mitzubezahlen, was Du nicht brauchst.

4.1.2   Asset Swaps

Eine von mehreren Dimensionen, in denen man Swaps systematisieren kann, ist die nach den Grundgeschäften, mit denen sie in Verbindung stehen in

- Asset Swaps, bei denen das Grundgeschäft ein Aktivum ist; sowie
- Liability Swaps, die in Zusammenhang mit einer Finanzierung stehen.

Da die Forderung des einen die Verbindlichkeit des anderen ist, mag die Bezeichnung aus unterschiedlicher Perspektive verschieden ausfallen.

Besonders typische Ansatzpunkte für Asset Swaps sind Wertpapiere, deren Zinsen getauscht werden, um eine andere Zinsbindung zu erreichen. Die Frage, warum beispielsweise ein festverzinsliches Wertpapier gekauft wird, obwohl ein variable Verzinsung gewünscht wird, ist völlig naheliegend.

Stellen wir die Frage nach dem *warum* einen Augenblick zurück und wenden uns zunächst der nach dem *wie* zu anhand des folgenden Beispiels; die Beweggründe lassen sich dann später konkreter diskutieren.

Beispiel 4-2

Der Portfoliomanager einer Versicherung fragt Sie als Mitarbeiterin des Swaphandels nach einem Asset Swap, bei dem Sie für Ihren Kunden eine Bundesanleihe mit festem Coupon kaufen sollen, und daraus mittels Zinsswap einen synthetischen Floater darstellen sollen. Die Versicherung hat einen Betrag von genau € 100 Mio. anzulegen.

Für die zu kaufende Bundesanleihe gilt:

- Kurs: 102,00
- Coupon: 6,5%
- Fälligkeit: 14.10.2011
- Valutierung: 03.03.2003

Ziel der Übung aus Sicht des Anlegers ist es, die Coupon-Zahlungen zu ‚verkaufen', um im Gegenzug einen an die Geldmarktzinsen gebundenen variablen Zinsstrom zu erhalten (Abbildung 4-2). Dieser variable Zinsstrom wird an den Euribor als Referenzzins gekoppelt, zuzüglich einer noch zu bestimmenden (positiven oder negativen) Größe x, die wir als Spread bezeichnen (siehe dazu auch Abschnitt 4.1.3) und die die eigentliche Zielgröße bzw. im mathematischen Sinne die Residualgröße darstellt.

Dazu gehen wir in zwei Schritten vor:

1) Wir bewerten alle Zahlungen auf der Festseite, die sich aus den Couponzahlungen ergeben, sowie aus dem Kauf des Bonds.

2) Den resultierenden Barwert aus dem ersten Schritt neutralisieren wir durch eine entsprechenden Spread, so daß der Gesamtwert der Transaktion null wird.

Um die *ersten Teilaufgabe* lösen zu können, müssen wir uns nicht nur die Zinsströme, sondern auch den Kapitalfluß betrachten. Die Versicherung, der Investor, hat genau 100 Mio. anzulegen. Da der Kurs bei 102 liegt, ferner Stückzinsen anfallen, gibt es nun zwei Varianten: entweder es werden nominal 100 Mio. der Anleihe gekauft (dann liegt der Kaufbetrag über 100 Mio.), oder der Kaufbetrag beträgt 100 Mio. (dann liegt der Nominalbetrag darunter). Die erste Variante ist für unsere Zwecke sicherlich anschaulicher.

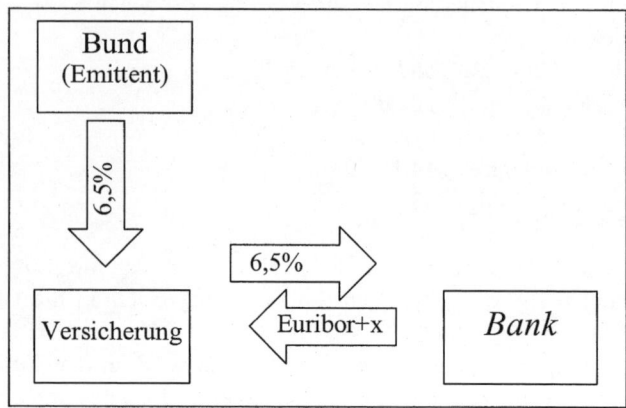

Abbildung 4-2: Asset Swap, Zinsströme

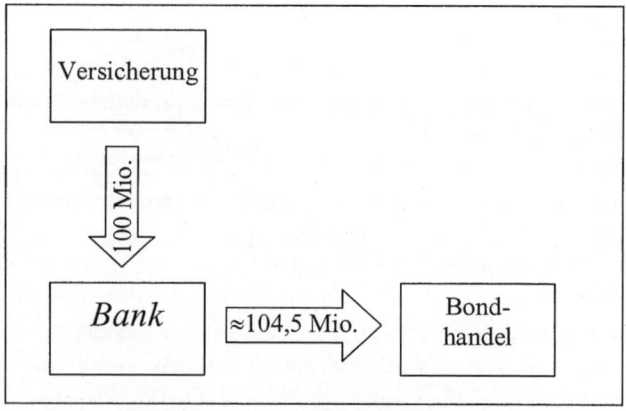

Abbildung 4-3: Asset Swap, Kapitalströme

Nehmen wir also wieder unser Arbeitsblatt bew-0 und wenden uns der Festseite zu. Zunächst ist die Frage zu klären, aus wessen Sicht wir die Vorzeichen interpretieren wollen. Da wir als Bank die

Transaktion arrangieren, nehmen wir uns die Freiheit, die Cash Flows mit unserer Brille zu betrachten. Das bedeutet, wir erhalten auf der Festseite die Couponzahlungen und zwar jeweils am 14.10. jeden Jahres. Wir starten also im Feld [C 31] mit -100 Mio.

Um eine volle erste Zinsperiode zu erreichen, starten wir in der Laufzeitenleiste mit dem 14.10.2002, dem Termin der letzten, bisher geleisteten Zinszahlung. Wir erhalten also in ca. 7 Monaten Zinsen für ein ganzes Jahr, obwohl der Investor das Papier erst jetzt erwirbt. Im Gegenzug sind *Stückzinsen* für den bereits abgelaufenen Teil der Zinsperiode zu leisten. Im Feld [E 31] wird die Anzahl der Stückzinstage mit 140 berechnet, daraus folgt ein Betrag von € 2.493.151 [G 31] auf neuer Bondbasis.[1] Dieser Betrag ist von uns zuzüglich des Kursaufschlages von € 2 Mio. an den Bondhandel zu zahlen, da die € 100 Mio., die wir vom Investor erhalten nicht ausreichen, um Anleihen im Nominalwert von € 100 Mio. zu kaufen.

Der Wert des so definierten Zahlungsstromes beträgt € -1.417.706 im Feld [J 30]. Eine Plausibilitätsüberlegung zu dessen Höhe: Wir haben eine Laufzeit von ca. 8,5 Jahren vor uns, die nach unserer Zinskurve mit ca. 6,4% zu bedienen ist. Wir erhalten mit 6,5% jedoch 10 bp mehr oder ca. € 100.000 pro Jahr auf € 100 Mio. Der Barwert von 8,5 mal T€ 100 dürfte zwischen T€ 600 und T€ 700 liegen. Ferner ist der Kursaufschlag von € 2 Mio. abzuziehen, so daß ein Wert von € -1,4 Mio. plausibel ist.

Sie vermissen die Stückzinsen in dieser Überlegung? Deren Einfluß ist vergleichsweise gering, da sie (fast) eine durchlaufende Größe sind: wir zahlen sie per 03.03. und erhalten sie per 14.10. zurück. Den resultierenden Zinseszinseffekt haben wir in der Tat in unserer Daumenrechnung nicht einbezogen.

---

[1] In der Spalte E wird ansonsten mit der bei Swaps immer noch üblichen alten Bondbasis gearbeitet, was jedoch unkritisch ist, da bei ganzen Jahren beide Methoden zum gleichen Ergebnis führen.

	Valuta	Cash Flow	Aussteh. Nom.betrag	Zinstage	Couponsatz 6,5000	Zinsbetrag	Cash Flow	Diskont. zins	NPV -1.417.706
30	14.10.2002	-100.000.000				-4.493.151	-104.493.151	0,000%	-104.493.151
31	14.10.2003		-100.000.000	140	6,50	6.500.000	6.500.000	3,733%	6.355.383
32	14.10.2004		-100.000.000	360	6,50	6.500.000	6.500.000	4,368%	6.066.618
33	14.10.2005		-100.000.000	360			.000	4,806%	5.749.402
34	14.10.2006		-100.000.000	3			.000	5,300%	5.393.339
35	14.10.2007		-100.000.000	3		1.417.706	.000	5,698%	5.033.442
36	14.10.2008		-100.000.000	3			.000	6,019%	4.681.776
37	14.10.2009		-100.000.000	3			.000	6,268%	4.348.138
38	14.10.2010		-100.000.000	360	6,50	6.500.000	6.500.000	6,463%	4.034.937
39	14.10.2011	100.000.000	-100.000.000	360	6,50	6.500.000	106.500.000	6,600%	61.412.410

Dialogfenster *Zielwertsuche*:

Zielzelle: J58
Zielwert: 1.417.706
Veränderbare Zelle: F58
OK   Abbrechen

	Valuta	Cash Flow	Aussteh. Nom.betrag	Zinstage	Couponsatz -0,2083	Zinsbetrag	Cash Flow	Diskont. zins	NPV 1.417.706
59	03.03.2003						0	0,000%	0
60	14.10.2003		100.000.000	225	-0,21	130.172	130.172	3,711%	127.280
61	14.04.2004		100.000.000	183	-0,21	105.873	105.873	4,091%	101.233
62	14.10.2004		100.000.000	183	-0,21	105.873	105.873	4,368%	98.792
63	14.04.2005		100.000.000	182	-0,21	105.294	105.294	4,559%	95.808
64	14.10.2005		100.000.000	183	-0,21	105.873	105.873	4,806%	93.624

B2-26b+d ╱ B2-27b ╱ B2-27a ╱ B3-2 ╱ B3-4 ╱ B3-5 ╱ B3-6 ╱ B3-7 ╱ B4-1 ╱ **B4-2**

Abbildung 4-4: Asset Swap, Berechnungen

Wenden wir uns der Floating-Seite und damit der *zweiten Teilaufgabe* zu, bei der zur Bestimmung des Spreads noch einige Modifikationen des Arbeitsblattes vorgenommen werden müssen. Wir müssten eigentlich wie folgt vorgehen: zunächst den für jede Roll-Over-Periode korrekten Zinssatz bestimmen und anschließend jeweils einen Spread hinzufügen. Den ersten Teil können wir überspringen, denn der Nettobarwert einer Zahlungsreihe mit jeweils marktgerechten variablen Zinsen ist null, wie wir im Abschnitt 2.4.4 ausführlich diskutiert haben.

Gehen wir in folgenden Schritten vor:

- Zunächst sind die Roll-Over-Termine zu vereinbaren. Da die Laufzeit der Anleihe ,gebrochen' ist, ergibt sich die Notwendigkeit, auch auf der variablen Seite eine gebrochene Zinsperiode zu verwenden.[1] Dies kann am Anfang oder am Ende der Laufzeit geschehen; man wird allerdings eher den Anfang wählen, um in den Zahlungsrhythmus des Bonds zu kommen. Es bietet sich der nächste Zinstermin der Anleihe, der 14.10., an. Die erste variable Zinsperiode wäre damit nicht nur gebrochen, sondern auch mit ca. 7,5 Monaten länger als die anderen.[2] Ändern wir also die Laufzeitenspalte [B] entsprechend ab (vgl. Abbildung 4-4).

- Die Nominalbeträge in Spalte [C] sollen nicht bewertet werden, wir suchen nur den Spread; die Eingaben in dieser Spalte werden gelöscht.

- Gleichwohl brauchen wir einen Nominalbetrag, auf den der Spread zu beziehen ist. Dazu tragen wir im Feld [D 60] +100 Mio. ein; das Vorzeichen besagt, wir erhalten eine Einlage,

---

[1] Denkbar, wenn auch ungebräuchlich, ist auch die Variante, im Zinsswap eine andere Laufzeit zu wählen als die der Anleihe.

[2] Für den ersten Referenzzins wäre eine linear tagegenaue Interpolation zwischen dem 7- und dem 8-Monatszins üblich. Für die Zinsperiode wäre als Alternative denkbar, die erste variable Zinszahlung für den 14.04. zu vereinbaren. Dabei ist zu bedenken, daß der dabei zu verwendende Zins aufgrund der Kürze der Laufzeit stärker von der Politik der Notenbank abhängt.

die wir verzinsen. Die Eingabe hat zur Folge, daß aufgrund der eingegebenen Formel die Spalte mit dem Betrag aufgefüllt wird. Dies ist korrekt bis zum 14.10.2011; den nächstfolgenden Wert löschen wir, der Rest verschwindet damit.

• Damit können wir uns der Lösung der eigentlichen Frage zuwenden: *Wie hoch muß der Spread sein, um den Verlust auf der Festseite auszugleichen?* Unter Zuhilfenahme der Zielwertsuche bestimmen wir im Feld [F58] den Spread so, daß der Barwert im Feld [J58] den Wert 1.417.706 annimmt mit dem Ergebnis –21 bp.

Interpretation:

☐ Wir zahlen auf der Floating-Seite weniger, als der jeweilige Euribor, dies führt zu einem positiven Barwert für uns, der den Verlust auf der Festseite ausgleicht. Der Vorteil beträgt in absoluten Zahlen jeweils ca. T€ 100 (Spalte [H]) für 17 Roll-Over-Perioden.

☐ Der Spread besagt, daß die Rendite der Anleihe ungefähr 21 Basispunkte unter den Zinsswaps liegt, wobei diese Angaben etwas ungenau ist aufgrund der unterschiedlichen Zahlungsmodalitäten und Zinsrechnungsmethoden auf Fix- und Floatingseite.

☐ Wie ist dies aus Sicht des Investors zu beurteilen? Schließlich entscheidet die Versicherung über das Zustandekommen der Transaktion. Die erste Vermutung, ein negativer Spread sei unattraktiv, ist irreführend. Das Vorzeichen sagt lediglich: Der Emittent dieser Anleihe zahlt weniger als die Swapkurve. Das ist aber bei Bundesanleihen der Normalfall (siehe Abbildung 1-5 sowie Abschnitt 4.1.3) und besagt, daß die Bonität des Bundes und damit seine Finanzierungskonditionen besser sind als die einer Bank, wie sie sich in der Swapkurve darstellen. Ob 21 bp unter Euribor gut oder schlecht sind, hängt vom Vergleichsmaßstab ab. Wäre z.B. der Spread für diese Laufzeit bei –30, so hätten wir eine Okkasion gefunden, bei der wir sofort zugreifen sollten, denn der Bundesfinanzminister würde uns im Asset Swap bessere Konditionen als sonst zahlen.

☐ Zurück zur Ausgangsfrage: *Warum* sollte jemand eine festverzinsliche Anleihe kaufen und umständlich den Zins tauschen, wenn eigentlich ein Floater gesucht wird? Die Motive können in folgendem liegen:

a) Der Spread selbst wird als Handelsobjekt betrachtet. Man kauft einen Spread, d.h. eigentlich eine bestimmte Bonität, in der Erwartung einer Verbesserung. Mit dem Asset Swap neutralisiert man das ,allgemeine' Zinsänderungsrisiko in dem Sinne, daß gleich große Veränderung aller Zinsen keine Wertänderungen für den Asset-Swap zur Folge haben, da die Gewinne (Verluste) aus der Anleihe ausgeglichen werden durch Verluste (Gewinne) aus dem Swap. Der Wert des Paketes ändert sich jedoch, wenn sich Anleiherenditen und Swapsätze unterschiedlich entwickeln (vgl. Beispiel 4-4).

b) Man sieht sich gezwungen, festverzinsliche Anleihen zu halten, obwohl man mit steigenden Zinsen und damit Kursverlusten rechnet. Gibt es nicht? Denken Sie an Rentenfonds, deren Existenzberechtigung ein Bondportfolio ist. Oder an Versicherungen, die deckungsstockfähige Wertpapiere brauchen. Oder an Banken, die Bundesanleihen als Liquiditätsreserve halten, nicht zuletzt um an den Wertpapierpensionsgeschäften mit der Notenbank teilnehmen zu können. Alle diese Beispiele haben gemeinsam, daß festverzinsliche Wertpapiere gehalten werden und gleichzeitig das Kursrisiko neutralisiert werden kann, u.a. mittels Asset Swap.

c) Floater der gesuchten Bonität sind nicht oder nicht in ausreichendem Maße vorhanden. Dieses Problem können beispielsweise Geldmarktfonds haben, die nach der Natur ihres Geschäftes ausschließlich Anlagen in geldmarktnahen Laufzeiten suchen.

Fazit: Der Handel mit Asset Swaps ist ein solcher mit relativen Werten, anders formuliert mit Bonitätsrisiken.

Aufgabe 4-1
Berechnen Sie den Spread für einen Asset Swap mit der folgenden Anleihe:

- Kurs: 98,00
- Coupon: 6,0 %
- Fälligkeit: 01.07.2008
- Valutierung: 03.03.2003

4.1.3   Spreads

Das Thema des vorherigen Abschnittes soll hier noch einmal aufgegriffen und in einen breiteren Konzext gestellt werden.
Es wurde bereits im Abschnitt 1.3.1 erwähnt, daß die wichtigsten Segmente des deutschen Kapitalmarktes die Bundesanleihen, die Schuldscheine und die Zinsswaps sind und die Bedeutung der Spreads als Zinsdifferenz zwischen diesen Bereichen betont. Die folgende Aufgabe widmet sich der Ausnutzung von Spread-Änderungen.

Beispiel 4-3
Versetzen Sie sich in die Lage des Treasurers einer Bank, der die Aktiv- und Passivseite der Bank zu steuern hat und dazu folgende Produkte benutzen kann:

- Kauf und Verkauf von Bundesanleihen (ohne Leerverkäufe)
- Emission von Schuldscheinen
- Zinsswaps
- Aufnahme und Anlage von Mitteln zu Euribor.

Welche Spread-Positionen würden Sie unter Kenntnis der Entwicklung der Spreads in der folgenden Tabelle aufbauen und wann würden Sie diese schließen?

Marktannahmen:

Instrument	6/90	6/91	6/92	6/93	6/94	6/95
Bundesanleihen	7,80	9,0	8,5	6,0	6,7	6,3
Bund-Floater	L-0,20	L-0,20	L-0,20	L-0,20	L-0,20	L-0,20
Schuldscheine	8,0	9,2	8,7	6,0	6,8	6,5
Zinsswaps	8,4	9,5	8,9	6,0	6,8	6,5
6-Monats-Libor	7,5	9,5	9,0	7,5	6,0	4,75
Spread Swap - Bund	0,6	0,5	0,4	0	0,1	0,2
Spread Swap - Schuldschein	0,4	0,3	0,2	0	0	0

Alle Angaben beziehen sich auf die Endfälligkeit 6/00 (außer Libor).

Tabelle 4-1: Spreads in der ersten Hälfte der 90er Jahre

Tabelle 4-1 zeigt eine vereinfachte, aber in den Grundzügen realistische Entwicklung der wichtigsten Zinsen in der ersten Hälfte der neunziger Jahre, die im Hinblick auf die Spreadentwicklung besonders interessant waren. Die letzten beiden Spalten zeigen die Spreadentwicklung, wobei die Sätze für Zinsswaps als Referenzmaßstab verwendet werden. Welche Spread-Positionen wären also im nachhinein betrachtet sinnvoll gewesen?

Was bedeutet überhaupt Spread-Position? Damit sind Engagements in zinstragenden Instrumenten gemeint, bei denen die Zinsbindung auf der Anlageseite in der gleichen Laufzeit liegt wie deren Finanzierung. Folglich wird eine Immunisierung gegen ‚absolute' Zinsänderungsrisiken erreicht in dem Sinne, daß sich die Wertänderungen auf der Anlage- und der Finanzierungsseite ausgleichen, sofern sich die entsprechenden Zinsen parallel entwickeln. Wohl aber besteht das Risiko von ‚relativen' Zinsänderungen: Sollten sich die Zinsen (bei gleicher Laufzeit) für verschiedene Instrumente unterschiedlich entwickeln, sich die Spreads also verändern, ergeben sich Bewertungsänderungen aus der Kombination unserer Aktiva und Passiva. Erfolgreich ist eine Spreadposition also dann, wenn Spreadänderungen zu Gewinnen führen.

Schaut man sich die Spreadentwicklung in der Tabelle an, so fällt zunächst der starke Rückgang der Spreads der Bundesanleihen von 1990 bis 1993 auf. Dies ist aber mit den definierten Bedingungen (keine Leerverkäufe) nicht zu nutzen. Die Annahme wurde gesetzt einmal, um die Zahl der Varianten etwas zu begrenzen, aber auch weil die Möglichkeiten der Leerverkäufe damals noch nicht voll entwickelt waren.

Damit bleiben zwei erfolgreiche Strategien:

(1) Die Spreads der Schuldscheine sind von 1990 bis 1993 von 40 bp auf null zurückgegangen. Dies hätten wir ausnutzen können, und das ist auch geschehen, durch folgende Transaktionen:

(a) Wir begeben 1990 einen Schuldschein, bei dem wir 8,0% zahlen. Gleichzeitig schließen wir einen Zinsswap ab, aus dem wir den festen Zins empfangen mit 8,4% und Libor zahlen (Liability Swap). Damit erzielen wir als Zwischenergebnis eine Finanzierung mit effektiv 40 bp unter Libor:

wir	zahlen	8,00% fest	Schuldschein
	empfangen	8,40% fest	Swap
	zahlen	Libor	Swap
	zahlen	Libor - 0,40%	effektiv

Tabelle 4-2: Swapergebnis Liability Swap (Näherungslösung)

Wir können diese günstig aufgenommen Mittel entweder am Geldmarkt zu Libor anlegen und zeitanteilig 40 bp vereinnahmen oder aber als Bank diese für unsere Kreditgeschäfte einsetzen und damit die 40 bp indirekt als Verbesserung der Kreditmarge verdienen.

(b) Betrachten wir unsere beiden Geschäfte jedoch lediglich als spekulative Spreadposition, so stellt sich ab 1993 keine weitere Verbesserung mehr ein. In der Tat liegen seither die Sätze für Zinsswaps und Schuldscheine vergleichsweise eng zusammen (vgl. Abbildung 1-5, S. 27). Wenn wir unseren Spekulationsgewinn also realisieren wollen, sind folgende Transaktionen notwendig:

- Wir kaufen den emittierten Schuldschein zurück (bzw. legen in einen anderen Schuldschein mit gleicher Bonität und Laufzeiten an, falls der Investor nicht mit dem Rückkauf einverstanden ist). Für die so investitierten Mittel erzielen wir 6,0% entweder indirekt durch Rückkauf unseres eigenen Schuldscheins oder direkt durch den Kauf eines anderen.
- Wir schließen den Zinsswap und zahlen dafür auf der Festseite ebenfalls 6,0%. Auch dies kann auf zwei Wegen geschehen, entweder durch die Auflösung des ursprünglichen Geschäftes (siehe Abschnitt 2.4.6) oder durch den Abschluß eines Gegengeschäftes; beides führt zum gleichen Ergebnis.

Die Zusammenstellung aller Transaktionen erlaubt die Bestimmung eines näherungsweisen Gesamtergebnisses unserer sogenannten Schuldscheinarbitrage:

	1990	1993	Summe
Schuldschein	- 8,0%	+ 6,0%	- 2,0 %
Zinsswap, fix	+ 8,4%	- 6,0%	+ 2,4%
variabel	- L	+ L	-
Summe	- (L – 0,4%)	+ L	+ 0,4%

Tabelle 4-3: Ergebnis Schuldscheinarbitrage (Näherungslösung)

Alle Transaktionen sind nicht in Kursen oder Barwerten, sondern in Zinsen ausgedrückt, was uns das Verständnis erleichtert. Das Zinsniveau ist gefallen, aber für die Zinsswaps mehr als für die Schuldscheine. Unseren emittierten Schuldschein müssen wir also teurer zurückkaufen, sonst wird der Investor nicht zustimmen; in Zinssätzen ausgedrückt zahlen wir 2% mehr als wir nunmehr erzielen können. Dagegen erhalten wir aber für den im Jahr 1990 abgeschlossenen Zinsswap einen Festzins, der 2,4% über dem Niveau von 1993 liegt; die Gegenseite wird bei der Auflösung bereit sein, eine Ausgleichszahlung zu leisten, die dies widerspiegelt. Insgesamt beläuft sich unser Spekulationsgewinn auf 0,4%, angewendet auf den Betrag und die Restlaufzeit.

(2) Die zweite Möglichkeit lag in einer Konstruktion, die wir bereits als Asset Swap kennengelernt haben. 1993 lagen die Renditen von Bundesanleihen für kurze Zeit auf dem gleichen Niveau wie die Zinsswaps, die Spreads waren also null. In der Folge wurden sie aber wieder positiv, wie es der Normalfall ist. Dies hätten wir wie folgt nutzen können:

(a) Wir kaufen 1993 Bundesanleihen, die uns eine Rendite von 6% bringen. Gleichzeitig schließen wir einen Zinsswap ab, bei dem wir den Coupon ‚verkaufen' gegen Libor:

wir	erhalten	6,00% fest	Bundesanleihe
	zahlen	6,00% fest	Swap
	erhalten	Libor	Swap
	erhalten	Libor	effektiv

Tabelle 4-4: Swapergebnis Asset Swap (Näherungslösung)

Libor ‚flat' (ohne Auf- oder Abschlag) zu erhalten, ist eigentlich nichts besonders, wohl aber wenn der Schuldner die Bundesrepublik ist. Denn der Bundesfinanzminister zahlt eigentlich nur Libor minus 0,2%, wie man am Bund-Floater erkennt.

(b) 1995 können wir die Position mit Gewinn schließen, da die Spreads sich in die erwartete Richtung entwickelt haben.

	1993	1995	Summe
Bundesanleihe	+ 6,0%	- 6,3%	- 0,3 %
Zinsswap, fix	- 6,0%	+ 6,5%	+ 0,5%
variabel	+ L	- L	-
Summe	+ L	- (L - 0,2%)	+ 0,2%

Tabelle 4-5: Ergebnis Asset Swap (Näherungslösung)

Die Bundesanleihe müssen wir zwar mit Verlust verkaufen, da die Zinsen gestiegen sind; dies können wir aber leicht verschmerzen, weil die Ausgleichszahlung bei Auflösung des Swaps dies überkompensiert. Es verbleibt ein Gewinn von 0,2% pro Jahr der Restlaufzeit, dessen Barwert mit der Schließung der Position realisiert wird.

Beispiel 4-4
Sie haben eine Euro-Anleihe der Republik Ungarn gekauft mit einer Laufzeit von 10 Jahren und einer Rendite von 8%. Die Idee dabei war, bei näher rückendem ungarischen EU-Beitritt an einer Annäherung der Finanzierungskonditionen des Landes an EU-Standard, d.h. fallenden Spreads, zu partizipieren (Konvergenz-Spekulation). Da Sie jedoch mit allgemein steigenden Zinsen rechnen, haben Sie das Zinsänderungsrisiko mit einem Zinsswap abgesichert, bei dem Sie 6,5% zahlen.

a) Welches Ergebnis erzielen Sie aus der Kombination der Anleihe und des Swaps?

b) Angenommen, die Zinsen gehen tatsächlich nach oben; die Rendite der Anleihe steigt auf 9%, der Swapsatz für die gleiche (Rest-)Laufzeit auf 8%. Haben Sie Gewinne oder Verluste gemacht? In welchem Umfang?

Es handelt sich wiederum um eine Asset-Swap-Konstruktion, die darauf abzielt, an einer *relativ* besseren Entwicklung des Wertpapieres im Vergleich zum Zinsswap zu partizipieren.

a) In der Ausgangskonstellation liegt die Rendite der Anleihe 1,50% über den Zinsswap-Konditionen gleicher Laufzeit:

wir	erhalten	8,00% fest	Anleihe
	zahlen	6,50% fest	Swap
	erhalten	Euribor	Swap
	erhalten	Euribor + 1,5%	effektiv

Tabelle 4-6: Swapergebnis Asset Swap (Näherungslösung)

b) Der allgemeine Zinsanstieg trifft die Anleihe mit 1% weniger als die Zinsswaps mit 1,5%, folglich ist unser Verlust an der Anleihe geringer als der Gewinn im Swap. Der Spread hat sich auf 100 Basispunkte und damit um 50 bp zu unseren Gunsten verengt:

	Zeitpunkt 1	Zeitpunkt 2	Summe
Anleihe	+ 8,0%	- 9,0%	- 1,0 %
Zinsswap, fix	- 6,5%	+ 8,0%	+ 1,5%
variabel	+ E	- E	-
Summe	+ L +1,50%	- (L + 1,0%)	+ 0,5%

Tabelle 4-7: Ergebnis Asset Swap (Näherungslösung)

Aufgabe 4-2

Die Bundesregierung kündigt die Versteigerung von UMTS-Lizenzen an, die zu außerordentlichen Einnahmen im Staatshaushalt führen werden. Sie rechnen damit, daß der Bund im nächsten Fiskaljahr keine neuen Mittel auf den Kapitalmärkten aufnehmen wird. Welche Spreadposition bauen Sie auf, um dies auszunutzen?

Aufgabe 4-3

Im Sommer 1998 kam es aufgrund der krisenhaften Zuspitzung der wirtschaftlichen Situation in Südostasien und Rußland zu massiven Kapitalabflüssen aus diesen Regionen. Die abgezogenen Mittel wurden u.a. in Bundesanleihen angelegt. Gleichzeitig wurden erhebliche Verluste der in den genannten Regionen engagierten deutschen Banken bekannt. Welche Spreadpositionen wären sinnvoll gewesen?

4.2   Optionen

Den folgenden drei Abschnitten ist gemeinsam, daß jeweils Kombinationen von Optionscharakteristika mit den zugrundeliegenden Basiswerten involviert sind. Während beim Covered Call Writing diese Kombination im Portfolio des (Privat-)Anlegers erst entstehen, werden diese in Form der Aktienanleihen und der Discount-Zertifikate bereits als Pakete angeboten.

4.2.1   Covered Call Writing

Dies bezeichnet eine der bekanntesten Strategien für Aktienbesitzer; sie wird ihnen auch immer wieder empfohlen. Sie beinhaltet den Verkauf (das Schreiben = Writing) von Kaufoptionen auf der Basis eines Aktienbestandes (Covered).[1] Eine typische Konstellation beschreibt das folgende

---

[1] Wird die Order zum Verkauf der Option als gedeckt oder covered aufgegeben, so werden die Aktien gesperrt oder auf ein Sperrdepot übertragen. Der Anleger kann damit nicht mehr frei über die Aktien verfügen.

Beispiel 4-5

Ein Anleger hat zu einem günstigen Zeitpunkt 100 SAP-Aktien zu 150 gekauft. Der Kurs steigt auf 200. Er sieht für die nächsten 6 Monate nun noch maximal 10% Kurspotential nach oben. Sein Anlageberater empfiehlt ihm den Verkauf einer Calloption an der Eurex mit

- ☐ Basispreis: 220
- ☐ Laufzeit: 6 Monate
- ☐ Prämie: 20

Die Begründung des Anlageberaters lautet: Sollte die Aktie noch 10% steigen, nimmt man am Kursgewinn teil und erhält zusätzlich die Optionsprämie. Sollte die Aktie wider Erwarten fallen, hat man wenigstens die Prämie als Puffer.

a) Entwickeln Sie das Chance-Risiko-Profil dieser Strategie (Aktienbestand plus short call zusammen).

b) In welchen Konstellationen ist die vorgeschlagene Strategie besonders sinnvoll, in welchen nicht?

c) Die vorgeschlagene Strategie entspricht einer anderen Optionsposition – welcher?

Die Argumentation des Anlageberaters hat auf den ersten Blick einiges für sich, zumal man anscheinend sowohl bei steigenden wie bei fallenden Kursen etwas besser abschneidet als mit dem reinen Aktienbestand. Sehen wir uns das genauer an.

a) Das Profil von Chance und Risiko kann man tabellarisch wie auch grafisch darstellen. Dazu sind unterschiedliche Annahmen über die mögliche Kursentwicklung zu machen. Stellen wir uns beispielsweise ein Kursband vom aktuellen Kurs von 200 ausgehend von 150 bis 270 vor (Spalte (1) der Tabelle 4-8). Jede Kursänderung würde gleich große Wertänderung pro Aktie implizieren (Spalte (2)). Der Verkauf einer Option bringt eine Prämie von 20 (Spalte (3)), gibt dem Käufer allerdings das Recht, unsere Aktien bei 220 abzurufen. Dieses Recht wird gegen uns geltend gemacht werden, wenn der Aktienkurs bei Fälligkeit der Option über dem

Basispreis von 220 liegt. Sollte der Kurs beispielsweise bei 250 liegen, so werden wir die Aktien um 30 unter dem aktuellen Kurs abgeben müssen, den Verlust von 30 hatten wir als inneren Wert kennengelernt (Spalte (4)). Nimmt man zum inneren Wert die Optionsprämie hinzu, so können wir in Spalte (5) einen Break-Even von 240, der Summe aus Basispreis und Prämie, feststellen. Unterhalb dieses Wertes trägt die Option in der Tat zum Erfolg des Anlegers positiv bei; das Gesamtergebnis in Spalte (6) liegt über dem des Haltens der Aktie in (2). Das ist die gute Nachricht.

Kurs	Wertänderung der Aktie	Prämie	Innerer Wert des Call	Call incl. Prämie	Summe
(1)	(2)	(3)	(4)	(5)=(3)+(4)	(6)=(2)+(5)
150	-50	20	0	20	-30
160	-40	20	0	20	-20
170	-30	20	0	20	-10
180	-20	20	0	20	0
190	-10	20	0	20	10
200	0	20	0	20	20
210	10	20	0	20	30
220	20	20	0	20	40
230	30	20	-10	10	40
240	40	20	-20	0	40
250	50	20	-30	-10	40
260	60	20	-40	-20	40
270	70	20	-50	-30	40

Tabelle 4-8: Covered Call Writing

Die schlechte Nachricht: Sollte der Kurs über 240 steigen, so kompensiert der Verlust aus der Option den Kursgewinn aus der Aktie; das Gesamtergebnis kann 40 nicht übersteigen.

b) Dieses Gesamtergebnis erreicht bei 220, dem Basiswert, sein Maximum. Der innere Wert der Option ist gerade noch null; der

Käufer ist indifferent, die Option auszuüben oder die Aktie direkt zu kaufen. Unser Anleger würde weitere 10% Kursgewinn an der Aktie und zusätzlich 10% Optionsprämie verzeichnen; diese 20% oder € 40 pro Aktie können mit dieser Strategie nicht übertroffen werden. Zwischen 220 und 240 wird die erhaltene Optionsprämie zunehmend von den Kurssteigerungen ‚aufgefressen', das Gesamtergebnis aus dem Covered Call Writing (CCW) übersteigt aber noch dasjenige aus der Aktie allein.

Zwischenergebnis im Sinne der Fragestellung: Zwischen 200 und 240 ist CCW dem Halten der Aktie überlegen. Man mag 220 als optimalen Punkt empfinden, da die Option gerade noch verfällt und bei höheren Kursen kein weiterer Kursgewinn aus der Kombination mehr entsteht.

Betrachtet man allerdings die Laufzeit von immerhin 6 Monaten, so sind auch größere Kursbewegungen denkbar. Steigen die Kurse über 240, wird der Anleger sich ärgern, die Option verkauft zu haben, denn die Halte-Alternative hätte bessere Ergebnisse erzielt. Fallen die Kurse jedoch vom Ausgangsniveau, so ist CCW der Halte-Alternative überlegen, aber unter 180 wäre eine dritte Alternative vorzuziehen: der simple Verkauf der Aktien bei 200 und die Vermeidung von Verlusten.

Damit können wir unser Zwischenergebnis präzisieren: Bleibt der Kurs in der Bandbreite zwischen 180 und 240 ist CCW den unmittelbaren Alternativen Verkauf und Halten überlegen. Außerhalb dieses Kursbandes gilt:

- Fallen die Kurse unter 180, wäre der Verkauf die bessere Entscheidung gewesen.
- Steigen die Kurse über 240, bringt das Halten der Aktien höhere Gewinne.

Fazit: Bei großen Kursbewegungen wird sich der Anleger in jedem Falle über den Verkauf der Option ärgern. Sinnvoll ist die Strategie nur, wenn man über längere Zeit mit einer ruhigen Kursentwicklung rechnet.

c) Um den Vergleich mit einer anderen Optionsstragie herzustellen, hilft, wie so oft, die Put-Call-Parität (Abschnitt 3.1.5.1). Wenden wir die Form der risikomäßigen Äquivalenz auf unseren Fall an, so haben wir das Underlying gekauft und einen Call verkauft. Gleichung (3-6), S. 227, ergibt nach Umformung:

$$U - C = - P$$

Der gedeckte Verkauf einer Option entspricht also dem Verkauf eines Puts. Die folgende Grafik bestätigt optisch dieses Ergebnis.

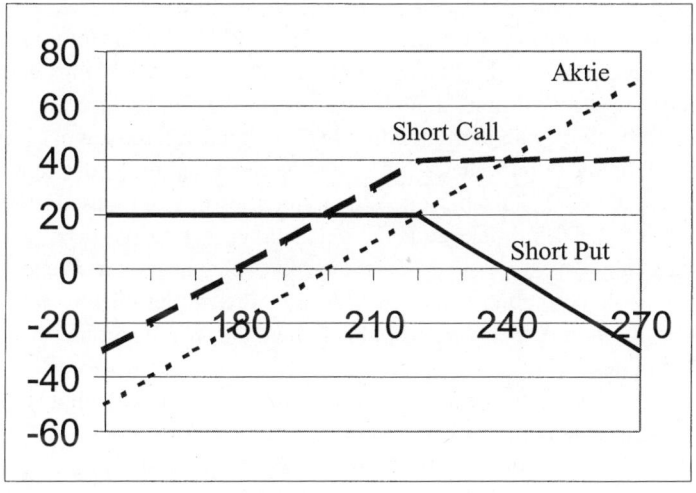

Abbildung 4-5: Covered Call Writing

Zurück zur urprünglichen Frage und damit zur abschließenden Beurteilung der vorgeschlagenen Strategie. Macht es wirklich Sinn, einen Put zu verkaufen, wenn nach einem erheblichen Kursanstieg nun nur noch wenig Potential in einer Aktie gesehen wird? Eigentlich entspricht das gar nicht so recht den vorgegebenen Kurserwartungen. Der spekulative Leer-Verkauf von Puts ist doch eher, wenn überhaupt, angemessen, wenn mit klaren Kurssteigerung gerechnet wird, nicht um am Ende einer Hausse (Teile der) Gewinne einzufahren. Nur unter den zuvor in b) genannten Konstellationen sollte man diese Strategie erwägen.

4.2.2   Aktienanleihen

Die Bezeichnung Aktienanleihen deutet bereits an, daß die traditionellen Grenzen zwischen Aktien einerseits und Anleihen anderseits durchbrochen werden. In der Tat handelt es sich um Anleihen, deren Werthaltigkeit wesentlich von der Entwicklung eines oder mehrerer Aktienkurse abhängt. Denn die Emissionbedingungen sehen vor, daß der Schuldner bei Fälligkeit wählen kann, ob er die Tilgung durch Rückzahlung des Nominalbetrages oder durch Übergabe einer Anzahl von Aktien einer bestimmten Gesellschaft vornimmt. Dies drückt auch die gelegentlich verwendete Bezeichnung als *reverse convertibles* aus: Im Gegensatz zu Wandelschuldverschreibungen (*convertibles*), bei denen der Gläubiger die Wandlung in Aktien verlangen kann, liegt das Wahlrecht hier beim Schuldner.[1]

Kein Anleger wird ein solches Wahlrecht einräumen, ohne entsprechend kompensiert zu werden; bei den Aktienanleihen geschieht dies in Form eines (deutlich) erhöhten, meist zweistelligen Coupons.[2] Da die Emittenten die entstehenden Risiken in aller Regel durch Gegengeschäfte glattstellen (siehe unten), setzt die erfolgreiche Einführung derartiger Finanzinnovationen am Markt vor allem eines voraus: Die Bereitschaft der Anleger zum Kauf. Insofern war die Konstellation der Jahre 1998 und 1999 geradezu

---

[1] Eine Einführung zum Thema bietet Beike [2000].

[2] Im nächsten Abschnitt wird eine andere Form der Kompensation vorgestellt, die Discount-Zertifikate.

ideal: Die Zinsen waren niedrig und die Aktienmärkte haussierten (bis März 2000). Ersteres hat die Suche nach höherverzinslichen Anlageformen forciert, letzteres die Rückzahlung in Aktien als wenig wahrscheinlich, oder jedenfalls nicht unattraktiv erscheinen lassen.

Welche wesentlichen Charakteristika definieren eine Aktienanleihe?

- Der *Nennwert* bzw. die *Stückelung* liegt meist im vierstelligen Bereich und damit höher als bei Anleihen sonst üblich, typischerweise z.b. bei € 5.000, damit die Rückzahlung in einer ganzen Anzahl von Aktien ermöglicht wird.

- Das *Wandlungsverhältnis* gibt an, wie viele Aktien pro Stück der Anleihe bei Fälligkeit ausgehändigt werden (können). Damit ist implizit auch ein Aktienkurs definiert, den wir bei Optionen als Basis- oder Ausübungspreis bezeichnet haben. Es gilt:

Nennwert = Wandlungsverhältnis * Aktienanzahl

- Die *Laufzeit* liegt häufig bei etwa einem Jahr, gelegentlich etwas länger, jedoch nicht über 2 Jahren. Längere Laufzeiten würden vermutlich von den Anleger nicht übernommen werden.

- Der *Coupon* enthält zwei Komponenten: ein Entgelt für die Bereitstellung des Kapitals für die Laufzeit der Anleihe sowie zusätzlich und i.d.R. dominierend ein Entgelt für die Überlassung des Wahlrecht hinsichtlich der Tilgung, das wir als Optionsprämie bezeichnen können.

Bekanntlich sind bei derartigen Produkten der Phantasie und damit der Variantenvielfalt kaum Grenzen gesetzt, wir werden uns mit dem folgenden Beispiel auf das wesentliche beschränken. Dieses Beipiel ist mit Absicht ein konstruiertes, um offener über die Ergebnisse nicht nur für den Anleger, sondern auch für den Emittenten diskutieren zu können.

Beispiel 4-6

Die B-Bank begibt folgende Aktienanleihe:

- ☐ Stückelung: € 5.000
- ☐ Laufzeit: 03.03.03 – 03.03.04
- ☐ Coupon: 20 %
- ☐ Ausgabekurs: 100
- ☐ Rückzahlung: A) € 5.000 oder
                         B) 100 Aktien der A-AG

Weitere Einzelheiten:

- Damit sind implizit sowohl das *Wandlungsverhältnis* (5000:100 oder 50:1) wie auch der *Ausübungspreis* des Wahlrechtes (50) definiert. Sollten während der Laufzeit Kapitalmaßnahmen wie z.b. Kapitalerhöhungen oder die Ausgabe von Gratisaktien durchgeführt werden, so wird das Wandlungsverhältnis angepaßt.

- Aus technischen Gründen wird der Emittent seine Entscheidung über die Rückzahlungsvariante einige Tage vor dem Ende der Laufzeit festlegen müssen, sagen wir am 28.02.04, um gegebenenfalls die Aktien rechtzeitig bereitstellen zu können. Insofern ist die *Laufzeit der Option* etwas kürzer als die der Anleihe.

- Wir haben eine *europäische Ausübung* dieser Option vor aus, die amerikanische wäre als vorzeitige Tilgung der Anleihe für Anleger wenig akzeptabel.

- Die Zahlung der *Zinsen* hängt dabei nicht von der Entscheidung über die Tilgung ab, sie sind in jedem Falle zu zahlen.

Um die Analyse mit einem Allgemeinplatz zu beginnen: Derartige Finanzinnovationen sind nur dann erfolgreich, wenn sie die Bedürfnisse der Anleger ebenso wie die der Emittenten treffen. Wir werden deshalb das Produkt aus zweierlei Perspektive betrachten müssen. Dominierend ist dabei sicherlich die der Investorenschaft; sie ist primär an Instrumenten interessiert, die attraktive Anlageformen gemäß ihren Markterwartungen bietet. Die Emittenten werden in aller Regel an der Konstruktion selbst weniger interessiert sein, da sie die inhärenten Risiko ohnehin neutralisieren; für sie ist das Endergebnis wichtig: eine günstige Finanzierung.

(1) Anlegerperspektive
Anleger werden zwei Aspekte gegeneinander abwägen müssen: eine attraktive Rendite gegen das Risiko, statt des eingesetzten Kapitals Aktien zurückzuerhalten. Da das Wahlrecht in den Händen des Emittenten liegt, ist dieser als Käufer, der Anleger dagegen als Verkäufer/Stillhalter eines Optionsrechtes zu betrachten. Der Schuldner wird gerade dann Aktien zurückzahlen, wenn diese im Kurs fallen, genauer: wenn der Aktienkurs bei Fälligkeit unter dem (impliziten) Basispreis liegt. Auf unser Beispiel bezogen bedeutet dies:

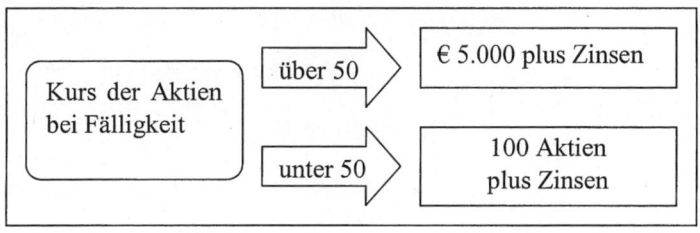

Abbildung 4-6: Alternative Rückzahlungen bei Aktienanleihen

Ein Blick auf den Wert der Rückzahlung incl. Zinsen in Abhängigkeit von der Höhe des Aktienkurses (Tabelle 4-9) zeigt: Bei fallenden Kursen besteht das gleiche Verlustrisiko wie bei einem Kauf von 100 Aktien, allerdings abgefedert durch eine hohe Verzinsung; steigen die Kurse jedoch, erhält man maximal den angelegten Betrag zuzüglich Zinsen.
Ein Blick auf die grafische Darstellung bestätigt die Vermutung: Das Chancen-Risiko-Profil (Abbildung 4-7) entspricht dem einer verkauften Put-Option. Deren Bewertung (→ 3.1.3) und die dies-

bezüglichen Einflußgrößen (→ 3.1.4) haben wir bereits kennengelernt. Zwei Größe sind vor allem wichtig. Zum einen ist der Kurs der Aktien nicht nur für die Rückzahlung, sondern auch für Wertentwicklung während der Laufzeit wesentlich. Die zweitgrößte Bedeutung kommt der Volatilität zu, wobei deren Einfluß mit der Reduzierung der Restlaufzeit abnimmt und bei Fälligkeit ganz verschwindet. Bei der Festlegung des Coupons jedoch hat die (implizite) Volatilität großen Einfluß. Optionen sind, wie wir wissen, um so teurer, je höher die Volatilität. Deshalb gilt: Der Coupon der Aktienanleihe ist um so höher, je volatiler die zur Tilgung vorgesehene Aktie. Deshalb werden häufig Werte aus dem Telekommunikations-, Software- oder Medienbereich herangezogen.

Kurs	Zinsen	Rückzahlung		Summe
		in Aktien	des Kapitals	
30	1.000	3.000		4.000
35	1.000	3.500		4.500
40	1.000	4.000		5.000
45	1.000	4.500		5.500
50	1.000	5.000		6.000
55	1.000		5.000	6.000
60	1.000		5.000	6.000
65	1.000		5.000	6.000
70	1.000		5.000	6.000

Tabelle 4-9: Rückzahlung einer Aktienanleihe
bei alternativen Aktienkursen

Für unser Beispiel wollen wir eine Volatilität von 35% unterstellen, wie sie für derartige Aktien nicht ungewöhnlich ist. Um einen Optionspreis berechnen zu können, soll ferner gelten:

- ☐ Laufzeit der Option: 28.02.04
- ☐ Zinssatz für ein Jahr 4%
- ☐ Kurs der Aktie: 50

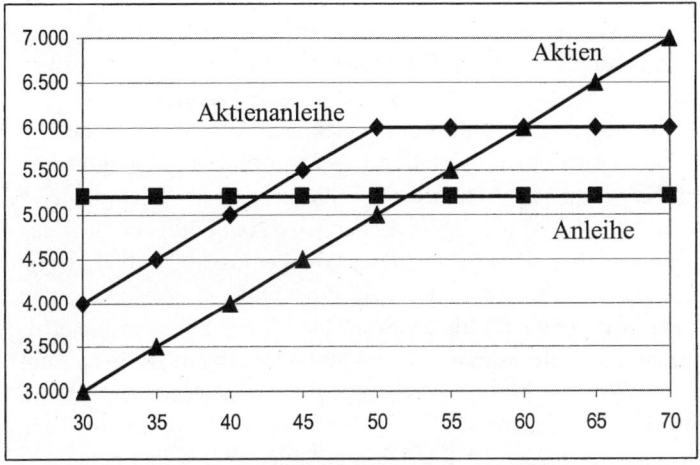

Abbildung 4-7: Aktien, Anleihen und Aktienanleihen im Vergleich

Sollte die betrachtete Aktiengesellschaft innerhalb der Laufzeit der Option voraussichtlich eine Dividende ausschütten, so ist der Kurs der Aktie um den Barwert dieser Dividende zu reduzieren (vgl. Abschnitt 3.4).[1] Ohne Dividende ergibt sich eine Optionsprämie in Höhe von € 7,80 (siehe Arbeitsblatt mit der Nummer des Beispiels). Diese Berechnung unterstellt eine Zahlung der Prämie bei Abschluß des Geschäfts, was hier aber nicht zutrifft. Die Prämie wird in Form des Coupons bei Fälligkeit der Anleihe bezahlt und

---

[1] Dabei wird man häufig sowohl hinsichtlich der Höhe wie auch des Zahlungszeitpunktes der Dividende Schätzungen vornehmen müssen, da diese Informationen oft noch nicht 12 Monate vorher bekannt sind. Mangels besserer Informationen könnte man sich beispielsweise an den Vorjahreswerten orientieren.

ist deshalb aufzuzinsen, mit dem unterstellten Jahreszins von 4% folgt ein Zukunftswert von € 8,11. Auf die Stückelung von € 5.000 bezogen, die einer Option auf 100 Aktien entspricht, wäre entsprechend eine Prämie von € 811 oder 16,22% fällig. Bei einer Volatilität von z.B. 20% würden sich lediglich 10,27% ergeben.

Angemessen ist ferner eine Verzinsung für die Überlassung des Kapitals mit dem marktüblichen Satz für diese Laufzeit, so daß ein Coupon von zusammen 20,22% rechnerisch angemessen ist.

Um die Aktienanleihe aus der Perspektive des Anlegers zu beurteilen, bietet sich ein Vergleich mit den natürlichen Alternativen an: dem Kauf von 100 Aktien für € 5.000 oder einer Anleihe mit 4% (Abbildung 4-7). Liegt der Kurs der A-AG bei Fälligkeit über dem Ausübungspreis von 50, erhält der Anleger € 6.000 zurück. Damit schneidet er besser ab als mit dem direkten Kauf der Aktie, solange der Kurs unter 60 bleibt. Sollte der Kurs fallen, so bietet die empfangene Optionsprämie von € 800 oder € 8 pro Aktie zunächst einen Puffer, der bis zu Kursrückgängen auf 42 gegenüber der Anleihe bessere Ergebnisse sicherstellt. Innerhalb des Kursbandes zwischen 42 und 60 ist folglich die Aktienanleihe den beiden Alternativen überlegen. Bei niedrigeren Kursen dominiert die risikoärmere Anleihe, bei höheren die Wahrnehmung der vollen Chancen aus der direkten Aktienanlage.

Der Kurs der Aktie ist sicherlich der dominierende Faktor für den Wert der Aktienanleihe, aber er ist nicht der einzige von Bedeutung. Der zweitwichtigste dürfte die *Volatilität* sein; ein Anstieg verteuert Optionen, bei sinkenden Volatilitäten werden diese billiger. Da der Käufer einer Aktienanleihe implizit eine Option verkauft hat, gewinnt (verliert) er bei fallenden (steigenden) Volatilitäten.

Auch das *Verhalten im Zeitablauf* ist bei einer Aktienanleihe aufgrund der inhärenten Optionscharakteristika anders als bei einer gewöhnlichen Anleihe. Der Kurs einer festverzinslichen Anleihe konvergiert bei Fälligkeit gegen 100, die Aktienanleihe dagegen gegen 100 abzüglich dem (nichtnegaitven) inneren Wert der eingebetteten Option. Unterstellt, alle Marktdaten bleiben konstant, so wird die bei 100 herausgegebene und getilgte Anleihe keinen Kursänderungen unterliegen[1] Betrachtet man dagegen den rechnerischen Wert der Aktienanleihe bei unveränderten Marktdaten im Zeitablauf, so verliert die eingebaute Option jeden Tag an Wert. Der Stillhalter (Käufer der Aktienanleihe) könnte seine verkaufte Option billiger zurückkaufen und einen Gewinn realisieren. Die naheliegende Vermutung, folglich müsse der Kurs der Aktienanleihe unter den definierten Bedingungen bei verringerter Restlaufzeit über pari liegen, ist jedoch aus einem anderen Grund irreführend: Der Verkauf würde zur Vereinnahmung von Stückzinsen führen. Diese übersteigen aufgrund des hohen Coupons zumindest in den ersten Monaten den Effekt des Wertverfalls der Option aufgrund der Reduzierung der Restlaufzeit. In der Aufgabe 4-4 ist dies genau zu berechnen.

Zwischenergebnis aus Anlegersicht: Die Aktienanleihe bietet gute Möglichkeiten, wenn nicht mit großen Kursbewegungen gerechnet wird. Chancen und Risiken sind allerdings deutlich komplexer als bei einem Investment in Aktien oder Anleihen. Bei stark fallenden Aktienkursen sind die Verluste größer als bei einer Anleihe, bei stark steigenden Aktienkurse sind die Gewinne geringer als bei beim Aktienkauf.

(2) Emittentenperspektive
Der Emittent der Aktienanleihe wird in aller Regel an den implizit erworbenen Optionsrechten kein eigenes Interesse haben, sondern diese vielmehr verkaufen. Er wird nachgerade dann emittieren, wenn er die Optionen teurer verkaufen kann, als er sie (vom Anleger) erworben hat.

Unterstellen wir, um unser vorheriges Beispiel fortzuführen, eine Plazierung der Emission zu den genannten Bedingungen sei mög-

---

[1] Streng genommen gilt das nur bei einer flachen Zinskurve.

lich und zugleich die Weiterveräußerung der erworbenen Optionen zum rechnerischen (also etwa höheren) Wert, das heißt:

- Der Emittent, die B-Bank, zahlt einen Coupon von 20% und damit implizit eine Optionsprämie von € 8 (= 16%) pro Aktie in einem Jahr.
- Er verkauft die Optionen am Markt zu € 7,80 pro Aktie.

	Optionsprämie pro Aktie		Optionsprämie in v.H.
	Barwert	Zukunftswert	
Aktienanleihe	€ 7,69	€ 8,00	16,00%
Marktwert	€ 7,80	€ 8,11	16,22%

Tabelle 4-10: Wert der Aktienanleihe

Tabelle 4-10 zeigt drei Möglichkeiten, die Optionsprämie auszudrücken: wie üblich als Barwert, zweitens aufgezinst auf die Fälligkeit der Aktienanleihe (03.03.04), und drittens letzteres als Prozentwert. Realisiert werden davon jeweils die doppelt umrandeten Varianten; die B-Bank zahlt 16% (plus 4% für die Kapitalbereitstellung) an die Anleger und verkauft die so erworbenen Optionen am Markt, z.B. an die X-Bank, zum Barwert von € 7,80 pro Aktie oder € 15,60 bezogen auf die Kurseinheit von 100.

Betrachtet man die Zahlungsströme auf der Basis der Stückelung von € 5.000 (Abbildung 4-8), so erhält der Emittent diesen Wert vom Anleger sowie ferner € 780 für die verkauften 100 Optionen.[1]
Bei Fälligkeit zahlt die B-Bank in jedem Falle € 1.000 an Zinsen. Die Tilgung erfolgt wahlweise entweder in (A) Kapital- oder (B) Aktienform in Abhängigkeit vom Kurs der A-Aktie bei Fälligkeit.

---

[1] Diese Weiterveräußerung ist nicht ganz so trivial, wie sie klingt, da der Markt für Optionen für solche Laufzeiten nicht sehr liquide ist. Ein Verkauf an der Eurex kommt z.B. nicht in Frage. Die Bank könnte beispielsweise Put-Optionsscheine auf die A-Aktie begeben und verkaufen, oder, falls dies mit entsprechenden Volumina nicht möglich ist, die Optionsrisiken selbst steuern.

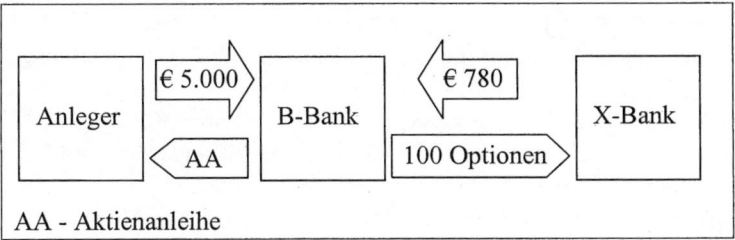

Abbildung 4-8: Zahlungsströme der Aktienanleihe
aus Emittentensicht bei Begebung

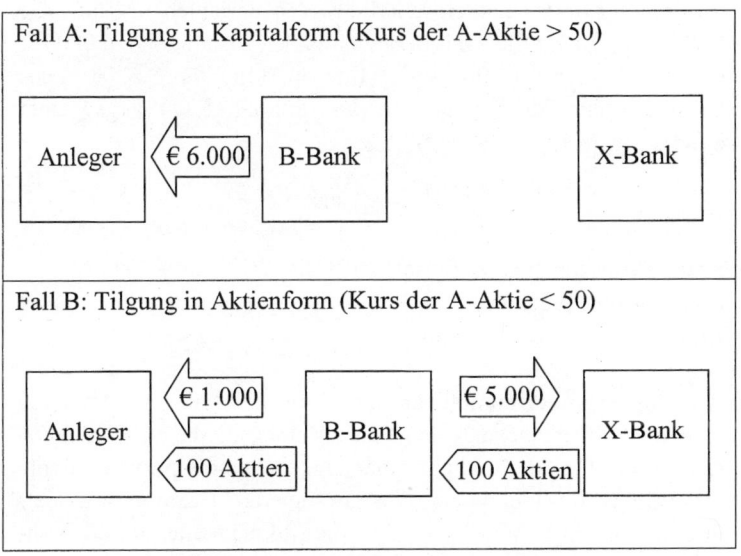

Abbildung 4-9: Zahlungsströme der Aktienanleihe
aus Emittentensicht bei Fälligkeit

Die B-Bank hat durch die Weiterveräußerung der erworbenen Optionen auch die diesbezüglichen Risiken neutralisiert (Abbildung 4-9).

(A) Sollte der Kurs der A-Aktie bei Fälligkeit über 50 liegen, verfallen die Optionen. Die B-Bank tilgt in Kapitalform und hat incl. Zinsen € 6.000 an den Anleger zu zahlen.

(B) Liegt der Kurs unter 50, so wird die X-Bank von ihrem Optionsrecht Gebrauch machen und von der B-Bank die Abnahme von 100 Aktien zu 50 oder zusammen € 5.000 verlangen. Für die B-Bank ist das aber unkritisch, sie wird die Aktien einfach an den Anleger weiterreichen zuzüglich der Zinsen.

Im Ergebnis unterscheiden sich die beiden Varianten aus Sicht der B-Bank gar nicht: Sie zahlt in beiden Fällen zusammen € 6.000 für die ursprünglich zugeflossenen Mittel in Höhe von € 5.780. Dies entspricht einer Verzinsung von (vgl. Formel (1-11), angewendet auf die Zinsrechnung act/act)

$$r = \left(\frac{6.000}{5.780} - 1 \right) * \frac{36.600}{366} = 3,80\%$$

Fazit: Die Bank finanziert sich 20 Basispunkte unter dem Marktzins von 4% und hierin liegt ihr Anreiz zur Bereitstellung dieser Konstruktion.

Abschließend noch einmal zur Perspektive des Anlegers. Wenn die Aktienanleihe nichts anderes ist als als eine Anleihe mit einem Zusatzcoupon für den Verkauf einer eingebetteten Option – könnte der Anleger dies nicht auch selbst arrangieren? Radio Eriwan meldet: Im Prinzip ja, aber... er ist an die Möglichkeiten der Terminbörse gebunden. Dort werden keine längerlaufenden Optionen gehandelt, oft ist die Stückelung zu groß, außerdem werden nur Optionen auf bestimmte Aktien angeboten. Besonders interessant (und auch besonders riskant) sind aber gerade die sehr volatilen Werte der new economy, auf die es oft keine Optionen gibt.

Es gibt noch einen Unterschied, ob Vor- oder Nachteil: nach derzeit gängiger Praxis werden die Coupons aus Aktienanleihen steuerlich als Zinseinnahmen angesehen, etwaige Gewinne aus Optionen dagegen als Einnahmen aus Spekulationsgeschäften. [1]

Aufgabe 4-4
Berechnen Sie den fairen Kurs der Aktienanleihe des vorherigen Beispiels unter der Annahme unveränderter Marktpreise
- bei Emission,
- nach 3, 6, 9 Monaten,
- einen Tag vor dem Verfall der Option.

Gehen Sie dazu unter Verwendung des Arbeitsblattes zum vorherigen Beispiel in folgenden Schritten vor:
(1) Ziehen Sie vom Rückzahlungswert incl. Zinsen (also 120) den aufgezinsten Wert der Option ab. Das Ergebnis ist der Zukunfswert der Anleihe ex Option.
(2) Diskontieren Sie das Ergebnis aus dem vorherigen Schritt mit 4% ab, um den dirty price zu erhalten.
(3) Berechnen Sie die Stückzinsen und ziehen diese vom dirty price ab, um den clean price zu erhalten.

4.2.3 Discount-Zertifikate

Discount-Zertifikate bieten die Möglichkeit, eine Aktie oder einen Aktienindex mit einem Abschlag zu erwerben, daraus leiten sie ihren Namen ab. Bis zu einer definierten Höchstgrenze partizipieren Anleger dabei an den Kursänderungen. Die Begrifflichkeit ist zwar ein völlig andere, aber um die Pointe vorwegzunehmen: der wirtschaftliche Gehalt entspricht in allen wesentlichen Punkten dem der Aktienanleihe. Es handelt sich ebenfalls um Schuldverschrei-

---

[1] Vgl. Beike [2000], S. 115.

bungen, obwohl es der Name nicht vermuten lässt, die nach Wahl des Emittenten entweder in Kapital oder in Aktien getilgt werden können, dieser erwirbt also ebenfalls eine Verkaufs-Option vom Anleger. Der Unterschied zur Aktienanleihe: Die Optionsprämie wird nicht in Form von Zinsen, sondern in Form eines Discounts gezahlt.[1]

Um die Analogien hervorzuheben, bauen wir ein Discount-Zertifikat auf dem vorherigen Beispiel 4-6 auf.

Beispiel 4-7
Die B-Bank begibt folgendes Discount-Zertifikat:[2]

- ☐ Stückelung: € 5.000
- ☐ Laufzeit: 03.03.03 – 03.03.04
- ☐ Ausgabekurs: € 4.068 pro Stück
- ☐ Rückzahlung: A) € 5.000 oder
  B) 100 Aktien der A-AG

Die B-Bank wird wiederum die Wahl der Rückzahlungsvariante vom Kurs der A-Aktie bei Fälligkeit der Option abhängig machen, ferner das erworbene Recht weiterveräußern.

Die Beurteilung der Werthaltigkeit ist im Grunde sogar einfacher als vorher, da wir keine Aufzinsung vornehmen müssen. Das eingebettete Optionsrecht hat einen (Bar-)Wert von € 7,80; unterstellen wir aus Vergleichsgründen, daß der Emittent im Zertifikat € 7,69 einrechnet (vgl. Tabelle 4-10) oder auf die Stückelung bezogen € 769. Als Zwischenergebnis würde ein Verkaufskurs von €

---

[1] Daraus resultiert auch einer der wenigen Unterschiede von ökonomischer Bedeutung: Gewinne aus Discount-Zertifikaten sind nach Ablauf der Spekulationsfrist, jedenfalls bisher, steuerfrei. Vgl. Beike [2000], S. 115.

[2] Die Emissionsprospekte lesen sich manchmal deutlich komplexer. Dort werden dann nicht die üblichen Optionstermini verwendet, sondern Begriffe wie Cap, Referenzkurs u.ä. Oft ist auch keine (wahlweise) Lieferung von Aktien, sondern ein Barausgleich vorgesehen. Unsere Beschreibung trifft dennoch ohne Einschränkung der Allgemeingültigkeit den wirtschaftlichen Kern.

4.231 (= 5.000 – 769) für die verkauften Optionen kompensieren, nicht jedoch für die Bereitstellung des Kapitals. Diskontiert man das Zwischenergebnis mit dem Jahreszins von 4%, folgt der eigentliche Ausgabekurs:

$$4.231/1,04 = 4.068,$$

der Discount beträgt also 18,63% bezogen auf den Tilgungsbetrag. Dieser Discount ist etwas niedriger als der Coupon der Aktienanleihe (20%), obwohl mit den gleichen Annahmen gearbeitet wurde, denn erstens ist der eingesetzte Kapitalbetrag geringer (€ 4.231 statt € 5.000) und zweitens sind bei der Aktienanleihe Zinsen auf die Optionsprämie anzusetzen, da diese erst am Laufzeitende gezahlt wird.

Wir können bei der Analyse weitgehend auf den vorherigen Abschnitt verweisen und lediglich noch einmal einige Aspekte der Discount-Zertifikate hervorheben:

☐ Es handelt sich ebenfalls um eine Mischform aus Anleihe- und Aktiencharakteristika, die man zerlegen kann in eine Kombination aus Anleihekauf und Verkauf einer Verkaufsoption.

☐ Das dominierende Risiko ist dasjenige der Entwicklung des/der Aktienkurse(s). Die maximal mögliche Rendite enspricht dem Discount, für Verluste gibt es keine Grenze bis zum Totalverlust.

☐ Die Zertifikate schneiden besser ab als ein direktes Investment in Aktien, solange der Aktienkurs weniger steigt als der Discount (vgl. zu diesem und den folgenden Punkten Abbildung 4-7).

☐ Fallen die Kurse, besteht gegenüber der Aktienanlage der Vorteil eines Puffers durch den Discount, allerdings schneidet unterhalb eines Schwellenwertes für den Aktienkurs (42,31) der Kauf einer Anleihe besser ab.

Lösungen der Aufgaben

Im folgenden sind Lösungshilfen, Lösungen und Interpretationshilfen zu den einzelnen Aufgaben angegeben. Falls ein Stern (*) angefügt ist, nehmen Sie bitte das unter der Aufgaben-Nummer angelegte Arbeitsblatt zu Hilfe.

*Aufgabe 1-1 ***
a) siehe Text
b) Der Zinseszinseffekt beträgt 0,24%; er steigt mit der Zinshöhe.
c) Der Kapitalbetrag erhöht sich incl. Zinsen auf ca. 2,715 Mio. nach einem Jahr und nähert sich damit der Eulerschen Zahl.

*Aufgabe 1-3 ***
Der Kurs läßt sich am einfachsten bestimmen, indem das Feld für den Zahlungsstrom im Jahr null [C4] frei gelassen wird. Das Ergebnisfeld [F3] zeigt dann den Kurs von 95,90.

*Aufgabe 1-4 ***
Rendite: 6,52%

*Aufgabe 1-5 ***
Wie bei Aufgabe 1-3 wird [C4] frei gelassen. Der PV (nicht NPV) stellt sich dann auf 85,95; er bezeichnet den fairen Auszahlungsbetrag. Die Differenz zu 100 ergibt das Disagio von 14,05.

*Aufgabe 1-6 ***
Rendite: 10,76%

*Aufgabe 1-8 ***
Auffällig verhalten sich die 2jährigen Forwardzinsen, insbesondere liegt der Zins für 2x4 Jahre tiefer als für 2x3 und 2x5 Jahre. Ent-

sprechend könnte man sich durationsgewichtet in der billigen Laufzeit verschulden und in den anderen beiden anlegen.

*Aufgabe 1-9 ***
Die beiden Vorschläge sind unter Verwendung der Diskontierungsfaktoren aus den Zero-Sätzen perfekt identisch, wie am NPV zu erkennen ist. Dies bedeutet, daß der Zins für 4 Jahre zusammengesetzt werden kann aus dem Jahreszins plus Zins für 1x2 plus Zins für 2x3 plus Zins für 3x4 Jahre.

*Aufgabe 1-10 ***
Wie erwartet liegen die Terminzinsen nun unter den aktuellen.

*Aufgabe 1-11 ***
Die historische Volatilität betrug im angebenen Zeitraum 13,84% für den Geldmarktsatz und 9,52% für den 10jährigen Zinsswapsatz.

*Aufgabe 2-1 ***
Die gesuchten FRA-Sätze sind 3,929 (9x12) und 4,620 (9x12).

*Aufgabe 2-2 ***
Insgesamt wird eine Ergebnis von 3,641% erzielt. Gegenüber der direkten Anlage für 6 Monate wird deshalb eine Verbesserung erzielt, weil der FRA über dem rechnerischen Wert (vgl. vorherige Aufgabe) *verkauft* werden kann.

*Aufgabe 2-3 ***
a) Es müßte ein 3x9 FRA gekauft und ein 9x12er verkauft werden. Bei der Berechnung der FRA-Sätze werden keine Margen angesetzt.
b) Bei der Mittelaufnahme bzw. –anlage sind die FRA-Sätze um die angegebenen Margen zu korrigieren. Am Jahresende stehen dann 49,27 zu Verfügung.

Aufgabe 2-4
Wir zahlen auf der variablen Seite mit 4% einen Zinssatz, der 0,5% über dem aktuellen Zins für die Restlaufzeit von 3 Monaten

liegt; auf 100 Mio. ergibt dies einen Verlust von ca. 125.000. Ferner sind für den bereits abgelaufenen Teil der Zinsperiode ‚Stückzinsen' anzusetzen in Höhe von 4% für 3 Monate, auf den Betrag von 100 Mio. also ca. 1 Mio. Beide Verluste-Komponenten zusammen können diskontiert für 3 Monate auf ca. 1,1 Mio. geschätzt werden.

Aufgabe 2-5
a) Kauf von USD per Kasse und Verkauf per Termin.
b) Kreditaufnahme in USD, Anlage der vorhandenen Liquidität in €.

Aufgabe 2-6
a) Kauf von Yen per Kasse und Verkauf per Termin.
b) Kreditaufnahme in Yen, Anlage der vorhandenen Liquidität in €.

Aufgabe 2-7
a) Kauf von USD per Kasse; Anlage für 3 Monate; Verkauf von USD per Termin 6 Monate.
b) Anlage in € für 3 Monate; Kauf USD per Termin 3 Monate; Verkauf USD per Termin 6 Monate.

Aufgabe 2-8 *
Bemerkenswert ist, daß der Euro in den Laufzeiten bis 6 Jahre mit einem Aufschlag gehandelt wird, danach mit einem Abschlag, obwohl die USD-Zinsen (Couponsätze) in allen Laufzeiten außer den 10 Jahren über den Euro-Zinsen liegen. Die Erklärung liegt in der (relativen) Steigung der Zinskurven: flach in USD und steil in Euro. Dies führt dazu, daß die Zero-Sätze in Euro bereits ab 7 Jahren über denen für USD liegen.

Aufgabe 2-9
Mr. X zahlt jetzt 6,20% in USD; der Basisswap kostet nur noch 2 bp; in Euro muß 5,75% fest bezahlt werden. In der Näherungsrechnung haben wir damit einen Vorteil von 5 bp in USD und Aufwendungen von 2 bp für den Basisswap. Wenn wir diesen Vor-

teil weitergeben, ergibt sich ein Euro-Zins von 5,72%. Der Unterschied zur ersten Variante liegt in der Ersparnis von 3 mal 2 bp, der jeweiligen halben Geld-Brief-Spanne für jedes Geschäft. Merke: Je größer die Arbeitsteilung, desto mehr Transaktionskosten können anfallen!

Aufgabe 2-10 *

Das mit dem Kunden abgeschlossene Grundgeschäft hat in USD einen Barwert von USD 209.651 (= € 174.709) zu unseren Gunsten, da wir 5 bp unter der Marktmitte zahlen. Auf der €-Festzinsseite erhalten wir mit 5,72% 3 bp unter Marktniveau, der barwertige Verlust beträgt € 107.527. Ferner sind die 2 bp Zinsaufwand für den Basisswap in Rechnung zu stellen, was leicht über die variable Seite des €-Zinsswaps zu bewerkstelligen ist und zu einem Barwert von –72.893 führt. Gesamtwert: -5.711. Dabei ist zu berücksichtigen, daß mit unserer Bewertung die variable Euro-Seite zu einem Gewinn von 932 führt (→ Beispiel 2-6, dort € 1.118 auf einen Betrag von € 100 Mio. Nominalwert), so daß eine Ungenauigkeit von -6.643 verbleibt. Der Barwert der €-Festseite stimmt mit dem in Tabelle 2-13 überein, bei der USD-Festseite ist zu berücksichtigen, daß hier 5 bp statt vorher 3 bp Unterschied zum Markt vorliegen.

Aufgabe 2-11

a) Um die Grundposition abzusichern, müssen Futures verkauft werden. Da dies aber nur unter dem fairen Wert möglich ist, muß die vorgegebene Konstellation als ungünstig eingestuft werden.

b) Da der Future zu billig ist, muß der CTD-Bond zu teuer sein. Die natürliche Alternative wäre daher, diesen leer zu verkaufen. Der Haken liegt in der Eindeckung dieser Short-Position.

Aufgabe 2-12 *

Gegenüber dem vorherigen Berechnung (Beispiel 2-25) ist lediglich die Restlaufzeit um 3 Monate zu verkürzen mit dem Ergebnis von CF = 0,999610. Der CF liegt etwas niedriger, weil nun bei sonst gleichen Bedingungen für den Erwerb des Bonds etwas mehr Stückzinsen ausgezahlt werden müssen.

Aufgabe 2-13 *
Verwenden Sie als Basis das Arbeitsblatt zu Beispiel 2-24 und tragen die entsprechenden Werte ein. Bond C hat mit 2,25% die höchste IRR und ist damit der CTD-Bond.

Aufgabe 2-14 *
Der Portfolio-Wert beträgt € 2,55 Mio. Gewichtet man die einzelnen Positionen jedoch mit ihrem Beta, ergibt sich € 2,9 Mio.

	Anzahl Aktien	Kurs	Beta	Kurswert	Beta-gewichteter Kurswert
BASF	20.000	40	0,5	800.000	400.000
Daimler	20.000	50	1	1.000.000	1.000.000
SAP	5.000	150	2	750.000	1.500.000
				2.550.000	2.900.000

Bei einem unterstellten Indexstand von 5.000 ergibt sich ein Hedgebedarf von gerundet 23 Kontrakten, indem man den gewichteten Portfoliowert durch 5.000 und durch 25 (aus der Kontraktspezifikation) dividiert.

Aufgabe 3-1 *
Das Arbeitsblatt enthält die gleiche Formel wie in Beispiel 3-2, allerdings werden nun Callprämien bei unterschiedlichen Kursen des Basiswertes bei sonst gleichen Bedingungen, jedoch für verschiedene Laufzeiten, berechnet. Auch die Deltawerte sind schon eingetragen. Gamma gibt in linearer Approximation die Änderung von Delta für eine Änderung im Kurs des Basiswertes von 1 an. Die grafische Darstellung zeigt eine flache Gammafunktion für die lange Laufzeit und eine glockenförmige für die kurze.

grafische Darstellung zeigt eine flache Gammafunktion für die
lange Laufzeit und eine glockenförmige für die kurze.

Aufgabe 3-2
Beim Long Put ist das Delta negativ, d.h. mit steigenden Kursen
des Basiswertes fällt die Optionsprämie. Der Rückgang der Prämie
verlangsamt sich allerdings mit dem Kurs, d.h. Delta steigt, wird
also ‚weniger negativ'. Gemäß Formel (3-4) ergeben sich positive
Gamma-Werte aus dem Quotienten zweier positiver Zahlen.

*Aufgabe 3-3 **
Die Differenz zwischen der Call- und der Put-Prämie beträgt 3,92
ebenso wie die Differenz zwischen dem Kassekurs und dem diskontierten Ausübungspreis.

Aufgabe 3-4
Bei einem auf 1,10 gefallenen Euro-Kurs wird der Call nicht ausgeübt, da die Euro billiger per Kasse gekauft werden können. Bei
Variante b) muß trotzdem der per Termin gekaufte Betrag abgenommen werden. Nun kann allerdings die Put-Option mit Gewinn
ausgeübt werden, indem der zu 1,10 am Kassemarkt gekaufte Euro-Betrag zu 1,20 an den Stillhalter der Option verkauft wird.

Kasse-Kurs nach 3 Monaten	Handlung	Effektive Kosten für USD-Kauf
1,10	a) Calls verfällt, Kauf per Kasse	1,10+0,03 = 1,13
	b) Kauf per Termin, Ausübung des Puts	1,21+0,02-0,10 = 1,13
1,30	a) Ausübung des Calls	1,20+0,03 = 1,23
	b) Kauf per Termin, Put verfällt	1,21+0,02 = 1,23

Ein gestiegener Euro-Kurs macht die Ausübung des Calls lukrativ,
der Put wird jetzt verfallen. Fazit: Beide Strategien führen unab-

hängig von der Wechselkursentwicklung zum gleichen Ergebnis, was wir aufgrund der Put-Call-Parität auch erwartet haben.

Aufgabe 3-5

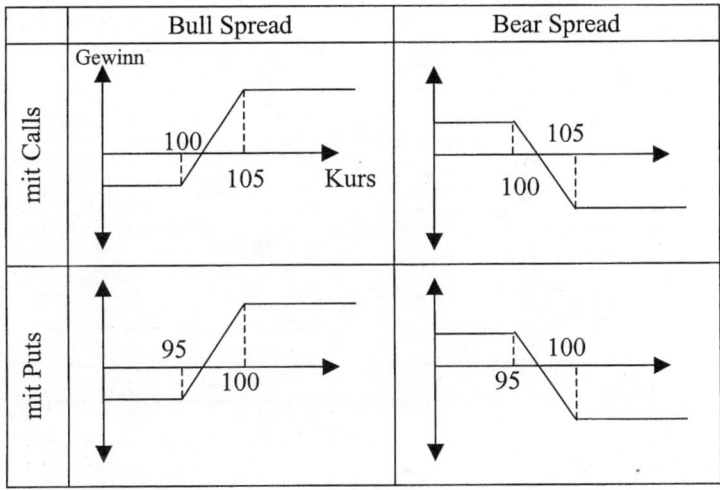

Bull und Bear Spreads haben jeweils ein vergleichbares Profil, unabhängig davon, ob Puts oder Calls verwendet werden. Die Wahl der Ausübungspreise wird man von der Einschätzung der Volatilitätsentwicklung und des Zeitwertverfalls abhängig machen.

Aufgabe 3-6 *
Der gesamte Prämienaufwand für die Call-Variante beträgt € 0,31 und die Put-Variante € 0,32. Der maximale innere Wert bei Fälligkeit wird jeweils bei einem Kurs von 70 erreicht und beträgt 2,50 Euro, was zu Gesamtergebnissen von 2,19 bzw. 2,18 führt.

	Innerer Wert der Option bei Fälligkeit bei einemKurs der Aktie von		
Calls	67,5	70	72,5
+ 1 * 67,5	0	2,5	5
- 2 * 70	0	0	-5
+ 1 * 72,5	0	0	0
Prämie	-0,31	-0,31	-0,31
Summe	-0,31	2,19	-0,31

	Innerer Wert der Option bei Fälligkeit bei einemKurs der Aktie von		
Puts	67,5	70	72,5
+ 1 * 67,5		0	0
- 2 * 70	-5	0	0
+ 1 * 72,5	5	2,5	0
Prämie	-0,32	-0,32	-0,32
Summe	-0,32	2,18	-0,32

*Aufgabe 3-7 ***

Gemäß Put-Call-Parität läßt sich aus den Prämien für die drei Ausübungspreise (jeweils Put und Call) auf Schlußkurse in Höhe von 69,25 bzw. 69,24 bzw. 69,22 schließen.

Aufgabe 3-8

	Delta	Gamma	Theta	Vega
Long Straddle	0	+	-	+
Short Straddle	0	-	+	-
Long Strangle	0	+	-	+
Short Strangle	0	-	+	-
Long Butterfly	0	-	+	-
Short Butterfly	0	+	-	+
Long Time Spread	0	-	+	+
Short Time Spread	0	+	-	-
Bull Spread (Calls)	+	+	-	+
Bull Spread (Puts)	+	-	+	-
Bear Spread (Calls)	-	-	+	-
Bear Spread (Puts)	-	+	-	+

Aufgabe 3-9
Das dritte Caplet ist tiefer im Geld (vgl. Abbildung 3-2) als das zweite, dies kompensiert die längere Laufzeit.

Aufgabe 3-10 *
Die Capprämie sinkt leicht auf 0,55%. Die um 3% verrringerte Volatilität für das dritte Caplet wirkt sich offensichtlich stärker aus als die um 3% erhöhte für das erste.

Aufgabe 3-11

Euribor	Eurokredit	Cap-Prämie	Cap-Ausgleich	Gesamt-Kosten
3,0	-3,5	-0,5	0	-4,0
4,0	-4,5	-0,5	0	-5,0
5,0	-5,5	-0,5	0	-6,0
6,0	-6,5	-0,5	0	-7,0
7,0	-7,5	-0,5	+1,0	-7,0

Die maximale Belastung von 7% kann auch berechnet werden aus der Summe aus Zinsobergrenze, Cap-Prämie und Kreditmarge. Diese Variante ist bei *niedrigen* Zinsen günstiger als die Festzinsfinanzierung.

*Aufgabe 3-12 **

Option	a) C-1		b) C-2	
	F_i	Prämie p.a.	F_i	Prämie p.a.
1 Monat + 3 Jahre 5,00% Receiver	5,0959	0,05	5,4084	0,00
1 Monat + 3 Jahre 5,00% Payer		0,14		0,41
1 Jahr + 3 Jahre 5,00% Receiver	5,9181	0,05	4,5872	0,54
1 Jahr + 3 Jahre 5,00% Payer		0,97		0,13

Interpretation: Teilaufgabe b) war mit Plausibilitätsüberlegungen zu lösen, die Tabelle enthält zum Vergleich die genauen Werte. Zunächst zur Bestimmung der Terminzinsen:

☐ 1 Monat Vorlauf: Der Zins für 37 Monate dürfte etwa 3 bp unter dem 3-Jahressatz liegen: (5,5–5,1)/12. De Wiederanlage*gewinn* ergibt sich aus dem Vergleich des Monatszinses von 6,95% mit dem Vierjahreszins, der für einen Monat anfällt und auf 36 Monate verteilt werden kann: (6,95-5,47)/36 ≅ 4 bp. Geschätzter Zins: 5,50 − 0,03 − 0,04 = 5,43.

☐ 1 Jahr Vorlauf: Der Terminzins muß unter dem 4-Jahreszins liegen. Wiederanlagegewinn: (6,50-5,10)/3 ≅ 47 bp. Geschätzter Zins: 5,10–0,47 = 4,63. Da der Wiederanlagegewinn recht hoch ist und bereits nach einem Jahr anfällt, ergibt sich ein Zinseszinseffekt von ca. 0,47*0,05≅3 bp. Geschätzter Zins: 4,60%.

☐ Da die Effekte aufgrund der Ausprägung der Zinskurven in etwa spiegelbildlich zu denen aus Teil a) (ansteigende Zinskurve) sind, kann auch einfach geschlossen werden: Die Terminzinsen liegen für b) (inverse Zinskurve) so weit unter dem 3- bzw. 4-Jahressatz wie sie für a) darüber liegen. Für Teil a) ergibt sich aus der Differenz zwischen dem Terminzins und dem Vierjahressatz 5,92% - 5,4% = 0,52%. Zieht man diese Differenz vom Vierjahreszins bei der inversen Kurve in b) ab, folgt 5,1 – 0,52 = 4,58 – voilà!

☐ Ansatz zur Schätzung der jährlichen Optionsprämien:

	1 Mon. + 3 Jahre		*1 Jahr + 3 Jahre*	
	Payer	*Receiver*	*Payer*	*Receiver*
Innerer Wert	0,41	0	0,41	0
Zeitwert	Sehr gering, weit im Geld	Sehr gering, weit aus dem Geld	Gering, weit aus dem Geld	Gering, weit aus dem Geld
Gesamt	0,41	0	0,54	0,13

Querverbindungen:
– Die Zeitwerte für Payer und Receiver in beiden Laufzeiten sollten jeweils etwa gleich hoch sein, da sie gleich weit vom Geld entfernt sind.
– Der Zeitwert der kürzeren Laufzeit muß geringer sein als im entsprechenden Fall a), da die Option weiter vom Geld entfernt ist; umgekehrt sind die länger laufenden Optionen im Vergleich zu a) weniger weit vom Terminzins entfernt.

Aufgabe 3-13
Die Zinskurve A ist die steilere der beiden, folglich ist für eine gegebene Laufzeit der Terminzins höher als für B. Dies erhöht den inneren Wert des Rechtes, einen bestimmten Zinssatz zu zahlen, und damit die Optionsprämie. Umgekehrt ist eine Receiver-Option bei dieser Konstellation billiger.

Aufgabe 3-14 *

a) NPV = 10.318.391   (Swap-Settlement)

b) NPV = 10.105.723   (Cash-Settlement)

Interpretation:

☐ Die Diskontierung mit der normal verlaufenden Zinskurve führt
zu einem höheren Barwert, da die Zinsen in den kürzeren Laufzeiten unter dem 8-Jahressatz liegen.

☐ Die *Rendite* des Swaps muß unter 6,35% liegen, da er einen höheren Coupon und damit eine niedrigere Duration hat.

Aufgabe 3-15 *

Option		a) C-1		b) C-2	
		F (clean)	Prämie	F (clean)	Prämie
1 Monat	Put	99,79	0,92	100,22	0,71
	Call		0,72		0,93
2 Monate	Put	99,59	1,36	100,43	0,94
	Call		0,95		1,37
3 Monate	Put	99,38	1,73	100,65	1,10
	Call		1,12		1,74

Interpretation für b):

Die Inversität der Zinskurve bringt es mit sich, daß die Finanzierung des Bonds nun 2,5% p.a. mehr kostet als die Stückzinsen
erbringen. Dadurch kann der Bond per Termin nur mit einem Aufschlag verkauft werden. Da dieser Zinsnachteil genau so hoch ist
wie der Vorteil im Teil a), wäre ein Aufschlag von 20 Stellen pro
Monat eine plausible Schätzung, also eine vermutete Symmetrie
um den aktuellen Kurs von 100. Diese ist allerdings aufgrund der
unterschiedlichen Tageszählweise nicht ganz perfekt.

Der letzte Gedankengang gibt Anlaß zu einer weiteren Symmetrie-
Vermutung: Könnten nicht einfach die Prämien für Puts und Calls
ausgetauscht werden? Denn wenn in Teil a) für einen einmonatige
und 20 Stellen aus dem Geld liegenden Call eine Zeitwert von

0,72% berechnet hatten, dürfen wir dies nun für den Put vermuten. Die Analogie ist nicht perfekt, da es die Voraussetzungen nicht sind, aber dennoch erstaunlich präzise.

Aufgabe 3-16 *

	Anstieg des Euro-Zinses um 1%	Anstieg des Dollar-Zinses um 1%
Euro-Call= USD-Put	0,0964	0,1087
Euro-Put= USD-Call	0,0850	0,0745
Terminkurs	1,2121	1,2366

Aufgabe 3-17 *
a) Europäisch: 73,11 Cents.
b) Europäisch mit einem Tag kürzer: 73,13. Der Zeitwert ist also positiv aus der Sicht des Käufers!
c) Amerikanisch: Mindestens 80 Cents, da diese bei sofortiger Ausübung realisiert werden können. Diese könnten dann angelegt werden, so daß Zinserträge in Höhe von 4,8 Cents (6% auf 80 Cents) hinzukommen.
Zur Interpretation der ungewöhnlichen Ergebnisse vgl. S. 220.

Aufgabe 4-1 *
Der Barwert der Festseite beträgt € 2.745.066 (Vorzeichen wiederum aus Sicht der Bank interpretiert), wobei nunmehr ein Kursabschlag von € 2 Mio anfällt. Das Vorzeichen des Barwertes besagt, daß nunmehr ein positiver Spread zu erwarten ist. Ergebnis: 59 bp.

Aufgabe 4-2
Außerordentliche Einnahmen durch die Versteigerung der UMTS-Lizenzen von knapp DM 100 Mrd. haben zwei Effekte: Die Kassenlage des Fiskus verbessert sich, folglich beansprucht der Bundesfinanzminister die Kapitalmärkte weniger. Zweitens sind die entsprechenden Mittel von den Lizenznehmern zu finanzieren. Dies geschah zunächst vor allem durch die Aufnahme von Krediten, die in der Folgezeit bei passender Gelegenheit durch Anleihen abgelöst wurden. Der zu erwartende Rückgang im Angebot an Staatsanleihen und Anstieg im Angebot von Unternehmens- und Bankanleihen hat zu einer Ausweitung der Rendite-Spreads zwischen diesen wie auch zwischen Zinsswaps und den Renditen der öffentlichen Anleihen geführt.

Aufgabe 4-3
Auch diese Konstellation hat ähnliche Wirkungen wie die in der vorherigen Aufgabe beschriebenen: Die Renditen von öffentlichen Titeln sind aufgrund der gestiegene Nachfrage gesunken, während die Zinsen für Banktitel und Zinsswaps aufgrund der schlechteren Bonitätseinschätzung eher stabil blieben, jedenfalls weniger sanken; Folge war ebenfalls eine Spreadausweitung.
Einige Banken haben dabei, wie der Presse zu entnehmen, in diesem Zusammenhang erhebliche Verluste an einer anderen Stelle gemacht. Auch ein großer Kapitalmarkt wie der deutsche zeigte sich nicht in der Lage, innerhalb weniger Tage Kapital in einem Volumen von vermutlich zig-Milliarden zu absorbieren. Die Investoren behalfen sich durch den Kauf von Bund-Future-Kontrakten, der ja die physische Lieferung vorsieht, um sich nach dessen Fälligkeit die Anleihen liefern zu lassen. Dies führte im August 1998, also wenige Wochen vor der Fälligkeit des September-Kontraktes, zu der in dieser Form ungewöhnlichen Situation, daß aufgrund der offenen Kontrakte Lieferansprüche in der Größenordnung von etwa DM 300-400 Mrd. lediglich lieferbare Anleihen im Volumen

von etwa DM 75 Mrd. gegenüberstanden. Besitzer von lieferbaren Anleihen konnten daher Prämien verlangen oder technisch ausgedrückt: die Spreads (z.b. zwischen Zinsswaps und Bunds) weiteten sich aus. Dies führte zu Windfall-Profits (–Losses) bei denjenigen, die den Bundfuture zur Absicherung gegen Zinsänderungsrisiken gekauft (verkauft) hatten, wie es z.B. zur Steuerung von Zinsswap-Büchern typisch ist (vgl. Abschnitt 2.7.3.6).

Aufgabe 4-4
Um zu Kursgrößen zu gelangen, unterstellen wir sozusagen eine Stückelung von 100, ferner einen Coupon von 20% (incl. der Verzinsung des Kapitals von 4% müßten es eigentlich rechnerisch 20,22 % sein), die Rückzahlung ist folglich 120. Ziehen wir davon den aufgezinsten Wert der Option ab und diskontieren wieder, ergibt sich ein Kurs von 99,79. Der Kursabschlag von 0,21 entspricht dem Barwert des mit 0,22% gegenüber dem rechnerischen Wert reduzierten Coupons (siehe Tabelle).

Bewertung per	3.3.3	3.6.3	3.9.3	3.12.3	27.2.4
Rückzahlung:	120,00	120,00	120,00	120,00	120,00
- Optionsprämie:	-16,22	-13,70	-10,84	-7,33	-0,74
= Future Value	103,78	106,30	109,16	112,67	119,26
Barwert					
(= dirty price)	99,79	103,21	107,03	111,56	119,20
- Stückzinsen	0,00	5,03	10,05	15,03	19,73
Kurs					
(= clean price)	99,79	98,18	96,98	96,53	99,47

Entsprechend wird für die anderen Zeitpunkte vorgegangen. Dabei ist die Annahme zu beachten: Kein Marktpreis ändert sich, es läuft nur die Zeit. Nach drei Monaten beispielsweise hätte der bisherige Inhaber bei einem etwaigen Verkauf Anspruch auf rund ein Viertel des Coupons (5,03%) in Form von Stückzinsen. Der Wertverlust einer Option durch die Reduzierung der Restlaufzeit (*Theta*) ist allerdings keine lineare Funktion der Zeit; er ist zunächst gering und beschleunigt sich, insbesondere in den letzten Wochen vor dem Laufzeitende. Wir sehen es an den Zahlen in der dritten Zeile: Die Option hat im ersten Vierteljahr nur 2,52 (in Zukunftswerten) verloren, also nicht 25% sondern nur 15,5% ihres Ursprungswertes. Ferner besteht ein Anspruch auf ‚echte' Stückzinsen für die Bereitstellung des Kapitals in Höhe von ca. 1% (ein Viertel des Jahreszinses), mit dem Wertverlust der Option also zusammen 3,52 in Zukunftswerten oder 3,42 in Barwerten, gegenüber dem ermittelten Wert von 5,03 also 1,61 zuviel. Folglich kann der bisherige Inhaber die Aktienanleihe bei 1,61 unter dem ursprünglichen Kurs von 99,79 verkaufen (98,18) und erhält trotzdem eine ökonomisch faire Kompensation für die übernommenen Risiken für die Bereitstellung des Optionsrechtes sowie des Kapitals.

Der recherisch tieftste Kurs liegt bei einer Restlaufzeit von ungefähr neun Monaten, danach übertrifft der Zeitverfall der Option die Wirkung der Stückzinsrechnung, der rechnerische Kurs steigt also wieder Richtung 100.

Eine Beobachtung am Rande: Die Option hat einen Tag vor Fälligkeit noch einen Wert von 0,74%; am letzten Tag ist also der Zeitverfall am stärksten. Der Kurs liegt jetzt mit 99,47 schon nicht mehr allzu weit, aber doch noch deutlich entfernt von 100. Würde man die Optionsrämie addieren, erhielte man 100,21. Dies resultiert aus der Tatsache, daß die Option einige Tage kürzer läuft als die Anleihe. Wer diese in den letzten 4 Tagen besitzt, hat Anspruch auf 20% Zinsen, ohne als Stillhalter einer Option fungieren zu müssen.

Literaturverzeichnis

Banking Federation of the European Union: Euribor and Eonia: The Money Market Reference Rates for the Euro, Brüssel, o.J.

Baseler Ausschuß für Bankenaufsicht: Richtlinien für das Risikomanagement im Derivategeschäft, Basel 1994

Beike, Rolf / Schlütz, Johannes: Finanznachrichten lesen – verstehen – nutzen: Ein Wegweiser durch Kursnotierungen und Marktberichte, 2. Aufl., Stuttgart 1999

Beike, Rolf: Aktienanleihen: Eine Einführung in Strukturierte Finanzprodukte, Stuttgart 2000

Black, Fischer / Scholes, Myron: The Pricing of Options and Corporate Liabilities, Journal of Political Economy, 1973, S. 637-654

Black, Fischer: The Pricing of Commodity Contracts, Journal of Financial Economics, 1976, S. 167-179.

Bodie, Zvi / Merton, Robert C.: Finance, London 1998

C&L Deutsche Revision (Hrsg.): 6. KWG-Novelle und neuer Grundsatz I, Frankfurt 1998

Campbell, John Y. / Lo, Andrew W. / und MacKinlay, A. Craig: The Econometrics of Financial Markets, Princeton 1997

Chance, Don M.: An Introduction to Derivatives, 4. Aufl., Fort Worth 1998

Chiang, Alpha C.: Fundamental Methods of Mathematical Economics, 2. Aufl., Tokyo 1974

Commerzbank: Finanzmanagement mit modernen Zins- und Deviseninstrumenten, Frankfurt 1994

Cox, John C. / Ross, Stephen A. / Rubinstein, Mark: Option Pricing: A Simplified Approach, Journal of Financial Economics, 1979, S. 229-263

Cox, John C. / Rubinstein, Mark: Options Markets, Englewood Cliffs 1985

Deutsch, Hans-Peter: Derivate und Interne Modelle: Modernes Risikomanagement, 2. Aufl., Stuttgart 2001

Deutsche Börse: Bund, Frankfurt, 1996

Deutsche Börse: Leitfaden zu den Aktienindizes der Deutschen Börse, Version 4.3, Frankfurt 2002

Deutsche Bundesbank: Die Sechste Novelle des Kreditwesengesetzes, Monatsbericht Januar 1998, S. 61-71

Deutsche Bundesbank: Der neue Grundsatz I, Monatsbericht Mai 1998, S. 67-76

Deutsche Bundesbank: Bankinterne Risikosteuerungsmöglichkeiten und deren bankaufsichtliche Eignung, Monatsbericht Oktober 1998, S. 69-84

Deutsche Bundesbank: Bilanzunwirksame Geschäfte deutscher Banken, Statistische Sonderveröffentlichung 13, Dezember 1998

Deutsche Bundesbank: Der Beginn der Wirtschafts- und Währungsunion am 1. Januar 1999, Monatsbericht Januar 1999, S. 19-32

Diwald, Hans: Zinsfutures und Zinsoptionen: Erfolgreicher Einsatz an DTB und Liffe, München 1994

Dreesbach, Stefan: Derivative Aktienindexprodukte im modernen Portfoliomanagement, in Eller, Roland (Hrsg.): Handbuch derivativer Instrumente, Stuttgart 1998, S. 309-346

DTB Deutsche Terminbörse : Risk Based Margining, Frankfurt 1993

Eilenberger, Guido: Bankbetriebslehre, 7. Aufl., München 1997

Eller, Roland (Hrsg.): Handbuch derivativer Instrumente: Produkte, Strategien und Risikomanagement, 2. Aufl. Stuttgart 1998

Eller, Roland: Risikomanagement von Zinsinstrumenten im Wandel der Zeit, in Eller, Roland (Hrsg.): Handbuch derivativer Instrumente, Stuttgart 1998, S. 39-78

Eller, Roland / Deutsch, Hans-Peter: Derivate und Interne Modelle: Modernes Risikomanagement, Stuttgart 1998

Eller, Roland / Gruber, Walter, Reif / Markus (Hrsg.): Handbuch des Risikomanagements: Analyse, Quantifizierung und Steuerung von Markt-, Kredit und operationellen Risiken, 2. Aufl., Stuttgart 2002

Elton, Edwin J. / Gruber, Martin J.: Modern Portfolio Theory and Investment Analysis, 5. Aufl., New York 1995

Eurex: Produkte, Frankfurt 1999

Franke, Günter / Hax, Herbert: Finanzwirtschaft des Unternehmens und Kapitalmarkt, 4. Aufl., Berlin 1999.

Garbade, Kenneth D.: Fixed Income Analytics, Cambridge 1996

Garman, Mark B. / Kohlhagen, Steven W.: Foreign Currency Option Values, Journal of International Money and Finance, 1983, S. 231-237

Geske, Richard: A Note on an Analytical Valuation Formula for Unprotected American Call Options on Stocks with Known Dividends, Journal of Financial Economics, 1979, S. 375-380

Gruber, Walter: Aufbau und Interpolation von Diskontkurven, in Eller/Gruber/Reif (Hrsg.): Handbuch des Risikomanagements, Stuttgart 2002, 331-352.

Hagenstein, Frank: Verschiedene Arten der Volatilität bei standardisierten und OTC-Bundoptionen, in Eller/Gruber/Reif (Hrsg.): Handbuch des Risikomanagements, Stuttgart 2002, S. 485-502

Hartmann-Wendels, Thomas / Pfingsten, Andreas / Weber, Martin: Bankbetriebslehre, Berlin 1998

Hauser, Heinz: Pricing und Risk-Management von Caps, Floors und Swap-Optionen, in Eller, Roland (Hrsg.): Handbuch derivativer Instrumente, Stuttgart 1998, S. 195-232

Heidorn, Thomas: Finanzmathematik in der Bankpraxis: Vom Zins zur Option, 2. Aufl., Wiesbaden 1998

Hicks, John R.: Value and Capital: An Inquiry Into some Fundamental Principles of Economic Theory, Oxford 1939

Hull, John C.: Options, Futures, and Other Derivatives, 3. Aufl. London 1997

Hull, John C.: Einführung in die Futures- und Optionsmärkte, 3. Aufl., München 2001

Jahn, Uwe: Außerbörsliche Finanztermingeschäfte (OTC-Derivate), in Schimanski, Herbert / Bunte, Hermann-Josef / Lwowsky, Hans-Jürgen (Hrsg.): Bankrechtshandbuch, München 1997, S. 3065-3159.

Levi, Maurice D.: International Finance: The Markets and Financial Management of Multinational Business, 3. Aufl., New York 1996

Levy, Haim / Sarnat, Marshall: Portfolio and Investment Selection: Theory and Practice, Englewood Cliffs 1984

Liffe (London International Financial Futures and Options Exchange): The DM Fact Sheets, London 1992

Macaulay, Frederick. R.: Some Theoretical Problems Suggested by the Movements of Interest Rates, Bond Yields and Stock Prices in the United States since 1856, New York 1938

Natenberg, Sheldon: Option Volatility and Pricing Strategies: Advanced Techniques for Professionals, Chicago 1988

Puhani, Josef: Statistik: Einführung mit praktischen Beispielen, 7.Aufl., Bamberg 1995

Roll, Richard: An Analytical Valuation Formula for Unprotected American Call Options on Stocks with Known Dividends, Journal of Financial Economics, 5/1977, S. 251-258

Saxinger, Raimund: Traditionelle und neuere Risikomaße im Asset-Management, in Eller/Gruber/Reif (Hrsg.): Handbuch des Risikomanagements, Stuttgart 2002, S. 737-754

Schulte-Mattler, Hermann / Traber, Uwe: Marktrisiko und Eigenkapital; Adressenausfall- und Preisrisiken, 2. Aufl. Wiesbaden 1997

Sercu, Piet / Uppal, Raman: International Financial Markets and the Firm, Cincinnati 1995

Sharpe, William F. / Alexander, Gordon J. / Bailey, Jeffrey V.: Investments, 5. Aufl., Englewood Cliffs, 1995

Steiner, Manfred / Bruns, Christoph: Wertpapiermanagement, 7. Aufl., Stuttgart 2000

Wenzel, Frank: Grundsatzurteile zum Vorfälligkeitsentgelt, Die Bank, 1997, S. 662-665.

Whaley, Robert: On the Valuation of American Call Options on Stocks with Known Dividends, Journal of Financial Economics, 1981, S. 207-11

Zugehör, Gerhard: DM-Zinscaps als Instrument der Finanzabteilung, Die Bank, 1987, S. 558-561

Zugehör, Gerhard: Die Verbindung von Option und Zinsswap: Die Swapoption, Die Bank, 1989, S. 323-328

Stichwortverzeichnis